ARTE DA

REALIZAÇÃO

"Fracassar na preparação é preparar-se para fracassar"

"Não confunda atividade com realização"

A ARTE DO

SUCESSO

O sucesso não é o ponto de chegada, é a

jornada. Cervantes. "A jornada é melhor do que a hospedaria."

Robt. Lous Stevenson. "Viajar com esperanças é melhor do que chegar."

ARTE DA

EFICIÊNCIA
PESSOAL

Apresente todos os fatos. O que foi errado, não quem é o culpado.

Fiquem calmos. Encontrem a solução juntos.

sobressaia. Use a razão.

BASQUETEBOL DA UCLA
John Wooden, Treinador-Chefe
SUCESSO

O sucesso na atuação como treinador ou jogador não deveria se basear no número de vitórias ou derrotas nos jogos, mas sim no que cada indivíduo fez em comparação aos outros, levando em consideração as aptidões pessoais, os recursos materiais com que se teve de trabalhar, o calibre dos seus adversários, local das disputas etc.

O verdadeiro sucesso só acontece a uma pessoa na satisfação pessoal de saber que deu tudo de que é capaz para se tornar o melhor possível. Como disse George Moriarty, "Dar tudo, parece-me, não está muito longe da vitória".
Portanto, na análise final, só o próprio indivíduo pode determinar corretamente o seu sucesso. Você pode ser capaz de enganar os outros, mas jamais poderá enganar a si mesmo.

É impossível atingir a perfeição, mas essa deveria ser a meta. Menos de 100% do seu esforço para atingir o seu objetivo não é sucesso, não importa em quantos jogos você tenha saído vencedor ou perdedor.

Os outros podem ter muito mais capacidade do que você, podem ser maiores, mais velozes, mais rápidos, capazes de saltar melhor etc., mas ninguém deve ser superior a você em espírito de equipe, lealdade, entusiasmo, cooperação, determinação, dedicação ao trabalho, capacidade de luta e caráter. Adquira e mantenha esses traços e o sucesso virá em seguida.

Atitude e Conduta

1. Seja um cavalheiro e não faça nada que traga descrédito a você e à sua faculdade - dentro ou fora da quadra, em casa ou longe daqui.

2. Desenvolva um grande orgulho pessoal por todas as fases do seu jogo - ofensiva e defensivamente, como pessoa e como integrante da equipe.

John **Wooden**
e Steve **Jamison**

A Pirâmide do Sucesso

para a excelência na liderança

"Que pirâmide completa! A integridade moral e a definição brilhante de sucesso do treinador Wooden caracterizam a sua vida. Como eu admiro o seu trabalho e as suas ideias sobre o que realmente significa vencer!"

Stephen R. Covey, autor dos livros *Os 7 Hábitos das Pessoas Altamente Eficazes e 8º Hábito*.

"As demandas do comando das múltiplas atividades humanas, ainda que com objetivos sociais e econômicos diferentes, possuem características comuns, pois trata-se da capacidade de liderar pessoas dotadas de personalidades heterogêneas, organizadas para alcançar determinados objetivos comuns.

As afinidades entre a liderança nos negócios e a de equipes esportivas encontram neste livro a sua confirmação. O treinador esportivo John Wooden tornou-se um dos melhores formadores de equipes vitoriosas. Ele explica de modo simples e prático como obteve sucesso ao longo de muitos anos e sua experiência pode servir de paradigma para o mundo empresarial.

John Wooden adverte que um bom líder cria crenças baseadas em valores. Buscar esses valores dá conteúdo ao exercício da liderança bem sucedida."

Boris Tabacof, empresário, vice-presidente do Conselho de Administração da Suzano Holding e do Conselho Superior de Economia da Fiesp. Autor do livro *Espírito de empresário: reflexões para construir uma gestão baseada em valores*.

John **Wooden**
e Steve **Jamison**

A Pirâmide do Sucesso

para a excelência na liderança

Traduzido por:
Henrique Amat

Diretor-Presidente
Henrique José Branco Brazão Farinha
Publisher
Eduardo Viegas Meirelles Villela
Editora
Cláudia Elissa Rondelli Ramos
Tradução
Henrique Amat
Revisão Técnica
Juarez Araujo
Capa
Listo Comunicação
Revisão
Sadika Osmann
Projeto Gráfico e Editoração
Denis Rocha
Impressão
Prol Gráfica

Título original: *Wooden on Leadership*
Copyright © 2011 by Editora Évora Ltda.
Todos os direitos reservados Copyright da
edição original © 2005 by John Wooden e
Steve Jamison. Todos os direitos reservados.
A tradução desta publicação foi feita sob
acordo com McGraw-Hill.

Rua Sergipe, 401 – Cj. 1.310 – Higienópolis
São Paulo – SP – CEP 01243-906
Telefone: (11) 3717 1247
Site: http://www.editoraevora.com.br
E-mail: contato@editoraevora.com.br

DADOS INTERNACIONAIS DE CATALOGAÇÃO NA PUBLICAÇÃO (CIP)
(Câmara Brasileira do Livro, SP, Brasil)

W855p

    Wooden, John, 1910-2010.
      [Wooden on leadership. Português]
      A Pirâmide do Sucesso para a Excelência na Liderança/
John Wooden, Steve
Jamison. - São Paulo : Évora, 2011.
      256 p.

    Tradução de: Wooden on leadership.

    ISBN: 978-85-63993-13-7

    1. Liderança. 2. Administração. I. Título.

                             CDD- 658.4

José Carlos dos Santos Macedo   Bibliotecário CRB7 n.3575

Agradeço

A Nell — e à nossa filha, Nan Wooden Muehlhausen, ao nosso filho, Jim Wooden; aos nossos netos e bisnetos maravilhosos; aos treinadores Ward "Piggy" Lambert, Glenn Curtis e Earl Warriner; e aos numerosos jogadores excelentes, treinadores-assistentes, ao nosso treinador e aos supervisores dos alunos que trabalharam arduamente comigo na jornada em busca do sucesso. Quero também desejar o máximo de sorte a INCH e MILES* por difundirem a minha Pirâmide do Sucesso entre as crianças do mundo no século XXI!

— Treinador John Wooden

Para

Os meus pais, Mary Jean e Everett Edstrom, e minhas irmãs, Pat, KRS, Kate e Kim.

— Steve Jamison

E obrigado a Jeffrey Krames, cujas orientações nos momentos decisivos na competição foram as mais valiosas.

---

* Referência aos personagens do seu livro, *Inch and Miles: The Journey to Success* [Inch e Miles: A Jornada para o Sucesso] (N.T.)

"No que diz respeito a formar uma equipe vitoriosa,
John Wooden escreveu o livro. Agora, este livro tem um título:
A Pirâmide do Sucesso para a Excelência na Liderança. Esse é o seu
modelo pessoal para alcançar o sucesso como líder de empresa,
do basquetebol ou do que quer que seja. Depois de todos
esses anos, finalmente vim a perceber o que tornou o
treinador Wooden tão especial e por quê. Também acabei por
entender que sou o seu aprendiz mais lento de todos.
A Pirâmide do Sucesso para a Excelência na Liderança
conta TODA a história."

— Bill Walton

SUMÁRIO

Prefácio à edição brasileira xi
Prefácio..xiii
Prólogo: As alegrias da minha jornada xv

PRIMEIRA PARTE:
A BASE DA MINHA LIDERANÇA.........................1

INTRODUÇÃO...3

1   A PIRÂMIDE DO SUCESSO.................................14

2   A SEGUNDA CAMADA DA PIRÂMIDE.................26

3   O CORAÇÃO DA PIRÂMIDE...........................35

SEGUNDA PARTE:
LIÇÕES SOBRE LIDERANÇA.............................51

4   BONS VALORES ATRAEM
BOAS PESSOAS...53

5   USE A MAIS PODEROSA
PALAVRA DE QUATRO LETRAS..........................69

6   CHAME-SE DE PROFESSOR.....................................79

7   A EMOÇÃO É SUA INIMIGA.............................91

8   SÃO NECESSÁRIAS 10 MÃOS
PARA FAZER UMA CESTA..................................100

9   AS PEQUENAS COISAS FAZEM
ACONTECER AS GRANDES.................................117

10   FAÇA DE CADA DIA A SUA OBRA-PRIMA.......132

11   A CENOURA É MAIS EFICAZ
DO QUE UMA VARA..143

12   TORNE A GRANDEZA ACESSÍVEL
A TODOS...154

13   BUSQUE AS MUDANÇAS IMPORTANTES.........166

14   NÃO OLHE PARA O PLACAR..............................180

15   A ADVERSIDADE É O SEU BEM.........................189

**TERCEIRA PARTE:
LIÇÕES DO MEU CADERNO DE REGISTROS**.........201

EPÍLOGO Algumas coisas não mudam.....................................252

PREFÁCIO À EDIÇÃO BRASILEIRA

Minha vida no basquetebol foi algo que aconteceu naturalmente. Um amor à primeira vista. Foi só ver alguém batendo bola na quadra que aquele jogo começou a me despertar, com dificuldades para praticá-lo, claro. Afinal, com 1,73m, jamais poderia me agigantar no meio dos verdadeiros jogadores. Mas não foi difícil para mim, porque parece que o amor foi recíproco. Deixando o lado da adolescência, assim que cheguei para trabalhar no Jornal *A Gazeta Esportiva*, em 1978, fiz logo uma opção de largar um cargo de editor para seguir o basquete pelo mundo. E foi uma decisão acertada.

Por uma felicidade pouco comum nos dias de hoje, deparei-me com duas das maiores gerações do basquete brasileiro: Paula e Hortência, no feminino; Oscar e Marcel, no masculino. E, junto com as duas gerações, um dirigente que fez história nesse esporte. Foi José Cláudio dos Reis, da Confederação Brasileira de Basquete e do Continental Parque Clube. Ele gostava de desafiar jornalistas com perguntas apimentadas, para derrubar mesmo o camarada. Certa vez, tentou me pegar, fazendo essa: quem foi o técnico com mais títulos universitários dos Estados Unidos?

Modestamente, já estava preparado para responder: Zé, essa é fácil, disparei. É John Wooden. Ele tem 10 títulos como treinador da NCAA, em um período de 12 anos. E fui colocando outros detalhes, em uma época que não tinha internet, poucas eram as notícias vindas dos EUA sobre NCAA e a NBA. Mas o saudoso Zé Cláudio enriqueceu meu pouco conhecimento sobre "El Mago" Wooden. E passei a ler tudo que podia sobre esse fenômeno americano.

Não é por acaso que ele foi 10 vezes campeão da NCAA, sete vezes seguidas, e se tornou o primeiro a entrar no *Hall of Fame* como jogador (em 1961) e depois como técnico (1972), honras que cabem até hoje apenas a mais dois: Lenny Wilkins e Bill Sharman.

E agora, com uma satisfação muito grande, recebo o convite da Editora Évora para apresentar o Livro em que o próprio John Wooden conta um pouco da forma simples, quase mágica, com que conduzia seus jogadores, suas equipes até se tornar um mito. Uma referência para quem é ou quer seguir a carreira de técnico de basquete e talvez qualquer esportivo coletivo.

Neste livro, Wooden mostra e dá ensinamentos de maestria que viveu em quadra. Relata passagens de pura humildade, fala de como nunca quis se tornar uma personalidade do esporte. Fala com sentimento e pureza que sempre desejou a quase todos os adversários dele que ganhassem um título nacional. Quem poderia fazer isso na Terra? Só ele, John Wooden. Talvez, agora, os jovens treinadores que estejam iniciando a carreira, após lerem esta maravilhosa obra e os relatos pessoais de Wooden, possam mudar um pouco da história do basquete brasileiro e do esporte brasileiro de um modo geral, porque, no livro, Wooden faz colocações que irão ajudar não só técnicos e jogadores, mas também dirigentes, empresários... Boa leitura!

Juarez Araújo nasceu em Campo Grande-MS. É jornalista esportivo, especializado em basquetebol. Trabalhou no Jornal *A Gazeta Esportiva* – 1978 a 2002, e paralelamente era editor da revista *SuperBasket* e depois *WorldBasket*. Trabalhou na PSN, nos EUA, e atualmente é apresentador esportivo da BlueTV (Canal 18 TVA).

PREFÁCIO

O doutor Albert Einstein e o treinador John Wooden têm um talento em comum: especificamente, os dois dominaram a complicada arte de simplificar as coisas. Para o doutor Einstein, as complexidades da fusão nuclear resumiram-se na elegância de uma equação simples: $E = mc^2$. Para o treinador Wooden, 10 campeonatos nacionais resumem-se na simplicidade de uma fórmula elegante: $10 = C + F + U$ (Condicionamento + Fundamentos + Unidade).

Simples assim. Só que não é tão simples.

Apenas com o conhecimento das equações desses dois homens — um, o mestre de uma ciência; o outro, da liderança, não se pode criar a energia atômica nem tampouco vencer 10 campeonatos nacionais nos Estados Unidos. Compreender de verdade o sentido real do que representam essas duas fórmulas talvez seja o trabalho de uma vida inteira. Assim, este livro vai economizar seu tempo quanto a identificar e implementar o gênio de John Wooden sobre liderança da maneira que for mais conveniente à sua organização.

Tendo trabalhado com o treinador Wooden por muitos anos em vários livros e projetos, ainda ouço esta pergunta: "Qual é o segredo? Como ele conseguiu — 10 campeonatos nacionais (um recorde), incluindo sete seguidos (um recorde); 88 vitórias consecutivas (um recorde); 38 vitórias consecutivas em eliminatórias de torneios (um recorde); quatro temporadas completas (um recorde) com apenas um ano perdido — o seu primeiro — em 41 anos como treinador? Como ele conseguiu isso? Como ele estabeleceu todos esses recordes?".

Aqui está a resposta: o treinador Wooden ensinou bons hábitos.

Esta é a resposta.

John Wooden ensinou bons hábitos para aqueles que estavam sob a sua liderança no Colégio Dayton, do estado de Kentucky, no Colégio South Bend Central, na Faculdade Estadual de Indiana e, é claro, na UCLA. Durante todo esse tempo, ele sempre ensinou bons hábitos, até finalmente tornar-se um dos melhores formadores de equipes vitoriosas que o mundo até então conhecera.

A natureza exata desses "bons hábitos" e o modo como é possível incorporá-los à organização são o tema de *A Pirâmide do Sucesso na Liderança*: Como Criar uma Organização Vitoriosa.

À medida que John Wooden nos conduz pela evolução da sua formação como líder e da filosofia que desenvolveu para criar equipes e organizações de sucesso, você verá que, tal como a fórmula 10 = C + F + U, essa evolução foi em linha reta — enganadoramente singela.

Vá além da equação, pesquise profundamente e, então, o conteúdo do currículo de bons hábitos dele irá se revelar um método de incutir valores, conhecimento, espírito de equipe, disciplina, obstinação, padrões, ideais, equilíbrio, caráter, detalhes, trabalho árduo, amor, autocontrole, lealdade, dedicação e muito mais, incluindo como calçar as meias da maneira mais eficaz.

E é isso o que torna o "segredo" de John Wooden tão impressionante. As qualidades e características que ele possui e tem ensinado às suas equipes — aqueles bons hábitos e como ensiná-los — estão disponíveis a qualquer pessoa.

Não existe uma patente em vigor, lei de direitos autorais ou placa de "Entrada Restrita" que proíba o uso dos seus "segredos" de liderança. No jargão da internet, trata-se de um "código de fonte aberto" ou, como ele escreve tão francamente: "Tudo de que você precisa é a vontade de ver com a atenção devida".

O que ele ensinou e o modo como ensinou encontram-se agora ao alcance de todos; e tudo isso disponível nas páginas deste livro, *A Pirâmide do Sucesso na Liderança*.

Steve Jamison

PRÓLOGO

AS ALEGRIAS DA MINHA JORNADA

A maior recompensa da liderança vai além de simplesmente conseguir a supremacia na competição. Pelo menos, foi assim no meu caso. A alegria e a grande satisfação que obtive da liderança — trabalhando com os outros e ensinando-os, ajudando-os a realizar o seu potencial enquanto contribuíam para as metas comuns da equipe —, no final das contas foram maiores do que marcar mais pontos que um adversário, do que as colocações e até mesmo do que os campeonatos.

Na verdade, foram a comoção e a atenção que se seguiram ao sucesso da UCLA no basquetebol que talvez tenham me afastado da atividade de treinador.

Na noite de sábado, 29 de março de 1975, a UCLA enfrentava Louisville nas semifinais da March Madness, ou a "Loucura de Março", no Ginásio da Universidade de San Diego. Ao entrar no jogo, eu tinha a intenção de permanecer como o treinador-chefe da UCLA por mais dois ou três anos.

Alguns dizem que entenderam o contrário — que eu dera sinais de que deixaria os Bruins no final da temporada. Mas não foi assim. O que aconteceu, aconteceu rapidamente e sem aviso.

Depois do burburinho do final do jogo, depois de me congratular com o treinador de Louisville, Denny Crum, por uma partida praticamente perfeita, dirigi-me à sala da imprensa para a entrevista posterior ao jogo.

Mas, de repente, senti algo que nunca sentira antes em 41 anos como treinador. Tive um sentimento forte, quase uma revulsão, de que não conseguiria mais passar por aquele tipo de coisa: as perguntas e respostas, a interminável especulação e o interrogatório; as multidões e toda aquela futilidade que se tornara algo desproporcional no meu cotidiano. Não só por parte dos repórteres fazendo o seu trabalho, mas de todo o mundo exterior.

É claro que eu gosto do reconhecimento pelo trabalho bem-feito, como qualquer pessoa, mas o sucesso da UCLA no basquetebol criou algo que eu nunca quis, mas do qual eu não conseguiria escapar. Mais especificamente, aquela imensa e esmagadora atenção, toda aquela especulação e a curiosidade que acabaram se tornando uma coisa profundamente perturbadora.

Eu sentia que cada vez mais as multidões se aproximavam de mim e me envolviam, me sentia constantemente cercado. Aquele grande frenesi de atividade e atenção era mais do que desagradável; era antinatural.

Em uma conferência de treinadores, pediram-me para esperar do lado de fora do salão antes de fazer o meu pronunciamento, para não desviar a atenção dos outros treinadores que também eram oradores convidados. Eu me tornara uma distração, um transtorno, alguém que precisava de um tratamento especial — um treinador separado dos outros treinadores. Eu era uma celebridade, e tudo o que eu queria era ser um treinador entre os outros treinadores, um professor entre professores. Agora, pediam para eu ficar do lado de fora enquanto os treinadores, professores e líderes se reuniam do lado de dentro, sem mim.

Se isso tivesse acontecido em sonho, eu teria dito ao acordar que tivera um terrível pesadelo. Porém, aquilo não era um sonho.

O que eu sou? Apenas um professor — um integrante de uma das grandes profissões do mundo. O que eu ensinava produzira coisas boas, mas no processo criara um nível de atenção que acabaria por me afastar.

Eu precisava sair, mas talvez nem mesmo soubesse disso até segundos depois de apertar a mão do treinador Crum em seguida àquela partida semifinal. Passados alguns minutos, eu disse à nossa equipe que a partida seguinte seria a minha última.

Muitas vezes, eu dizia que, se acaso encontrasse um gênio mágico, faria dois desejos. Primeiro, desejaria aos muitos treinadores, que eu respeitava e por quem tinha um sentimento de cordialidade, um título de campeão nacional.

Aos poucos treinadores por quem eu nutria sentimentos abaixo da cordialidade, desejaria que vencessem muitos campeonatos nacionais. Entretanto, na verdade, não estou certo se desejaria isso a alguém.

O equilíbrio é decisivo em tudo o que fazemos. Junto com o amor, está entre as coisas mais importantes da vida. Eu me esforcei para ter equilíbrio como líder e como treinador, e ensinei que o equilíbrio é necessário para a Grandeza Competitiva: o corpo precisa estar em equilíbrio; a mente precisa estar em equilíbrio; as emoções devem estar em equilíbrio.

Infelizmente, ao longo dos últimos anos da minha atividade como treinador na UCLA, esse equilíbrio se perdeu. E, talvez, o meu subconsciente tenha concluído que a única maneira para recuperá-lo, pessoal e profissionalmente, seria abandonando o jogo que eu amo.

Na verdade, se o gênio me tivesse concedido um terceiro desejo, eu poderia ter pedido que desaparecesse a futilidade, mas que permanecesse o exercício da profissão, que era o que me dava alegria e satisfação — ensinar os outros a dar o máximo de si. E é exatamente disso que a liderança trata: ajudar os outros a alcançar a sua própria grandeza, contribuindo para o sucesso da organização.

Como se faz isso — pelo menos, como eu considero a liderança — é o tema deste livro.

Tive o privilégio de me manter em uma posição de liderança por 40 anos. Sinto falta da empolgação de estar naquela quadra de exercícios, trabalhando duro com a equipe em busca da Grandeza Competitiva — "estar na sua melhor forma quando a sua melhor forma for necessária". Para mim, esta é a parte mais empolgante de ser um líder: a jornada para se tornar o melhor do que você e a sua equipe são capazes.

Sinto muita falta das alegrias daquela jornada, mas me consolo com o fato de que este livro possa oferecer algumas ideias produtivas para a jornada de liderança de cada um. Se isso acontecer, ficarei muito feliz. Ofereço-lhe os melhores votos de prosperidade ao longo de todo o caminho.

Treinador John Wooden

perior a você em espírito de equipe, lealdade,
tusiasmo, cooperação, determinação, dedicação ao
rabalho, capacidade de luta e caráter. Adquira e
ntenha esses traços e o sucesso virá em seguida.

PRIMEIRA PARTE

A BASE DA MINHA LIDERANÇA

BASQUETEBOL DA UCLA
John Wooden, Treinador-Chefe

SUCESSO

O sucesso na atuação como treinador ou jogador não
deveria se basear no número de vitórias ou derrotas
nos jogos, mas sim no que cada indivíduo fez em
comparação aos outros, levando em consideração
aptidões pessoais, os recursos materiais com que se
teve de trabalhar, o calibre dos seus adversários, o
local das disputas etc.

O verdadeiro sucesso só acontece a uma pessoa pela

SUCESSO

Fé — **Paciência**

Grandeza Competitiva
Esteja na sua melhor forma quando a sua melhor forma for necessária. Ame a árdua batalha.

Estabilidade
Mantenha a calma sob pressão. Evite fingir ou fazer pose. Seja você mesmo.

Confiança
A preparação adequada cria o tipo certo de confiança.

Condicionamento
Mental — Moral — Físico. Deve-se praticar a moderação.

Técnica
Ser capaz de executar todos os aspectos do seu trabalho. Continue aprendendo.

Espírito de Equipe
Um desejo intenso de sacrificar o interesse pessoal pelo bem de todos.

Autocontrole
Pratique a autodisciplina e mantenha as emoções sob controle.

Vigilância
Seja observador e ansioso por aprender e se aprimorar.

Iniciativa
Reúna a coragem para tomar uma decisão e agir.

Tenacidade
Mantenha o curso. Concentre-se no seu objetivo com decisão inabalável.

Dedicação ao Trabalho
Trabalhe duro. As coisas que têm valor só se produzem pelo trabalho árduo.

Amizade
A estima mútua, a camaradagem e o respeito criam grandes laços de força.

Lealdade
Consigo mesmo e com todos os que dependem de você.

Cooperação
Interesse-se em descobrir o melhor estilo, não em ter o seu próprio estilo.

Entusiasmo
Você deve gostar de verdade do que está fazendo.

INTRODUÇÃO

"O sucesso é uma tranquilidade mental, que é uma consequência inequívoca da satisfação pessoal de saber que se fez o esforço necessário para se tornar o melhor de que se é capaz."

Eu me tornei oficialmente o "treinador" Wooden numa segunda-feira à tarde, 5 de setembro de 1932 —, o primeiro dia de treino de futebol no Colégio Dayton, no Kentucky. Eu tinha 21 anos, estava casado havia um mês e me formara recentemente na Universidade Purdue, tendo como matéria preferencial o inglês e a secundária, a poesia.

A diretoria do Dayton pagava-me 1.500 dólares ao ano, divididos da seguinte maneira: 1.200 para ministrar aulas de inglês; 300 para ministrar treinamento de futebol, basquetebol e beisebol. Apesar da disparidade do pagamento, todo mundo entendia que eu era contratado basicamente como treinador, e não como professor de inglês. As coisas eram assim na época.

Se alguém insistisse, as autoridades da escola diriam que Johnny Wooden, eleito três vezes um dos melhores jogadores universitários americanos e um dos dez maiores cestinhas quando integrava a equipe de basquetebol campeã nacional dos Boilermakers da Purdue, fazia parte do corpo docente do Dayton não para ensinar inglês, mas porque sabia tudo sobre treinamento e liderança. Eles estavam errados.

O que eu sabia fazer era ensinar inglês, incluindo Shakespeare e ortografia, poesia e pontuação. A propósito, pouco antes de me formar na Purdue, ofereceram-me uma bolsa de estudos para que me tornasse professor de inglês e integrasse o seu corpo docente em West Lafayette, no estado de Indiana.

Eu teria aceitado a oferta, a não ser por uma coisa: Nellie e eu estávamos ansiosos para nos casar e constituir família, e a bolsa da Purdue não era suficiente para garantir o nosso sustento. Caso eu pretendesse permanecer solteiro, porém, poderia ter aceitado a oferta, tornando-me professor de inglês e quem sabe nunca teria sido um treinador em tempo integral.

Portanto, quando o Colégio Dayton me acenou com uma boa soma em dinheiro para aqueles dias — 1.500 dólares anualmente —, procuramos o pastor e eu parti para o meu novo emprego. O que o Dayton recebeu em troca do seu dinheiro foi um professor de inglês relativamente bom e um treinador relativamente ruim. Entretanto, naquela primeira tarde de segunda-feira de setembro, quando assoprei todo confiante o meu apito, indicando o início dos treinos, pensei que sabia o que estava fazendo.

Duas semanas depois, pedi demissão como treinador de futebol.

LEMBRE-SE DAS SUAS ORIGENS

Sou um homem competitivo. Até onde consigo me lembrar, sempre tive uma feroz determinação por vencer — seja como jovem jogador de basquetebol em Indiana, seja depois como treinador liderando equipes e competindo nos campeonatos nacionais.

Embora tenha sido abençoado por ter nascido com alguma capacidade atlética, os meus conhecimentos técnicos como treinador foram adquiridos com o tempo. Na verdade, eu era tão tímido quando jovem, que ninguém jamais me escolheria como um futuro treinador, um líder, que pudesse ficar à frente de sujeitos voluntariosos e independentes e lhes dizer o que fazer — e como fazer. Superar a timidez era algo que eu precisava aprender.

Acredito que a liderança é algo que em grande parte se aprende. Com certeza, nem todo mundo é capaz de liderar, nem todo líder é destinado à glória, mas a maioria de nós tem um potencial muito além do que pensamos ser possível.

Aqueles que aspiram a ser líderes podem conseguir; aqueles que querem se tornar líderes muito melhores também conseguem. Eu sei, porque foi isso o que aconteceu na minha vida. Todos os conhecimentos técnicos como treinador e também os de liderança que possuo aprendi ouvindo, observando, estudando e, depois, por tentativas e erros ao longo do caminho.

E é assim que a maioria dos líderes se aprimora e progride. Para mim, o processo de aprendizado em liderança continuou por 40 anos até o dia em que saí da quadra pela última vez como treinador-chefe — 31 de março de 1975 — depois do décimo título de equipe campeã nacional pela UCLA.

No entanto, ser treinador não foi algo que decidi enquanto crescia. É justo dizer que o meu maior objetivo quando ainda morava na fazenda da família era vencer o meu irmão mais velho, Maurice ("Gato"), em uma corrida ao redor do celeiro ou em qualquer outra competição que imaginássemos. Na maioria das vezes, eu perdia, porque o apelido do meu irmão era perfeito: Maurice era rápido como um gato. No entanto, nós dois adorávamos competir, o que significava que não éramos diferentes da maioria das pessoas.

Os americanos na sua grande maioria, talvez por natureza, são competitivos. Nos esportes, nos negócios e em quase todos os setores da vida eles não só perguntam: Quem é o número um?, mas querem ser o número um e constantemente se comparam em relação a esse padrão: "Será que sou o maior? O melhor? O mais rápido?".

Entretanto, sempre acreditei que essas eram as perguntas erradas para se fazer a si mesmo. Isso se devia em grande parte ao que o meu pai me ensinara ainda em nossa fazenda em Centerton, Indiana, com uma população de 49 pessoas.

Os princípios e os valores que aprendi ali me acompanharam de maneira inalterável e tornaram-se a bússola pela qual me norteei — ou tentei me nortear — por mais de 90 anos. A minha devoção ao que o meu pai me ensinou, assim como a minha crença na importância disso e na sua aplicação prática, permanecem tão fortes hoje como sempre foram.

O que quer que eu tenha conquistado como líder resultou principalmente do que ele realizou como pai e como professor.

O SEGREDO DO SUCESSO

Meu pai, Joshua Hugh Wooden, era um homem bom, de convicções fortes e modos gentis. Autodidata pela leitura, ele transmitiu o seu amor pelo aprendizado aos quatro filhos. E se orgulhou muito quando todos nós nos formamos no colegial, e mais ainda quando nos formamos na faculdade e nos tornamos professores — cada um de nós.

Embora papai tenha sofrido terríveis reveses e tribulações — a morte de duas filhas, a perda da sua querida fazenda, as privações financeiras durante a Grande Depressão —, ele nunca se queixava, nem criticava ou se comparava a outros que estivessem em situação melhor. Durante todo o tempo, ele fez o melhor que pôde e era grato por isso. Essa é uma das minhas lembranças mais marcantes e algo que tentei copiar ao máximo no decorrer dos anos, tanto em minha vida privada quanto no papel de professor, treinador e líder.

Papai não era dado a conversa-fiada nem a fofocas e era capaz de jogar uma partida inteira de damas ou xadrez sem dizer uma palavra. No entanto, quando dizia uma coisa, era sempre algo que valia a pena ouvir. Ele era dono de uma sabedoria simples, profunda, mas extremamente prática.

O que ele dizia sobre o sucesso — "vencer a corrida" — era incomum para a época e mais incomum atualmente. As suas palavras estão no centro da minha filosofia de liderança, talvez o conceito mais importante que aprendi e ensinei ao longo dos anos. "Filhos", dizia ele a mim e aos meus três irmãos, "não se preocupem em ser melhores do que alguém, mas nunca deixem de tentar ser os melhores que puderem se tornar. Vocês têm controle sobre isso; sobre os outros, não".

O tempo gasto em se comparar aos outros, advertia ele, era um tempo desperdiçado. Essa é uma dura lição a aprender quando se é jovem, mais dura ainda depois de adulto. "Johnny, trabalhe duro para conseguir ser o melhor de que for capaz", dizia ele. "Faça isso e poderá se transformar em um sucesso. Faça menos e ficará para trás." Fiz o melhor que pude para seguir o conselho do meu pai.

Embora não tenha acontecido da noite para o dia, a sabedoria das palavras dele finalmente calou fundo e tornou-se parte de mim. Eu me disciplinei pouco a pouco e depois às equipes que ensinei, treinei e liderei — os Greendevils, do Colégio Dayton, no Kentucky, os Bears, do Colégio South Bend Central, os Sycamores, da Faculdade Estadual Teachers de Indiana, e os Bruins, da UCLA —, para que se concentrassem e se preocupassem apenas com as coisas que podiam ser controladas, ou seja, procurar ser tão bons quanto pudéssemos, esforçando-nos para tirar o máximo dos nossos recursos, tanto mental quanto fisicamente.

Se isso iria efetivamente resultar em conseguir mais pontos do que o nosso adversário — "vencendo a corrida" —, era algo que não me tirava muito o sono. O que eu tentava realmente ensinar aos que se encontravam sob a minha supervisão era que o sucesso está ao seu alcance, independentemente do placar, da colocação ou da opinião dos outros (especialmente da opinião dos outros).

É claro que todos queremos vencer a corrida. Seja no basquetebol, nos negócios, seja em qualquer outro campo competitivo, a vitória é sempre gloriosa.

Perder é doloroso — às vezes, extremamente desagradável. Ainda me dói quando me lembro de uma derrota que o nosso colégio de Martinsville sofreu durante os últimos segundos das finais de um torneio estadual de basquetebol em Indiana. Isso aconteceu mais de 75 anos atrás e ainda sofro quando me lembro.

Ultimamente, porém, entendi que perder não é o fim do mundo, nem a vitória me coloca acima do mundo — nem mesmo em um campeonato nacional. Existe algo além disso, algo ainda maior do que vencer a corrida.

Cervantes. "A jornada é melhor do que a hospedaria."

Rdt. Louis Stevenson. "Viajar com esperanças é melhor do que chegar."

Durante a maior parte da minha vida, sempre acreditei que o sucesso está em participar da corrida. A maneira como se participa da corrida — o planejamento, a preparação, a prática e o desempenho — conta para tudo. Vencer ou perder são subprodutos, um efeito colateral daquele esforço. É a qualidade do esforço que conta mais e oferece a maior e mais duradoura satisfação.

Cervantes estava certo: "A jornada é melhor do que a hospedaria". A maioria das pessoas não entende o que isso significa, mas graças ao meu pai eu entendo. A alegria está na jornada de exigir de si mesmo a superação dos seus limites e ensinar o mesmo à sua organização.

A grande maioria dos competidores compartilham desse sentimento. Eles reconhecem que a recompensa suprema está mais no processo competitivo em si do que em um ganho ou glória subsequentes resultantes da vitória. Portanto, em todos os meus anos como treinador, eu raramente, se é que alguma vez isso aconteceu, sequer pronunciei a palavra vencer, nem falei sobre "derrotar" um adversário, ou exortei uma equipe a ser a número um, incluindo aquelas indicadas pelos especialistas a vencer campeonatos nacionais.

Em vez disso, as minhas palavras e ações sempre refletiram o conselho antigo de Joshua Hugh Wooden — "Nunca deixe de tentar ser o melhor de que for capaz". E eu fazia isso com o objetivo de ajudar aqueles a quem eu liderava a alcançar o sucesso da maneira como vim a defini-lo.

A partir do inverno de 1934, há cinco anos como professor de inglês e treinador do Colégio Dayton, do Kentucky, a minha definição foi exatamente esta: "O sucesso é uma paz de espírito, que é uma consequência inequívoca da satisfação pessoal de saber que se fez o esforço necessário para se tornar o melhor de que se é capaz".

Essa definição não mudou desde que foi cunhada, nem eu acho que precise de alguma mudança agora. Eu a ensinei àqueles que se encontravam sob a minha liderança durante toda a minha vida adulta e ela se mostrou eficaz. Existe um padrão superior a meramente vencer a corrida: o esforço é a medida suprema do seu sucesso.

COMPETIR SÓ CONTRA SI MESMO

Lembre-se do conselho do meu pai: estabeleça padrões elevados para si mesmo; ou seja, faça absolutamente o melhor de que for capaz. Concentre-se em participar da corrida em vez de vencê-la. Faça o que for necessário para dar o melhor de si e não perca o sono preocupando-se com a competição. Deixe que a competição perca o sono preocupando-se com você. Ensine a sua organização a fazer o mesmo.

MANTENHA A CABEÇA ERGUIDA

Antes de o nosso time deixar o vestiário para entrar na quadra, seja no primeiro jogo de uma temporada do colegial, com garotos chamados Rzeszewski, Kozoroski e Smith, seja no último jogo de uma temporada do campeonato da NCAA, com jovens chamados Walton, Wilkes e Meyers, as minhas palavras finais eram sempre sobre a mesma coisa: "Quando acabar, quero vocês de cabeça erguida. E só existe um modo de manter a cabeça erguida — é dando o melhor de si na quadra, tudo o que puderem fazer".

Isso é tudo o que sempre pedi a eles, porque era tudo o que podiam dar. E exigi o mesmo em todos os treinamentos, nada menos do que o melhor esforço que pudessem fazer. E eu fazia o mesmo.

Muitos céticos, tanto na época como agora, desprezam o que o meu pai me ensinou sobre o sucesso, achando ser algo ingênuo e impraticável. No entanto, ainda estou para ouvir esses céticos explicarem o que mais se pode dar além do melhor de si mesmo.

A meu ver, quando se faz o esforço total — tudo o que se pode dar —, o resultado jamais fará de você um perdedor. Mas, quando fizer menos, não há maneira mágica de se tornar um vencedor.

Quando se aceita de verdade essa filosofia, tudo muda: a sua preparação, desempenho e a capacidade de resistir a duros reveses e derrotas, assim como aos desafios impostos pela vitória. Essa verdade redefine o modo de avaliar o sucesso, tornando-o alcançável em todas as situações a serem enfrentadas, sejam elas boas ou ruins.

Também descobri que a aceitação dessa filosofia aumenta as probabilidades de vencer a corrida — o subproduto que todos os competidores buscam. Mas, primeiro, é preciso comprometimento consigo mesmo — e com a sua organização — em relação a uma meta além de meramente derrotar os outros. É preciso definir o sucesso como realizar todo o esforço para maximizar a sua capacidade, a sua técnica e o seu potencial em quaisquer circunstâncias possíveis — boas ou ruins.

VENCER É UM SUBPRODUTO. CONCENTRE-SE NO PRODUTO: O ESFORÇO

Vivemos em uma sociedade obcecada por vencer e ser a número um. Não siga a manada. Em vez disso, concentre-se no processo, e não no prêmio. Mesmo durante o auge das melhores temporadas da UCLA, eu nunca me fixei em vencer — nem sequer mencionava isso. Ao contrário, fazia tudo ao meu alcance para garantir que todos os nossos jogadores dessem tudo o que tinham para dar, tanto nos treinos quanto nos jogos. O placar se encarrega de si mesmo quando você se encarrega do esforço que precede o placar.

Às vezes, a competição a ser enfrentada pode ser maior ou mais forte, mais experiente ou mais bem financiada. Não importa qual seja a situação que se enfrenta como líder, é necessário acreditar e ensinar às pessoas sob a sua liderança que o sucesso passa a ser seu quando a equipe reúne a vontade de pôr em jogo tudo o que tem. Fazer isso está sob o seu controle.

Reconheço que incorporar a minha definição do sucesso — a minha filosofia — nos seus próprios métodos de liderança pode não ser tarefa fácil porque ela vai de encontro a quase tudo o que vemos e ouvimos hoje em dia, especialmente nas seções de esportes e negócios dos jornais. Acredite ou não, não era diferente quando eu era jovem. Tanto naquela época como hoje, o que a maioria das pessoas se preocupa em pensar é: "Quem venceu a corrida?". No entanto, eu afirmo que, quando você realizar a tarefa formidável de fazer o esforço total, 100%, para dar o melhor de si e ensinar a sua organização a fazer o mesmo, poderá se considerar um sucesso porque será mesmo um sucesso.

SÓ VOCÊ SABE SE CONSEGUIU SER UM SUCESSO

Em 1959-1960, a UCLA enfrentava dificuldades para permanecer acima dos 500 de aproveitamento* e, na verdade, precisávamos vencer o nosso

---

* O cálculo do aproveitamento acima ou abaixo dos .500 é obtido pela fórmula: $(V - D)/2$, onde V é o número de vitórias, e D, o número de derrotas. (N.T.)

último jogo da temporada para terminar com a marca de 14-12. Do ponto de vista de vitórias-derrotas, não era o pior ano que eu já tivera como treinador-chefe da UCLA. Alguns torcedores se queixavam dos nossos resultados "fracos": "O programa está atolado", disseram alguns, "Wooden não consegue vencer na pós-temporada"; "A UCLA não tem uma pós-temporada". E disseram outras coisas nessa linha. Eu tinha uma opinião diferente.

A temporada 1959-1960 tinha sido um sucesso e me agradava muito, especialmente quando me lembrava de uma previsão feita por Sam Balter, um apresentador e comentarista esportivo bastante conhecido. Avaliando as chances da UCLA no início do ano, ele disse: "Sou capaz de empurrar um amendoim com o nariz ao longo da Miracle Mile, em Beverly Hills, se a UCLA não ficar abaixo dos seus .500 de aproveitamento neste ano". Não recebi um telefonema sequer de ninguém que discordasse da previsão do Sam — e por um bom motivo.

No ano anterior (1958-1959), a UCLA ficara em terceiro na nossa Conferência. Quatro dos cinco jogadores que iniciaram naquela seleção não jogariam mais, incluindo o futuro medalha de ouro olímpico Rafer Johnson, Denny Crum (que depois seria o treinador de Louisville em dois campeonatos nacionais da NCAA) e Walt Torrence, talvez o melhor jogador do time.

Eu costumava dizer que, como líder, eu preferia ter muito talento e pouca experiência em vez de muita experiência e pouco talento. Em 1959-1960, não tivemos grande coisa de nenhum dos dois. E havia mais uma desvantagem que estava além do nosso controle.

Alguns anos antes, os programas de futebol da UCLA e de algumas outras faculdades da Conferência foram alvo de um escândalo: pagamentos a atletas que tinham excedido os limites estritos da Conferência. Os programas de futebol nas faculdades envolvidas nas infrações tinham sido colocados na condicional e parte da punição incluía uma restrição sobre jogar na pós-temporada como o Rose Bowl.

A punição contra a UCLA aplicou-se não só ao futebol, mas a todos os esportes, incluindo o basquetebol, muito embora tivéssemos agido corretamente. Portanto, durante um certo período, o basquetebol da UCLA ficara desqualificado para participar de qualquer torneio da pós-temporada. Alguns atletas com talento considerável para o basquetebol, que poderiam ter frequentado a nossa faculdade, sem dúvida ficaram de fora. Tudo isso — falta de experiência, talentos excelentes limitados, desqualificação e muito mais — influenciou a nossa capacidade de apresentar melhores resultados do que os nossos adversários.

Portanto, quando refleti sobre a temporada de 1959-1960, com o seu registro de 14-12 e os obstáculos consideráveis que enfrentamos, fui da opinião de que a nossa equipe poderia ter recebido o meu melhor treinamento até aquele momento da minha carreira. E ninguém sabia disso além de mim, o que era ótimo.

Também acredito que aqueles estudantes-atletas, sob a minha liderança, chegaram perto de atingir os 100% do seu potencial, como algumas das equipes posteriores da UCLA com temporadas perfeitas de 30-0. O grupo de 1959-1960 simplesmente não tinha o nível de talento extremo que as equipes do campeonato possuíam. Entretanto, não julgo o sucesso com base em campeonatos; em vez disso, julgo em relação a quão perto chegamos de realizar o nosso potencial.

Consequentemente, ao olhar para trás, para todos os 27 anos em que treinei os Bruins, não passaria nenhuma outra temporada à frente da de 1959-1960 pelo que conquistamos nesse sentido. Sinto muito orgulho do que realizamos naquela temporada.

A equipe chegara muito perto de realizar a tarefa formidável de maximizar as suas aptidões individualmente e como unidade. Enfrentamos as dificuldades juntos, trabalhamos muito, ignoramos o que estava além do nosso controle e aperfeiçoamos — ou tentamos arduamente aperfeiçoar — o que estava sob o nosso controle. A nossa equipe alcançou o sucesso.

E ainda assim os críticos se queixavam (Sam nunca apareceu para empurrar aquele amendoim pela rua com o nariz.). Nós éramos um sucesso, mas ninguém compreendia a não ser nós mesmos. E isso era o que realmente importava.

É como caráter e reputação. Reputação é como os outros percebem você, e a opinião deles pode estar certa ou errada. Caráter, entretanto, é o que você realmente é, e ninguém o conhece de verdade além de você mesmo. Mas você é o que mais importa.

Em 1959-1960, só nós sabíamos que tínhamos alcançado o sucesso. Quatro anos depois, em 1964, a UCLA tornou-se uma das poucas equipes da história do basquetebol universitário a alcançar uma temporada perfeita — 30 vitórias consecutivas — e, no processo, vencemos o nosso primeiro campeonato nacional da NCAA. Os especialistas então declararam que eu finalmente me tornara um sucesso. Uma vez mais, os críticos estavam errados.

Embora eu fosse talvez um líder mais inteligente e mais eficaz, não fui um sucesso maior durante a temporada do campeonato de 1964 do que quatro anos antes, quando precisamos vencer o nosso jogo final para permanecer acima dos .500. Os críticos não entenderam isso, mas o seu padrão para me avaliar — e à equipe — era de pouca utilidade para mim.

O meu padrão para o sucesso era muito mais importante Era como eu avaliava as coisas. E ele começava com o que o meu pai nos ensinara lá na fazenda. Isso, por sua vez, levou à definição do sucesso que concebi e registrei por escrito, em 1934, no Colégio Dayton.

Esse é o padrão que usei para me julgar em todas as áreas ao longo da minha vida adulta, incluindo minha atividade como professor, treinador e líder. É também o modo como sempre avaliei o sucesso das pessoas sob a minha liderança.

```
            BASQUETEBOL DA UCLA
         John Wooden, Treinador-Chefe
                  SUCESSO
O sucesso na atuação como treinador ou jogador não
deveria se basear no número de vitórias ou derrotas
nos jogos, mas sim no que cada indivíduo fez em
comparação aos outros, levando em consideração as
aptidões pessoais, os recursos materiais com que se
teve de trabalhar, o calibre dos seus adversários, o
local das disputas etc.

O verdadeiro sucesso só acontece a uma pessoa pela
satisfação pessoal de saber que deu tudo de que é
capaz para se tornar o melhor possível. Como disse
George Moriarty, "Dar tudo, parece-me, não está
muito longe da vitória".
Portanto, na análise final, só o próprio indivíduo
pode determinar corretamente o seu sucesso. Você
pode ser capaz de enganar os outros, mas jamais
poderá enganar a si mesmo.

É impossível atingir a perfeição, mas essa deveria
ser a meta. Menos de 100% do seu esforço para atin-
gir o seu objetivo não é sucesso, não importa em
quantos jogos você tenha saído vencedor ou perdedor.

Os outros podem ter muito mais capacidade do que
você, podem ser maiores, mais velozes, mais rápidos,
capazes de saltar melhor etc., mas ninguém deve ser
superior a você em espírito de equipe, lealdade,
entusiasmo, cooperação, determinação, dedicação ao
trabalho, capacidade de luta e caráter. Adquira e
mantenha esses traços e o sucesso virá em seguida.
```

REGRAS PARA LIDERAR

Antes de ser capaz de liderar os outros, você deve ser capaz de liderar a si mesmo
Defina o Sucesso para as pessoas que estão sob a sua liderança como o compromisso e o esforço total pelo bem da equipe. Depois, dê o exemplo com o seu próprio esforço e desempenho. A maioria das pessoas que você lidera fará o mesmo. As pessoas que não o fizerem devem ser encorajadas a procurar outra equipe.

Não se precipite em substituir o antigo pelo novo
Não existe progresso sem mudança, mas nem toda mudança quer dizer progresso. As ideias que resistiram à prova do tempo não devem ser descartadas, sem cuidado, apenas em nome da mudança. Ao longo dos anos, fiz uma grande quantidade de mudanças, mas aspectos básicos em torno dos quais mantive as equipes unidas na busca do sucesso não mudaram muita coisa. Eles funcionam atualmente.

Aprenda a dominar os quatro Ps
Os quatro Ps são planejamento, preparação, prática e performance (ou desempenho). São esses os segredos de uma execução bem-sucedida. Aprenda a pôr em prática os quatro Ps, considerando-os sempre prioritários, acima até mesmo de vencer. É responsabilidade do líder assegurar que a equipe ponha os quatro Ps em primeiro lugar.

Tome nota das tarefas, iniciativas e ações que cada integrante da sua equipe precisa colocar em prática para apresentar o seu desempenho máximo
Seja o mais específico possível em cada um dos seus relatórios pessoais. Não cometa o erro de salientar em demasia os resultados (por exemplo, "aumentar as vendas em 15%"). Em vez disso, concentre-se nas ações que um indivíduo precisa colocar em prática para executar mais eficaz e produtivamente a sua tarefa (por exemplo, gastar 20% mais de tempo com os clientes, fazer cinco telefonemas a mais por semana, ou frequentar um curso sobre técnicas de apresentação).

1

A PIRÂMIDE DO SUCESSO

"Em última análise, eu queria que os 15 elementos
fundamentais da Pirâmide me definissem como líder."

Criar uma definição por escrito do sucesso foi um exercício necessário quando comecei, porque muitos pais me procuravam para protestar contra as notas ou as posições que eu atribuía aos seus filhos numa equipe de beisebol ou basquetebol do Dayton (o banco, para a maioria).

Eu ficava contrariado, desgostoso de ouvir os lamentos dos pais quando sabia que, na maioria das vezes, era o melhor que o jovem podia fazer. Era injusto com o filho e, na verdade, contraproducente. Como alguém se sente depois de se esforçar bastante, estudar com afinco e prestar atenção às aulas — tendo dado o melhor de si — só para ser chamado de perdedor? A maioria das pessoas, jovens ou com mais idade, simplesmente desistiria de tentar. Eu não queria que os jovens sob a minha supervisão jamais desistissem de tentar.

Como treinador, eu sabia que seria julgado pelo meu sucesso ou a falta dele com um sistema de avaliação semelhante — o método percentual — sem considerar as circunstâncias, a situação ou qualquer outra coisa. Isso, como expliquei, foi exatamente o que aconteceu em 1959-1960.

Será que eu ajudara os alunos sob a minha supervisão a chegar o mais próximo possível de alcançar o seu potencial, dando o melhor de si? Será que eu fizera o melhor possível? Essas perguntas não eram formuladas, muito embora fossem as mais importantes.

> O Jogador que dá o melhor de si está seguro do sucesso, ao passo que o jogador que dá menos do que o máximo de si é um fracasso.

O comportamento daqueles pais no Dayton instigou-me a definir, declarar e escrever um método justo e produtivo de aferir o sucesso — um sistema de atribuir uma nota para tudo aquilo que verdadeiramente produz o melhor de que as pessoas são capazes.

ORIENTAÇÕES PARA SE CHEGAR AO DESTINO

O sucesso — uma paz de espírito que é uma consequência inequívoca da satisfação pessoal de saber que se fez o melhor que podia — tornou-se o objetivo declarado ou o destino determinado para aqueles a quem eu ensinava e treinava. Contudo, um ponto de destino não tem nenhum sentido sem as orientações sobre como chegar lá.

Como se chega ao sucesso? Em 1933, eu não tinha essa resposta. E apenas ter a resposta era insuficiente. Seria necessário um método de instrução para me ajudar a ensinar as qualidades que eu julgava necessárias ao sucesso.

Desse modo, comecei a procurar uma ferramenta didática que fosse tangível — algo que se pudesse ver, estudar e seguir com tanta clareza quanto um mapa. Aquilo que podemos ver tende a fazer mais sentido e a ser mais fácil de lembrar do que os objetos sobre os quais apenas ouvimos falar.

Glenn Curtis, o meu treinador de basquetebol do colegial, em Martinsville, Indiana, era um motivador excepcional que recorria a tudo, desde poesia a conversas animadoras para estimular os seus jogadores. De vez em quando, ele até mesmo criava um cartaz de cartolina sobre o qual desenhava uma escada com cinco ou seis patamares.

Cada patamar representava alguma dica importante que ele queria que os integrantes da equipe de basquetebol do Colégio Martinsville, os Artesians, tivessem em mente — o trabalho dos pés, por exemplo, ou a movimentação. No topo da escada, é claro, estava o sucesso como ele e a maioria dos outros o viam, ou seja, derrotar a outra equipe.

Bem, a ideia da escada me deu o que pensar. Era um bom começo, mas eu queria algo mais abrangente e ilustrativo. E, é claro, a minha definição de sucesso diferia grandemente da do treinador Curtis.

Lembrei-me de ter lido sobre a Grande Pirâmide de Gizé, no Egito, quando estudava na Purdue. Era a última das Sete Maravilhas do Mundo Antigo. Erguida com blocos de granito vermelho e calcário bruto, alguns pesando até 60 toneladas, a Grande Pirâmide foi construída sobre um alicerce maciço cujas pedras angulares imensas eram as maiores e mais importantes de toda a obra.

Os demais blocos, cada um escavado com um propósito específico e a posição em mente, foram depois empilhados num trabalho exaustivo e encaixados no lugar, criando camadas sucessivas — cada uma delas sustentada pela que fora assentada antes.

Havia um centro, ou coração, na Grande Pirâmide, que subia ao ápice, 144 metros acima da areia do deserto. Durante 4.300 anos, ela foi a construção mais alta da Terra. A Grande Pirâmide foi construída com tal precisão que, quando completada, depois de décadas de trabalho, não era possível introduzir uma única carta de baralho entre os blocos imensos de granito e calcário. Mesmo no século XXI, é considerada uma das construções mais bem-planejadas de todos os tempos. E não sou o único a pensar assim. Quando perguntaram ao excelente autor de obras de administração e analista, Peter Drucker, quem foram os maiores administradores de todos os tempos, ele respondeu: "Os construtores das grandes Pirâmides".

Um provérbio egípcio afirma: "O homem teme o tempo, mas o tempo teme as Pirâmides". A Grande Pirâmide de Gizé foi construída para durar — e durou. O simbolismo de todo esse esforço me pareceu muito prático para o meu intento.

OS REQUISITOS DO SUCESSO

Logo adotei a estrutura piramidal como a minha ferramenta didática. A princípio, não sabia quantos "blocos" ela conteria, em quais blocos consistiria ou em que ordem eles seriam dispostos. Tudo o que eu sabia era que o sucesso se encontraria no ápice e que cada bloco, levando ao topo, representaria um atributo pessoal necessário para chegar lá. Os blocos da Pirâmide e as camadas seriam as minhas orientações específicas sobre como os meus alunos poderiam alcançar o sucesso, realizando todo o seu potencial, individualmente ou como parte de uma equipe.

Ao longo do caminho, acabei percebendo que ela também me dava as orientações para a minha própria atividade de treinador — um guia de liderança —, oferecendo um código de conduta para os que recebiam o privilégio de liderar os outros no cenário competitivo.

Entretanto, primeiro me deparei com a tarefa de determinar quais características pessoais seriam exigidas para atingir o topo. Levei essa responsabilidade a sério e, durante o inverno do meu primeiro ano como professor e treinador, comecei a refletir sobre qual seria a resposta. O que precisamente era necessário para se tornar um sucesso?

Durante muitos anos em seguida, avaliei e depois selecionei cuidadosamente os valores necessários ao sucesso, como eu o definia, assim como a posição que cada um deles ocuparia na estrutura. Depois de muita reflexão, muito exercício, numa série de tentativas e erros, e alguma meditação, escolhi 15 valores fundamentais como os blocos da minha Pirâmide do Sucesso. Acredito que sejam pré-requisitos para o líder e a organização cuja meta seja ter um desempenho no mais alto nível de que são capazes.

Terminei a Pirâmide do Sucesso pouco depois de sair da Faculdade Estadual Teachers de Indiana, em Terre Haute, para ir à Califórnia e para a UCLA. Mais tarde, aos 37 anos, como o novo treinador-chefe de basquetebol do Bruins, começava cada temporada apresentando a minha definição do sucesso e a Pirâmide aos estudantes-atletas que chegavam —, distribuindo cópias mimeografadas e revendo-as com eles. Um grande pôster da Pirâmide pendia atrás da escrivaninha na minha sala em Kerckhoff Hall.

O EXEMPLO PESSOAL É O QUE MAIS CONTA

Acima de tudo, eu tentava demonstrar, com o meu comportamento — dentro e fora da quadra —, as qualidades que eu tanto prezava, os valores incluídos na Pirâmide.

Acredito que não haja ferramenta de liderança mais poderosa do que o seu próprio exemplo. Em quase todos os sentidos, a equipe acaba se tornando um reflexo do seu líder. E eu queria que esse reflexo se espelhasse na Pirâmide do Sucesso. Tentava ensiná-la a partir do meu exemplo.

A minha Pirâmide foi a razão pela qual a UCLA venceu campeonatos? Não, houve muitas razões. Entretanto, acredito que a Pirâmide desempenhou um papel muito importante, assim como desempenhou um papel naquela temporada de 1959-1960, quando alcançamos o sucesso enquanto perdemos quase tantos jogos quanto ganhamos.

O papel máximo da Pirâmide não era produzir campeonatos; os campeonatos eram um subproduto. Em vez disso, ela oferecia orientações para atingir o nível de excelência máximo de cada um como parte da equipe ou como o líder da equipe. A Pirâmide não garantia que a UCLA marcaria mais pontos que o adversário, mas que o nosso adversário enfrentaria pessoas — unidas como uma equipe — que estavam plenamente preparadas para lutar duramente e competir no seu mais alto nível. O placar se encarregaria de si mesmo.

Em alguns anos, isso produziu a grande "surpresa" da marca de 14-12, enquanto em outros anos produziu um campeonato nacional. Em todos os anos, com exceção de 1973-1974, produziu equipes da UCLA que sabiam o que era exigido para alcançar o sucesso e iam lá e conseguiam. Além dos aspectos técnicos do basquetebol, eu queria que os blocos da Pirâmide nos definissem como equipe. Também esperava que me definissem como líder.

Escolhi as 15 características pessoais que posicionei cuidadosamente na Pirâmide do Sucesso. Os blocos não são feitos de granito vermelho nem de calcário bruto, mas de um material muito mais forte e mais durável — material que qualquer um tem à sua disposição quando observa dentro de si mesmo e pede àqueles com quem trabalha para fazerem o mesmo.

Uma construção é tão forte quanto o seu alicerce; a estrutura que criei começou com duas pedras angulares que foram escolhidas no início da minha pesquisa. Não existe sucesso sem elas.

DEDICAÇÃO AO TRABALHO

Eu me criei em uma fazenda pequena onde uma mula saudável era considerada uma conveniência moderna. Portanto, logo descobri que nada se faz ficando na cama. É preciso levantar cedo e trabalhar até tarde. Essa se tornou uma das primeiras lições que eu e meus irmãos aprendemos: não existe truque, não existe um modo fácil de executar uma tarefa difícil, não existe substituto para o velho trabalho. Sem ele, as culturas não são plantadas, o milho não cresce, o feno não é colhido. Você perece.

Para a família Wooden, o trabalho duro era tão comum como a poeira — e a poeira é comum em uma fazenda. Assim, o primeiro bloco que escolhi para a Pirâmide do Sucesso — uma pedra angular do alicerce — era evidente por si mesma: o trabalho duro. Chamei-a de Dedicação ao Trabalho, porque o "trabalho" como é realizado pela maioria das pessoas não é trabalho de verdade; em vez disso, ele passa por ações, por seguir um prazo, por suportar o tédio.

> **"As alturas por homens alcançadas e mantidas Não foram atingidas por um voo súbito, Mas eles, enquanto seus companheiros dormiam, Escalavam laboriosamente à noite."**
> **— Henry Wadsworth Longfellow**

Muitos se queixam do dia difícil no escritório quando, na verdade, não ergueram um dedo nem tiveram um pensamento produtivo. Isso não é trabalho. Eu tinha outra coisa em mente, o tipo de trabalho em que se está plenamente envolvido, totalmente concentrado e completamente absorvido. Não tem a ver com seguir o relógio nem marcar o ponto na entrada ou na saída. A Dedicação ao Trabalho, para mim, significa trabalho de verdade.

Também sabia intuitivamente que, para a Dedicação ao Trabalho acontecer, seria necessária uma outra qualidade igualmente importante.

ENTUSIASMO

Trabalho sem alegria é trabalho fatigante e servil. O trabalho fatigante não produz campeões, nem grandes organizações. Não se chega ao topo — ao sucesso — se você e aqueles a quem lidera ficarem arrastando os pés cansados, esperando pelo fim do dia de trabalho para fazer outra coisa preferida.

"A alegria transforma a jornada mais longa na mais curta."

Um líder precisa estar cheio de energia e anseio, alegria e amor pelo que faz. Se faltar Entusiasmo pelo trabalho, seu desempenho não será o máximo da sua capacidade. O sucesso é inatingível sem o Entusiasmo.

```
Entusiasmo - Vem do "seu coração estar no trabalho".
É imprescindível  estar entusiasmado para estimular
os outros.
O homem entusiasmado não reconhece a derrota e,
nos momentos difíceis, o seu amor pelo jogo e o seu
grande desejo de dividir esse amor com os outros
contribuirá bastante para fazê-lo superar os maus
momentos.
```

O Entusiasmo foi rapidamente escolhido como a segunda pedra angular do alicerce da Pirâmide porque transforma o trabalho em Dedicação ao Trabalho e é impulso para alturas mais produtivas.

O seu Entusiasmo faz o mesmo efeito sobre aqueles a quem você lidera. A energia e a satisfação, a motivação e a dedicação estimulam a equipe. O entusiasmo deve ser real, e não inventado, porque ele é facilmente detectável. Se você estiver fingindo, mentindo e enganando, as pessoas sob a sua supervisão perceberão e farão o mesmo.

Entusiasmo não é necessariamente pular para cima e para baixo e fazer muito barulho. O meu treinador do colegial, Glenn Curtis, demonstrava com frequência o seu Entusiasmo. Ward "Piggy" Lambert, o meu ótimo treinador na Purdue, tinha um comportamento intenso, mas muito controlado. Esses dois homens, porém, sentiam um entusiasmo genuíno, e os que estavam sob a sua supervisão eram os beneficiários dessa empolgação pelo jogo.

Quando estão juntos, a Dedicação ao Trabalho e o Entusiasmo tornam-se a força-motriz, o motor que energiza todos os blocos subsequentes da Pirâmide. Os líderes mais eficazes têm essas qualidades.

Considere Jack Welch, por exemplo, o ex-CEO da General Electric e o homem declarado "Administrador do Século" pela revista *Fortune*. O senhor Welch transformou uma empresa secular em uma das maiores e mais valiosas corporações do mundo. Obviamente, o Entusiasmo estava no centro dos atributos de liderança que ele possuía. Jack Welch amava o seu trabalho — não gostava dele, *amava*. Seu Entusiasmo era contagiante e inflamava o espírito e o Entusiasmo dos que trabalhavam com ele.

DEDICAÇÃO AO TRABALHO E ENTUSIASMO SÃO PEDRAS ANGULARES GÊMEAS DO SUCESSO

Cada uma das pedras angulares do alicerce é uma força de magnitude considerável. Somados, a Dedicação ao Trabalho e o Entusiasmo criam um componente insubstituível da liderança excelente. O trabalho duro e o entusiasmo são contagiosos. Um líder que exiba os dois descobrirá que a organização age do mesmo modo.

Tentei exercer a mesma influência sobre as pessoas a quem liderei.

Essas duas qualidades, a Dedicação ao Trabalho e o Entusiasmo, foram escolhidas pouco depois que optei pela estrutura da Pirâmide como a minha ferramenta didática.

Enquanto os blocos eram escolhidos ou movidos para outras posições dentro da Pirâmide, ao longo dos 14 anos seguintes, jamais considerei a possibilidade de mudar as posições das pedras angulares da Dedicação ao Trabalho e do Entusiasmo.

Você fracassará sem o trabalho duro, sem a Dedicação ao Trabalho e o Entusiasmo. O sucesso é inatingível sem esses dois atributos.

COMPLETANDO O ALICERCE DA LIDERANÇA

Entre as pedras angulares da Dedicação ao Trabalho e do Entusiasmo, coloquei três blocos que envolvem trabalhar com os outros: Amizade, Lealdade e Cooperação.

A Dedicação ao Trabalho e o Entusiasmo podem ser realizados independentemente, sozinhos, por você mesmo. Mas a maior parte do que fazemos na vida, especialmente nos esportes e nos negócios, envolve os outros, sem a menor dúvida.

As três qualidades que escolhi colocar entre as pedras angulares para completar o alicerce da Pirâmide envolvem uma interação positiva com as pessoas — tão necessária para a liderança de sucesso.

AMIZADE

Você pode questionar o papel da amizade no contexto da liderança. Será sensato para o líder fazer amizade com os que se encontram sob a sua supervisão? Será que a Amizade não prejudica a tomada de decisão correta quando são necessárias escolhas difíceis?

"Para fazer um amigo, seja um amigo."

Existem vários tipos e graus de Amizade baseados em uma vasta gama de valorizações. Podemos ter uma convivência com quem temos amizade devido a um interesse comum na política e nos esportes; com outro, de cujo senso de humor gostamos; alguns podem ser companheiros no golfe, no boliche ou na pescaria; talvez tenhamos um velho amigo do colegial a quem não víamos há 20 anos. Todos são amigos de boas e diferentes maneiras — mas não da maneira como entendo a Amizade.

As duas qualidades mais importantes da Amizade para o líder possuir e instilar entre os integrantes da equipe são o respeito e a camaradagem. Para mim, essas são as características mais dignas de nota da verdadeira Amizade no que diz respeito à liderança.

A camaradagem é um espírito de boa vontade que existe entre os indivíduos e integrantes de um grupo — companheiros de armas. Pense em quanto você é capaz de dar quando lhe pedem para fazer algo por alguém que respeita e com quem tem camaradagem. Você dá em profusão — tudo o que tem. Os que estão sob a sua liderança farão o mesmo se você lhes mostrar essa parte de si mesmo.

Compare essa situação com o líder a quem falta camaradagem e respeito pelos integrantes da organização e da parte deles. Que líder vai conseguir mais da equipe? A diferença é imensa.

Portanto, busquei e valorizei essas duas qualidades particulares da Amizade no meu relacionamento com os indivíduos da equipe. Não procurei obter a afeição deles nem desejei que fôssemos "amigões". O respeito mútuo e a camaradagem fortalecem a sua equipe. A afeição, na verdade, pode enfraquecê-la e levar à escolha de favoritos.

Tentei ao extremo não ter favoritos, muito embora tenha tido profunda afeição por muitos jogadores. Não queria que os meus sentimentos pessoais — gostar ou não de uma pessoa — se tornassem evidentes, dessem a impressão de favorecer um em detrimento de outro. Nem sempre tive sucesso no meu esforço.

John Ecker, um jogador de quem gostei talvez tanto quanto de todos os outros que treinei, contou-me anos depois que pensou que eu não gostasse dele enquanto era parte de nossa equipe. Fiquei triste ao ouvir isso; no entanto, me consolei ao saber que nunca o tratei como favorito, muito embora ele fosse um deles.

Embora talvez tenha exagerado ao tentar evitar a aparência de favoritismo no caso dele, isso é preferível a ser percebido como um líder que dá tratamento especial aos amigos. Essa percepção pode ser destrutiva.

SER UM AMIGO E AINDA ASSIM SER PROFISSIONAL

A camaradagem é louvável — até mesmo necessária — em relação aos que se reportam a você, mas não para eleger favoritos. Não permita que as suas preferências toldem o seu julgamento. O respeito e o espírito de boa vontade que ela engendra fortalecerão ainda mais os laços com os que você lidera. A amizade, como a defini, não impede o profissionalismo. Antes de mais nada, você é o líder deles, não o amigo.

A liderança é uma ciência imperfeita e eu tenho a minha parte de imperfeições, como todos. No entanto, embora os erros cometidos no processo de experimentar fazer a coisa certa possam causar um certo dano, também não devem provocar sentimento de culpa ou vergonha. Procurar formar uma equipe que compartilhe a camaradagem e o respeito — a Amizade — é a coisa certa a fazer. E, onde existe a Amizade, existe uma organização formidável. É por isso que escolhi colocar a Amizade no alicerce da Pirâmide do Sucesso.

LEALDADE

A Lealdade faz parte da natureza superior dos seres humanos. Também faz parte da natureza das grandes equipes e daqueles que as lideram. O poder da Lealdade é a razão pela qual a coloquei no centro do alicerce da Pirâmide.

É impossível ser um bom líder sem a Lealdade à sua organização — à sua equipe — assim como é impossível ser um bom cidadão sem a Lealdade ao seu país. É preciso, claro, ter a cora-

> "Há um destino que nos faz irmãos,
> Ninguém trilha o seu caminho sozinho.
> Tudo o que damos aos outros
> Volta para nós mesmos."
> — Edwin Markham

gem de ser leal com aqueles a quem lidera, e nem sempre é fácil. Isso começa, porém, com a Lealdade a si mesmo — os seus padrões, o seu sistema, os seus valores.

"Sê fiel a ti mesmo", aconselhou Polônio ao filho, Laertes, em *Hamlet**. Não sou capaz de dizer melhor do que Shakespeare, mas vou ampliar só um pouquinho: "Primeiro, não traia a si mesmo. Segundo, não traia àqueles a quem você lidera. Isso é Lealdade".

Um líder que tem Lealdade é o líder de cuja equipe eu quero ser parte. E o mesmo acontece com os outros.

As pessoas não chegam à sua porta com Lealdade. A Lealdade vem quando os que você lidera veem e vivenciam na prática que a sua atenção pelos interesses e pelo bem deles vai além de simplesmente calcular o que podem fazer por você — ou como você pode usá-los em seu proveito.

Acredito que a maioria das pessoas quer estar em uma organização cuja liderança se preocupa com elas, proporciona imparcialidade e respeito, dignidade e consideração.

Faça o mesmo e encontrará Lealdade em abundância entre aqueles a quem lidera. Você se descobrirá responsável por uma organização que não solta palavras ao vento. Encontrará um grupo de indivíduos que continuará comprometido mesmo quando as coisas estiverem difíceis.

A LEALDADE SÓ SE GANHA DEPOIS QUE SE DÁ

Para ser eficaz, você deve ter uma Lealdade verdadeira em relação àqueles a quem lidera. Primeiro, seja verdadeiro consigo mesmo e com os seus valores essenciais. Depois, seja verdadeiro com os que estão sob a sua liderança. Lembre-se: "Tudo o que damos aos outros volta para nós". Dê a sua Lealdade e ela retornará em abundância.

---

* No original: "To thine own self be true." (N.T.)

Nos esportes e nos negócios, a ligação entre o líder e os integrantes da equipe pode ser profundamente pessoal. Ela envolve muitos aspectos cruciais da vida, incluindo os aspectos mentais, emocionais e financeiros. Fora o próprio casamento, a equipe profissional que você lidera pode ser a ligação mais forte na sua vida. Para que isso aconteça, você deve ser verdadeiro consigo mesmo e com a sua equipe. Deve ter Lealdade. E, quando tiver, receberá o mesmo da sua equipe.

COOPERAÇÃO

Como líder, é necessário estar sinceramente comprometido com o *que* é certo em vez de com *quem* está certo. Para que isso ocorra, o bloco final do alicerce da Pirâmide deve estar presente e funcionando: a Cooperação.

> **"Quando o trabalho do melhor líder está terminado, as pessoas dizem: 'Fomos nós que fizemos'."**
> **— Lao-tsé**

Muitas vezes, é difícil para o líder muito voluntarioso incorporar a Cooperação, porque ouvir os outros, avaliar — adotar — opiniões e a criatividade alheias parece sugerir incerteza e dúvida quanto ao próprio julgamento e às próprias convicções. O ego interpõe-se no caminho entre os seus olhos e ouvidos. É fácil se perder na própria incapacidade de ver ou entender todos os aspectos de uma situação, um argumento, preocupando-se apenas com uma parte.

Um líder competente compreende que é um sinal de força acolher as diferenças sinceras e novas maneiras de pensar por parte dos integrantes da equipe assim como de outras pessoas. É difícil progredir quando não se sabe ouvir. A Cooperação é impossível se nos recusarmos a considerar os méritos de opiniões contrárias.

Um líder com estilo ditatorial tem todas as respostas e nenhuma pergunta. Esse tipo de chefe exige o desempenho de acordo com ideias pessoais inflexíveis e imutáveis. E isso pode funcionar. Entretanto, o líder que incorpora as ideias produtivas e a criatividade dos outros faz com que tudo funcione melhor.

Isso acontece quando a Cooperação está presente, quando se está mais preocupado com "O que é certo" do que com "Quem está certo". Durante muitos anos, defini Cooperação como uma das diferenças entre um bom líder e um guarda de prisão. Quando você carrega um fuzil, é desnecessário ouvir e aprender, mudar e crescer — estes são os pré-requisitos da boa liderança.

Eu observo, porém, que existe uma semelhança entre um guarda de prisão e um líder: os dois têm a palavra final. Depois que uma decisão é tomada, ela deve ser aceita pelos que integram a sua equipe, ou eles devem ser encorajados a encontrar outra equipe.

A Cooperação — a troca de ideias, informações, criatividade, responsabilidades e tarefas — é uma prioridade na boa liderança. A única coisa que não é compartilhada é a culpa. O líder forte aceita a culpa e dá o crédito. O líder fraco atribui a culpa e aceita o crédito.

No basquetebol, um dos atos subestimados que eu mais valorizava era a assistência — ajudar um integrante da equipe a marcar pontos. A assistência no basquetebol é o exemplo ideal da Cooperação. A assistência é valiosa em todas as organizações para ajudar alguém a fazer melhor o seu trabalho. Ela transforma todos em produtores; faz todo mundo sentir: "Fomos nós que fizemos".

REGRAS PARA LIDERAR

O sucesso da liderança começa com um alicerce sólido

A Pirâmide do Sucesso começa com a poderosa pedra angular da Dedicação ao Trabalho. O sucesso requer trabalho duro. Na ausência da qualidade da Dedicação ao Trabalho, você falha como líder. Comprometa-se com o trabalho duro e depois permaneça comprometido até ser capaz de identificar um único líder excepcional que tenha chegado ao sucesso sem ele (você não vai encontrar um).

Não existe substituto para o entusiasmo

Um líder precisa de uma motivação como chama interior para inflamar a equipe. Poucos seguirão alguém que parece faltar o fervor em relação a um desafio. Para inspirar os outros a apresentar níveis extraordinários de desempenho, você precisa de um entusiasmo autêntico sem ser forçado ou fingido. Você deve verdadeiramente acolher — adotar — as experiências e tribulações da competição.

Amizade, lealdade e cooperação completam o alicerce da liderança

Os melhores líderes estão mais interessados em descobrir o que é certo do que estar sempre certos. Eles entendem o quanto pode ser realizado se ninguém se preocupar com quem leva o crédito. As características interpessoais da Amizade (camaradagem e respeito), Lealdade e Cooperação criam a ligação sincera e sólida necessária entre você e aqueles a quem lidera. Essas são qualidades que devem ser cultivadas na sua organização. Ponha-as em prática e terá construído um alicerce que acabará por produzir o sucesso.

2

A SEGUNDA CAMADA DA PIRÂMIDE

"Discipline-se e não será preciso fazê-lo com os outros."

O capítulo anterior tratou dos blocos do alicerce da Pirâmide do Sucesso — Dedicação ao Trabalho, Entusiasmo, Amizade, Lealdade e Cooperação. Eu considero essas cinco características pessoais como sendo essencialmente valores do coração e do espírito, menos cognitivas do que as que constituem a segunda camada, que é o foco deste capítulo.

O que vem a seguir tem menos a ver com o coração e mais com a cabeça; mais especificamente, como você faz a sua cabeça trabalhar como a de um líder competente. Escolhi quatro traços para a segunda camada da Pirâmide que, primordialmente, envolvem o controle e a orientação das suas faculdades mentais. Para muitos, o primeiro bloco é o mais desafiador.

AUTOCONTROLE

Chegar ao topo, ainda que só uma vez, é árduo. Manter-se lá, dizem muitos, é ainda mais difícil. Pela minha própria experiência, tanto chegar lá quanto permanecer representam desafios formidáveis e extraordinários. Conseguir uma coisa ou outra requer um ótimo Autocontrole.

O Controle de si mesmo é essencial para a obstinação na liderança e para o desempenho da equipe. Considero a obstinação como uma marca registrada do verdadeiro competidor e do líder competente. O Autocontrole é necessário em todas as áreas.

"O controle da sua organização começa com o controle de você mesmo."

As escolhas que você faz na sua vida pessoal influenciam a sua vida profissional. Elas não são duas entidades independentes e os líderes que agem como se fossem provavelmente atrairão dificuldades para si mesmos. Ser um líder de verdade requer credibilidade e obstinação nas ações e isso é difícil de conseguir sem Autocontrole. Ele começa com o controle das suas emoções, mas também se estende a ter a determinação de resistir à escolha fácil, à solução oportuna e, às vezes, à tentação nas suas formas variadas e tentadoras.

```
Autocontrole - É necessário manter as suas emoções
sob controle total e pensar claramente em todas as
ocasiões.
Ele pode fazer isso e ainda ser um lutador que
deixa os seus garotos saberem que está de volta
para eles.
Discipline forçosamente quando necessário, mas
seja justo e não guarde ressentimentos ou perderá
o respeito. Mantenha a sua postura em todas as
ocasiões.
```

O Autocontrole sobre pequenas coisas leva ao controle das maiores. Por exemplo, a razão pela qual proibi a imprecação — uma questão menor — durante os treinos foi porque ela normalmente era causada pela frustração ou pela raiva. Um jogador que não conseguisse controlar a sua linguagem quando se sentisse irritado durante um jogo muito provavelmente perderia o controle de maneiras mais prejudiciais durante o calor de uma competição — cometendo infrações, brigando ou tomando outras decisões erradas que poderiam fazer mal à equipe.

Forçar um jogador a cuidar da sua linguagem e controlá-la foi um meio produtivo de ensinar o controle de si mesmo. Os nossos jogadores eram bem disciplinados porque eu ensinava que uma equipe sem Autocontrole jogaria pior e, normalmente, teria um placar menor. O mesmo se aplica ao líder que não tem Autocontrole — cuja disciplina pessoal é fraca.

Como eu ensinava este bloco da segunda camada — o Autocontrole? Primeiro, afirmando claramente que prezava a obstinação e que o Autocontrole era necessário para consegui-la. Segundo, não tolerava um comportamento que demonstrasse falta de controle por parte de um jogador. Nessas ocasiões, quando um indivíduo violava esse princípio, ele descobria rapidamente que havia um preço a pagar.

No entanto, em grande parte, eu tentava ensiná-lo usando o mesmo método que funcionava bem para o meu pai: o seu próprio exemplo. Papai tinha um controle inflexível sobre si mesmo e eu busquei o mesmo na minha liderança. Ele ensinava o Autocontrole mostrando que o tinha (Por exemplo, nos meus 40 anos como treinador, nenhum jogador poderá sinceramente dizer que me ouviu usar uma imprecação.).

Precisei de vários anos para chegar ao nível de meu pai, mas o Autocontrole tornou-se um dos recursos mais valiosos na minha tentativa de apresentar um desempenho constante na atividade de treinador. Eu o exigia de mim e ensinava o mesmo. Na verdade, à medida que observava o jogo se desenrolar, às vezes, sentia até uma certa culpa pelo prazer de ver o adversário perder o controle. Jamais desejei ver a situação inversa.

O AUTOCONTROLE CRIA A OBSTINAÇÃO — UMA MARCA REGISTRADA DA LIDERANÇA EXCELENTE

Ele começa no topo com você, o líder, e deve ser ensinado por palavras e ações a toda a equipe. A equipe deve entender que o Autocontrole é altamente valorizado; a perda do controle não será tolerada.

Eu considerava o Autocontrole como um sexto Bruin na quadra. Isso nos dava uma boa vantagem. E dará uma superioridade semelhante à sua organização, mas só quando o líder — você — possuir o Autocontrole. Uma equipe com boa disciplina é um reflexo de um líder disciplinado.

VIGILÂNCIA

Embora os observadores casuais caracterizem as equipes de campeonatos da UCLA como tendo superestrelas altas, eles estão enganados. Na verdade,

"O que você aprende depois que sabe tudo é o que conta."

a primeira equipe de campeonato da UCLA, em 1964, foi talvez a mais baixa de todos os tempos a conquistar um título da Primeira Divisão do basquetebol da NCAA. Ela não era muito diferente em 1965, quando a UCLA venceu o seu segundo campeonato.

O que todas as nossas equipes tinham em comum não era a altura, mas a rapidez — rapidez física, é claro, mas também uma coisa de valor igual: a rapidez mental, quer dizer, a Vigilância.

A Vigilância, a capacidade de estar constantemente observando, absorvendo e aprendendo com que o que está acontecendo ao seu redor, é um componente decisivo para o indivíduo responsável, o líder que se esforça para continuar se aprimorando sempre. Você deve estar constantemente atento, ativo e alerta, avaliando a si mesmo tanto nos pontos fortes quanto nos fracos da sua organização e dos seus concorrentes. Atualmente, nos esportes, vemos ajustes instantâneos durante o jogo — filmes, fotos e olheiros nas cabines, com binóculos, proporcionando informações imediatas para os treinadores e jogadores durante a partida.

Deveria ser diferente com você e a sua organização? O mesmo sentimento de observação urgente — Vigilância — deve existir em você e deve ser ensinado aos que estão sob a sua supervisão. O líder que demora a reconhecer o que está acontecendo pode em pouco tempo estar fora do emprego.

> **Vigilância** - Esteja alerta para observar os pontos fracos do adversário, da sua equipe, observe o cansaço etc. e seja rápido em fazer as correções necessárias.

Meu pai sempre dizia que a maior parte do que eu aprenderia viria dos outros. Isso só pode acontecer se você estiver alerta e atento — com os olhos bem abertos e prestando atenção. Um motorista que dorme no volante causa um desastre; o mesmo acontece com as organizações cujo líder não exercita a Vigilância. O refrão que todos repetem? "Não percebi o que estava para acontecer."

Assegure-se de que você, o líder, perceba o que está para acontecer. Na verdade, os líderes que subsistem no ambiente competitivo são na grande maioria aqueles que percebem o que vai acontecer enquanto os outros, na sua posição, nem sequer estavam olhando. A Vigilância é o que possibilita isso, e é um traço comum àqueles que lideram organizações que permanecem constantemente na dianteira da competição.

A VIGILÂNCIA É UM HÁBITO "AVANÇADO"

Os líderes que praticam esse valor da Pirâmide vigiam constantemente o panorama competitivo e são rápidos em identificar as tendências, mudanças, oportunidades e as possíveis ameaças. Eles veem as coisas antes dos outros porque adquiriram o hábito de estar em guarda, alerta para os primeiros sinais e indícios da necessidade de ajustes ao longo do caminho. Consequentemente, eles veem o que os outros não estão sequer olhando. São rápidos em identificar os pontos fracos na própria organização, e corrigi-los, e rápidos em observar um ponto fraco na concorrência e tirar vantagem disso.

O basquetebol é jogado tanto entre as orelhas quanto entre as linhas do campo. Isso se aplica à sua organização. A Vigilância é uma arma potente para o líder — um atributo magnífico. O líder alerta cria uma organização cheia de pessoas que prestam atenção, são receptivas e sempre se esforçam para se aprimorar.

INICIATIVA

Uma equipe de basquetebol que não se arrisca a errar não faz mais pontos que os adversários. O mesmo se aplica a qualquer organização. As falhas, erros e enganos fazem parte do processo competitivo nos esportes ou nos

> "A coragem contém em si mesma a genialidade, o poder e a magia; Mas isso só se revela quando começamos a agir."
> — Goethe

negócios. Não viva com medo de cometer um erro. Na verdade, o treinador Lambert, na Purdue, resumia isso da seguinte maneira: "A equipe que comete a maior parte dos erros normalmente vence".

Lambert estava comentando sobre o bloco seguinte da Pirâmide: a Iniciativa. Os tipos de erros não são o resultado da negligência ou desleixo, mas uma consequência da ação assertiva baseada na avaliação adequada do risco. Nos esportes, a ação deve ser praticada instantaneamente para aproveitar a oportunidade. Em todas as organizações, o tempo é fundamental quando a oportunidade aparece.

Muitos líderes instintivamente se comportam como um jovem jogador de basquetebol universitário que comete três faltas rápidas na primeira metade do jogo e torna-se inseguro e tímido. Um treinador chama esse jogador para o banco antes que ele possa prejudicar a equipe.

O líder empresarial inseguro, porém, continua na competição, eventualmente acabando por agir em detrimento do grupo. A hesitação, a indecisão e o medo do fracasso não são características que eu associo à boa liderança. Eu dizia à nossa equipe muitas vezes: "Sejam rápidos, mas não se apressem". Com isso, queria dizer para tomarem uma decisão e partir para a ação. Decida o que vai fazer e faça. Tenha sempre em mente esta advertência: "O fracasso por deixar de agir é o maior fracasso de todos".

Inicie rapidamente, mas não negligentemente ou de maneira tão apressada que torne um lapso mais provável. Eu aplicava esse mesmo conselho às minhas ações.

Não tenha receio dos erros, ou mesmo do fracasso. Faça um bom julgamento baseado em todas as informações disponíveis e depois use a Iniciativa. O líder que tem medo do fracasso, que tem receio de agir raramente verá o sucesso.

Também acredito que o líder inteligente ensine ao pessoal da organização a diferença entre erros de *comissão* e os erros de *omissão*. Os primeiros são calculados para fazer as coisas acontecerem; os últimos, os erros de omissão, resultam na maioria das vezes da apreensão, do medo de fazer algo errado, exatamente como o jogador de basquetebol que comete três faltas rápidas na primeira metade do jogo.

> Quero uma equipe dinâmica e combativa que nunca tenha tempo para brigar ou se queixar a ninguém sobre nada.

Eu raramente criticava um jogador que experimentasse um meio inteligente de fazer as coisas na quadra, mesmo quando ele fracassava. O mesmo padrão se aplica à liderança.

OS LÍDERES MAIS EFICIENTES ENTENDEM QUE O FRACASSO É UM INGREDIENTE NECESSÁRIO DO SUCESSO

Ninguém pode vencer toda vez que entra na quadra ou no mercado com um novo produto ou serviço. Os erros, até mesmo o fracasso, podem ser permitidos desde que não resultem de negligência ou má preparação. Uma derrota pode oferecer aprendizado, impedindo assim erros futuros. Lembre-se do ponto de vista do treinador Lambert: os erros fazem parte da vitória. Assegure-se de que seja do tipo certo de erro.

O líder deve ter Iniciativa — a coragem de tomar decisões, de agir e a disposição e a força de se arriscar a fracassar e tomar uma posição mesmo quando ela vai contra a opinião dos outros.

Será conveniente para você lembrar-se destes versos de Philip Paul Bliss:

Ouse ser Daniel!
Ouse ficar sozinho.
Ouse ter um propósito constante,
Ouse torná-lo conhecido. *

Esse poema poderia se chamar "Iniciativa". Sem esse bloco da Pirâmide, você logo será ultrapassado pela concorrência cujo líder tenha a coragem das suas convicções e a vontade de agir de acordo com elas — um líder com Iniciativa.

TENACIDADE

A Tenacidade é tão importante quanto qualquer outro bloco da minha Pirâmide. Sem ela, você irá vacilar, apagar-se e desistir. Escolhi a palavra Tenacidade para transmitir diligência e determinação, força moral e decisão — persistência. Todos esses traços estão sempre presentes nos líderes que são excepcionais.

> "Aquele que uma vez disse muito sabiamente:
> Certifique-se de que está certo, então siga em frente',
> Poderia muito bem ter dado a seguinte pista:
> Assegure-se de que está errado antes que desista'." **
> — Anônimo

E o que é mais notável é que, quando a Tenacidade existe em você, ela também existe na sua organização. Infelizmente, o inverso também é verdadeiro. O líder a quem falte Tenacidade irá se encontrar liderando uma equipe absorta ou na iminência de desistir.

A Tenacidade também implica uma firme determinação para manter o curso a longo prazo em vez de se manter zanzando no mesmo lugar entre acessos de atividade frenética. A Tenacidade — determinação, força moral, persistência — mantém você no jogo mesmo quando todos os outros lhe dizem que o jogo está acabado. Entretanto, o jogo só acaba quando o líder assim o declara.

As coisas boas requerem normalmente muito tempo. Para atingir objetivos importantes, é preciso ter Tenacidade. Existem os reveses, as perdas, as inversões inesperadas, as dificuldades e a falta de sorte. A luta continua? A equipe se voltará para você à espera da resposta.

---

* No original: *"Dare to be Daniel!/ Dare to stand alone./ Dare to have purpose firm, / Dare to make it known."* (N.T.)

** No original: *"The one who once most wisely said,/ 'Be sure you're right, then go ahead.'/ Might well have added this to it,/ 'Be sure you are wrong before you quit.'"* (N.T.)

Quando contrariado, você vai por cima, por baixo, dá a volta. Talvez faça a mesma coisa de novo — só que melhor e com mais dificuldade. Em face de forte adversidade, essa conduta só é possível com Tenacidade, a disposição de perseverar quando as provações se abatem sobre você e aqueles a quem você lidera.

Eu tive Tenacidade por 28 anos como treinador nos níveis do colegial e universitário — decidido a dar o melhor de mim para ajudar os outros a darem o melhor de si. No meu 29º ano como treinador, aconteceu uma coisa notável: a UCLA venceu um campeonato nacional. A Tenacidade foi necessária para que isso acontecesse.

A Dedicação ao Trabalho e o Entusiasmo são uma combinação poderosa, essencial ao Sucesso. Mas a grande força que produzem deve ser constante, contínua, implacável e incessante — Tenacidade.

Duas camadas da Pirâmide estão agora assentadas. Pense apenas por um momento sobre o que cada uma das nove características que indiquei significam para a sua liderança. Depois de conseguir incorporá-las satisfatoriamente à sua própria metodologia da liderança, você se colocou à parte da imensa maioria dos seus concorrentes. Você já está em um grupo seleto de líderes.

No entanto, pela minha experiência, há mais coisas do que isso que são necessárias para alcançar o sucesso na liderança. Antes de continuarmos na nossa jornada, experimente incluir essas estratégias no seu próprio caderno de estratégias.

REGRAS PARA LIDERAR

A liderança começa com o autocontrole

Lembre-se: "O controle da sua organização começa com o controle de si mesmo". Quando você perde o controle, sanciona o mesmo comportamento entre os que se encontram sob a sua liderança — a equipe. Não há uma desculpa por violar esse imperativo. E, quando você o faz, a sua credibilidade e a sua obstinação como líder diminuem na mesma proporção.

Seja um líder avançado

Torne a Vigilância um hábito. Tome as medidas necessárias para perceber o que está para acontecer. Os líderes mais competentes pensam duas ou três etapas à frente. Eles conhecem os detalhes do seu negócio e constantemente acompanham o ambiente, o trabalho que está sendo feito na própria organização, a concorrência e tudo o mais que tenha alguma probabilidade de influenciar o desempenho da sua equipe.

Não tema o fracasso nem puna a iniciativa

Até mesmo as ações bem calculadas podem fracassar. Os erros e as ações fracassadas fazem parte do progresso. O líder eficiente compreende isso — aceita isso — e se esforça para assegurar que esses deslizes não sejam causados por negligência, precipitação ou julgamentos errôneos. Além disso, quando você pune o seu pessoal por cometer um erro ou deixar de cumprir um objetivo, está criando um ambiente de cautela extrema, até mesmo de temor. Nos esportes, isso se assemelha a jogar "para não perder" — uma fórmula que na maioria das vezes leva à derrota.

Assegure-se de que a sua equipe não se perca a longo prazo — Tenacidade

Chame isso de foco, persistência, determinação ou inexorabilidade, tudo contribuindo para a mesma coisa: você, o líder, deve se assegurar de que a sua equipe não se desvie do caminho da persistência. Perder o foco, aplicar um esforço frouxo ou desistir antes de terminar a tarefa são todos marcas registradas daqueles que aspiram ao sucesso, mas nunca o alcançam. Poucas coisas são mais importantes — especialmente em uma época tão desafiadora — do que a liderança que personifique a Tenacidade, uma determinação incessante de se impor.

3

O CORAÇÃO DA PIRÂMIDE

"No fim, você é o produto das suas escolhas."

Os repórteres sempre me perguntavam: "O senhor tem uma fórmula para ensinar basquetebol, treinador Wooden, um método?". A minha resposta era e é sucinta: "Sim: condicionamento, fundamentos e unidade". Aprendi esta fórmula com Ward "Piggy" Lambert, o admirável líder do basquetebol na Purdue, cuja influência sobre mim como pessoa, como jogador e como treinador foi muito duradoura. A fórmula do treinador Lambert, na forma ampliada, tornou-se o coração da minha Pirâmide do Sucesso.

Ward Lambert era um revolucionário que foi, em parte, responsável por mudar a maneira como o basquetebol era jogado. A sua influência é sentida ainda hoje, antes de mais nada, no estilo de jogo rápido do basquetebol moderno. O treinador Lambert amava a velocidade. Entretanto, nos primeiros tempos, a bola de basquete era maior e o jogo mais lento, não muito depois da época em que era preciso fazer a bola sair do cesto a cada ponto marcado na quadra. Era começar e parar, os placares eram baixos e os lançamentos, poucos e espaçados. O treinador Lambert foi um dos que questionaram e mudaram esse estilo antigo.

Ele nos ensinou a competir num ritmo furioso sem perder o andamento, sem interrupção ou redução da velocidade: pegue a bola, corra com a bola, lance a bola. Depois, pegue a bola de novo e repita tudo de novo. Ele nos fazia repetir essa sequência vezes sem conta durante praticamente todos os treinos e todos os jogos.

A mídia às vezes chamava esse estilo de "locomotiva" porque não parávamos nunca de correr. Poucas equipes estavam jogando basquetebol na velocidade que Ward Lambert exigia e eu fui o principal velocista dele. Durante a temporada, enquanto outros jogadores poderiam passar com dois ou três pares de tênis, eu gastava um par dos tênis da marca *Chuck Taylor Converse* praticamente por semana (isso é parte da razão pela qual, quando me tornei treinador, era tão inflexível quanto aos jogadores calçarem as meias da maneira certa. Alguns riam de mim por isso, mas eu entendia, por experiência própria, a absoluta necessidade de cuidar dos pés — a que ponto rugas, pregas e vincos podiam provocar bolhas que causavam uma distração e diminuíam o desempenho.).

O estilo radical de jogo rápido do treinador Lambert tinha três requisitos básicos: condicionamento, fundamentos e unidade. Eu adotei o estilo de basquetebol dele quando comecei como treinador e continuei com ele durante as 40 temporadas que se seguiram.

> Sentindo que a capacidade de executar adequada e rapidamente os fundamentos, estando em excelentes condições e tendo um espírito altruísta superior em relação à equipe, são o coração de qualquer equipe de sucesso, tentei fazer com que essas ideias influenciassem ao máximo o caminho para uma equipe ofensiva e defensiva satisfatória.

No entanto, também percebi que essas mesmas três características transcendiam o jogo do basquetebol. Aplicadas de maneira satisfatória, elas tinham o potencial de ensinar o que é preciso para alcançar o sucesso fora das quadras, na vida e na liderança de qualquer tipo de organização ou equipe. A importância delas é tanta que as posicionei bem no meio da minha Pirâmide do Sucesso — no centro da estrutura.

CONDICIONAMENTO

O condicionamento físico, é claro, era a primeira meta do treinador Lambert, porque ele entendia que os jogadores precisavam ser fortes para resistir aos rigores do seu estilo exigente. Entretanto, ao escolher o Condicionamento como a característica para o centro da minha Pirâmide, fui muito além do condicionamento físico.

"A capacidade pode levá-lo ao topo, mas é preciso caráter para permanecer lá."

> *Condicionamento físico* — conseguido e mantido mais pela conduta mental e moral fora da quadra do que pelo tempo na quadra

Acredito que, para alcançar o seu potencial como líder em uma organização, é preciso força mental e moral. Na verdade, não se consegue obter a forma física adequada a menos que ela seja precedida pelo Condicionamento mental e moral. Como se chega ao Condicionamento moral? Longas listas de regras compõem a prescrição usual, mas eu segui durante décadas um método baseado no bom senso: aja com moderação e equilíbrio em tudo o que fizer. Esse conselho, fácil de lembrar, é também muito eficaz.

Seguindo um treinamento extenuante do basquetebol que visava, em parte, desenvolver a força física dos jogadores, eu aconselhava o seguinte: "Tudo em que trabalhamos tão arduamente para conquistar na quadra hoje pode ir por água abaixo rapidamente, em questão de minutos, se fizerem as escolhas erradas entre este momento e o nosso próximo treino".

Eu os advertia de que, se não tivessem moderação e equilíbrio nas suas escolhas e ações subsequentes, a equipe poderia ser prejudicada; a dissipação é destrutiva. Para ajudá-los a entender o que eu queria dizer — a responsabilidade por suas ações era um dever deles —, vez por outra, eu fixava o seguinte lembrete no nosso quadro de avisos ou lia aos indivíduos em relação aos quais eu tinha uma preocupação especial:

> *Em tudo o que você precisa fazer*
> *há uma escolha.*
> *Portanto, tenha em mente que, no fim,*
> *você é o produto das suas escolhas.*
> *— Anônimo*

É claro que as escolhas feitas pelo líder contam mais que tudo porque, em última análise, são elas que fazem ou quebram a organização. Isso se aplica tanto aos negócios quanto aos esportes.

O líder deve dar o exemplo, não só nas áreas do certo e errado — caráter, é claro — mas em todos os aspectos. Os viciados em trabalho, por exemplo, carecem de equilíbrio. O desequilíbrio, na minha opinião, é uma fraqueza que cedo ou tarde causa problemas. O primeiro problema provavelmente será a inconstância no desempenho.

Assim, na minha própria vida, tentei até onde foi possível impedir que o meu trabalho, treinando basquetebol e por muitos anos ensinando inglês, interferisse em outras áreas da vida como a família e os amigos. Acredito profundamente que um bom líder tem as prioridades corretas e busca um bom equilíbrio. Trabalhar incessantemente, 24 horas por dia, sete dias por semana, é um conjunto de prioridades desequilibrado que acaba por prejudicar o seu desempenho em todas as áreas. Quando você se prejudica, prejudica a sua equipe.

Ter um bom condicionamento moral e mental é fundamental para uma forte liderança. E começa com um bom condicionamento físico, porque um líder sem Condicionamento tem menos probabilidade de concentrar as forças para resistir e defender as crenças, ideais e padrões.

O CONDICIONAMENTO FÍSICO, MENTAL E MORAL É O PONTO FORTE DA LIDERANÇA

Os líderes competentes buscam o equilíbrio entre as suas vidas pessoal e profissional. O desequilíbrio em uma ou outra produz uma vulnerabilidade nas duas. A boa forma física é fundamental, assim como a boa forma mental e moral.

As pessoas que se enfraquecem fisicamente são vítimas de todos os tipos de lapsos na área do bom julgamento. Ter um bom Condicionamento físico, mental e moral é essencial para ser um líder constantemente eficaz e produtivo. É por isso que o Condicionamento está no centro da Pirâmide, tão próximo ao coração da sua estrutura.

TÉCNICA

Os fundamentos para o treinador Lambert significavam ter um conhecimento abrangente dos aspectos técnicos e da mecânica do basquetebol propriamente dita — para onde ir e quando ir, como arremessar corretamente e muito mais.

Na minha opinião, achei que esse requisito era verdadeiro, não só no basquetebol tanto para o treinador quanto para os jogadores, mas para qualquer líder e organização. É preciso ter conhecimento do que se está fazendo. Assim, a Técnica está no coração da Pirâmide. Deve-se conhecer todas as

"Estou sempre aprendendo enquanto estou aprendendo."

facetas do trabalho — não só de partes dele — e ser capaz de uma execução rápida e correta. Estar preparado para fazer tudo o que o seu trabalho exige separa rapidamente você e sua organização de grande parte da concorrência, o que ja é uma grande vantagem.

Vi muitos treinadores que poderiam ensinar o jogo ofensivo, mas permaneciam limitados ao seu conhecimento do jogo defensivo. Do mesmo modo, tive jogadores que eram arremessadores habilidosos, mas não conseguiam sair da marcação. Outros eram habilidosos em sair da marcação, mas não conseguiam arremessar.

Seja no basquetebol, seja nos negócios, é imprescindível ser capaz de executar todos os aspectos do seu trabalho, não só parte dele. É preciso ser capaz de "sair da marcação" e de "arremessar". Um sem o outro torna uma pessoa capaz de uma execução parcial, alguém que pode ser substituído porque a sua capacidade técnica é incompleta.

A gama de conhecimentos técnicos necessários para a liderança, é claro, difere de trabalho para trabalho e de organização para organização. Os conhecimentos técnicos requeridos para administrar uma empresa pequena diferem dos necessários para liderar uma empresa entre as 500 maiores da revista *Fortune*, assim como os conhecimentos técnicos necessários para ser um treinador de basquetebol diferem dos necessários para conduzir o treinamento em beisebol.

Mas não importa quais sejam os conhecimentos específicos requeridos em uma profissão, é necessário dominar todos eles.

ENCORAJE O APRENDIZADO EM SUA ORGANIZAÇÃO

Os melhores líderes entendem que, para competir com sucesso em qualquer nível, é preciso aprendizado e aprimoramento contínuos. A menos que o líder comunique isso em todas as hierarquias — e crie meios para assegurar que isso aconteça —, a equipe dele não estará 100% no seu nível de desempenho.

Os melhores líderes são os que aprendem durante a vida toda; eles tomam medidas para criar organizações que fomentem e inspirem o aprendizado em todos os sentidos e em todos os departamentos. Os líderes mais eficazes são aqueles que percebem que o que vale mais é o que se aprende quando já se sabe tudo.

Eu reconheci esse fato assim que comecei minha carreira como treinador de basquetebol. Embora entendesse os fundamentos necessários para praticar o jogo, tinha pouco conhecimento da segunda parte do meu trabalho: a capacidade de ensinar os fundamentos do basquetebol. Depois de reconhecer isso, segui um caminho em que pudesse me instruir o bastante para me tornar um professor melhor. Isso fez de mim um líder melhor. Eu queria ser capaz tanto de sair da marcação quanto de arremessar. Queria que o meu domínio da técnica fosse o mais completo possível.

ESPÍRITO DE EQUIPE

No processo do aprendizado para me tornar um líder melhor, uma das coisas mais importantes que aprendi foi um detalhe que transcendia os aspectos técnicos no meu quadro-negro. Esse "detalhe" tornou-se o bloco final do centro da minha Pirâmide.

O treinador Lambert chamava-o de unidade, uma boa palavra, mas eu queria uma definição mais expressiva dessa característica valiosa. Assim, imediatamente a relacionei ao sucesso de uma organização. Trabalho em equipe é uma escolha de palavras evidente, mas me sugeria uma eficiência fria no desempenho, algo parecido com uma máquina bem lubrificada, com todo mundo fazendo apenas o seu trabalho corretamente. Mas eu buscava algo mais. Queria uma máquina potente e eficiente, mas que também tivesse coração e alma. As palavras que escolhi para definir a presença de bloco importantíssimo foram Espírito de Equipe.

> "A estrela da equipe é a equipe."

Inicialmente, defini Espírito de Equipe como "uma disposição a sacrificar o interesse ou a glória pessoal pelo bem de todos", mas havia alguma coisa nessa definição que me incomodava. No entanto, deixei a definição como estava por vários anos. Então, numa manhã, durante o café, li uma reportagem em um jornal sobre um indivíduo que repetidamente demonstrava um *"anseio"* por praticar uma certa atividade na qual estava envolvido. Embora não me lembre mais qual era a atividade, reconheci imediatamente o que estava procurando.

Quando se trata de Espírito de Equipe, a disposição não é o bastante; anseio definia exatamente o que eu buscava em mim mesmo e entre aqueles que treinava. Eu queria que cada jogador estivesse ansioso em sacrificar os seus interesses pessoais pelo bem do grupo. Para mim, existe toda a diferença do mundo entre disposição e anseio. Assim, mudei essa palavra na definição.

Espírito de Equipe — um anseio por sacrificar os interesses ou a glória pessoal pelo bem de todos — é uma força-motriz tangível que transforma os indivíduos que estão "fazendo o seu trabalho corretamente" em uma organização cujos integrantes estão totalmente comprometidos em trabalhar no seu mais alto nível de dedicação pelo bem do grupo. Os integrantes dessa organização são altruístas, atenciosos e põem as metas da organização acima das suas às custas dos próprios desejos pessoais. Quando isso acontece — e o líder é quem faz acontecer —, o resultado é quase mágico.

Assim como o Entusiasmo inflama a Dedicação ao Trabalho, o Espírito de Equipe é o catalisador para elevar o Condicionamento, a Técnica e todos os blocos que sustentam a Pirâmide a níveis extraordinários. Isso acontece porque o Espírito de Equipe cria um desejo profundo por parte de cada indivíduo para fazer de tudo ao seu alcance para aprimorar e fortalecer a organização.

O Espírito de Equipe tem o potencial de aumentar exponencialmente a produtividade da sua organização: a sua equipe torna-se maior do que a soma dos seus jogadores; a organização, maior do que o número de funcionários na folha de pagamento. Cada indivíduo se revela na glória do grupo em vez de na glória do indivíduo. "O que posso fazer para ajudar a nossa equipe hoje?" substitui "Como posso me destacar?" (É claro que acredito que a resposta à última pergunta encontra-se na primeira.).

O Espírito de Equipe era difícil de ensinar na minha época de treinador, talvez ainda mais hoje. A televisão transformou em atores — estrelas — muitos jogadores, treinadores, autoridades e árbitros. De maneira parecida, nos últimos anos, alguns CEOs tornaram-se personalidades da mídia cuja própria estrela, eles parecem acreditar, brilha mais do que as organizações que lideram.

Só existe uma estrela que conta: a equipe. Toda organização cujo líder busque o estrelato às custas da equipe é uma de que eu não gostaria de participar, não importa o salário. Essa atitude vai contra tudo em que acredito sobre liderança eficaz. Do mesmo modo, um jogador que esteja mais preocupado com as suas próprias estatísticas em vez das da equipe é um jogador que eu desejo que esteja do lado adversário da quadra. A presença de um indivíduo desses enfraquece a equipe e torna-a vulnerável durante a competição diante de um grupo disciplinado e com total Espírito de Equipe.

O Espírito de Equipe é um dos mais tangíveis "intangíveis" que já encontrei em todos os tempos. Ele é difícil de ver, mas é um sentimento muito poderoso em uma organização.

> ## CONTRATE E REMUNERE OS QUE ANSEIAM POR COLOCAR OS INTERESSES DA EQUIPE ACIMA DOS SEUS
>
> **A** estrela de todas as equipes de muito sucesso é a *equipe*. Os indivíduos não ganham jogos, mas, sim, as equipes. Encontrar os jogadores certos, que colocam os interesses da equipe acima dos seus, envolve pôr à prova as características e qualidades discutidas neste e nos dois capítulos anteriores. Requer descobrir indivíduos maduros que compreendam que o que ajuda a organização em última análise os ajuda também.

CHEGANDO AO TOPO

Os 12 blocos da Pirâmide que apresentei até aqui foram escolhidos cuidadosamente. Cada um deles tem um propósito exclusivo e há uma lógica por trás da sua posição na pirâmide. A Dedicação ao Trabalho e o Entusiasmo constituem o alicerce; eles devem estar presentes desde o início, ou nada será realizado. Eles energizam tudo o que vem depois.

A eles, devemos acrescentar os atributos do coração — Amizade, Lealdade, Cooperação —, que permitem criar uma ligação poderosa e sincera com os que participam da organização. Tenha a coragem de proporcioná-los e eles, por sua vez, lhe serão proporcionados de volta.

Por cima desse forte alicerce — Dedicação ao Trabalho, Entusiasmo, Amizade, Lealdade e Cooperação —, assentei a segunda camada, as disciplinas do Autocontrole, da Vigilância, da Iniciativa e da Tenacidade. Essas quatro qualidades são características pessoais que, quando acrescidas ao alicerce da Pirâmide, criam uma avalanche crescente de força de liderança produtiva, positiva e inexorável.

Em seguida, vem o centro da Pirâmide — a trinca essencial do treinador Lambert numa forma ampliada: Condicionamento, Técnica e Espírito de Equipe. Considerada isoladamente, essa terceira camada de valores constitui um admirável conjunto de atributos pessoais.

No entanto, quando adicionada à sua Pirâmide do Sucesso em ascensão, ela eleva o líder, impulsionando-o para muito perto do topo. Agora, algo bastante poderoso está prestes a acontecer.

Cada um desses 12 blocos é absolutamente necessário para que os líderes e as organizações alcancem a excelência almejada. No entanto, essas qualidades não vêm tão facilmente. Os grandes resultados só acontecem com um grande esforço. A Pirâmide do Sucesso não é exceção.

"Você colhe o que planta."

Contudo, depois que alguém deu o melhor de si para reunir essas três camadas, elas, por sua vez, lhe darão algo importante em troca: uma colheita produtiva e compensadora, que acompanhará você e sua organização pelo resto do caminho.

ESTABILIDADE

Eu defino estabilidade como ser verdadeiro consigo mesmo, não ficar nervoso, impaciente ou desequilibrado, não importam quais sejam as circunstâncias ou a situação. Isso pode parecer fácil, mas a Estabilidade pode ser a característica mais esquiva em momentos de desafio. Os líderes sem Estabilidade entram em pânico sob pressão.

Estabilidade significa manter as suas crenças e agir de acordo com elas, não importa o quanto a situação esteja boa ou ruim. Estabilidade significa evitar a afetação ou o fingimento, comparando-se com os outros e agindo como alguém que você não é.

"Se você puder manter a calma, quando todos à sua volta já a perderam, culpando-o por isso."
— R. Kipling

Estabilidade significa ter um coração valente em todas as circunstâncias. Você sabe que possui Estabilidade quando alcançar o que Rudyard Kipling expôs no seu poema, escrito uma centena de anos atrás:

Se você puder se confrontar com o Triunfo e com a Derrota
*e tratar esses dois impostores de modo igual (...)**

Isto é Estabilidade: não se abalar em relação àquilo em que acredita ou à maneira como se comporta devido a acontecimentos externos.

O ambiente competitivo desafia cada vez mais a sua compostura e serenidade à medida que o que está em jogo aumenta e os desafios à sua organização se sobrepõem. Poucas características são mais valiosas para o líder do que a Estabilidade, especialmente quando está sob pressão. E é para fazer isso que os líderes são pagos: para atuar sob pressão.

Quando há Estabilidade, o seu desempenho é o melhor possível, porque ela detém o pânico. É possível compreender o que se deve fazer, mesmo quando as chances são contrárias, mesmo quando todos dizem que vai fracassar. E mesmo quando dizem que você vai vencer.

Como se adquire Estabilidade? Na verdade, não se adquire. A Estabilidade adquire você. Ela faz parte da colheita que você semeia próximo ao topo da Pirâmide.

No original: "If you can meet with Triumph and Disaster/
And treat those two impostors just the same..." (N.T.)

Depois de passar muitos anos pensando sobre os requisitos necessários ao sucesso, acabei me surpreendendo ao ver que, quando um indivíduo adquire e implementa os 12 primeiros blocos difíceis de vencer da Pirâmide, aparece inesperadamente e sem alarde uma quarta camada. De repente, ela está lá, parte de você e do seu estilo de liderança e da sua essência: a Estabilidade.

Na verdade, a Estabilidade é um presente importante da Pirâmide do Sucesso. E, onde se encontra a Estabilidade, também se encontra a sua companheira valiosa, que coloquei próxima ao topo da Pirâmide.

CONFIANÇA

Não existe talvez um aço mais forte do que a crença em si mesmo bem fundamentada: o conhecimento de que a sua preparação está completa, de que você fez todo o possível para se preparar e à sua organização para qualquer competição.

A Confiança não pode ser enxertada artificialmente. A verdadeira Confiança, duradoura, assim como a Estabilidade, só se conquista depois de muito buscar e conseguir adquirir aqueles atributos que lhe permitem alcançar o seu próprio nível de competência — o seu potencial interior. Para mim, esses atributos estão contidos na Pirâmide do Sucesso, onde podem ser encontrados.

"Você deve conquistar o direito de ser confiante."

A Confiança deve ser observada atentamente para que não se estrague, deteriore ou se transforme em arrogância. A arrogância, ou elitismo, é o sentimento de superioridade que alimenta a presunção de que o sucesso passado se repetirá sem o mesmo esforço árduo que o produziu. Jamais entrei em uma partida presumindo a vitória. Eu respeitava todos os adversários, não os temia. Eu ensinava aos que estavam sob a minha supervisão a fazer o mesmo. Na verdade, a qualidade do nosso adversário não tinha nada a ver com a minha própria Confiança.

A outra equipe não fazia parte da minha equação. Ao contrário, eu tirava a força, a Confiança do conhecimento seguro de que fizera todas as coisas possíveis para me preparar e preparar a minha equipe. O adversário poderia ter um desempenho superior — ou não. Eu não me preocupava com isso; só me concentrava no que nos dizia respeito.

O sucesso requer Estabilidade e Confiança. Elas vêm com a preparação adequada. Adquirir as características e os valores pessoais da Pirâmide constitui a preparação adequada. Depois de ter feito o esforço para dar o máximo da sua capacidade — e não subestimar o grande desafio da preparação adequada e completa —, você fará jus ao bloco que coroa a Pirâmide do Sucesso.

GRANDEZA COMPETITIVA

Por mais de meio século, eu defini a Grandeza Competitiva da seguinte maneira: "Um amor verdadeiro pela árdua batalha, sabendo que ela oferece a oportunidade para alguém dar o melhor de si quando o melhor de si é exigido".

"Um verdadeiro competidor ama a batalha."

Os grandes competidores com os quais trabalhei, treinei e admirei tinham em comum uma alegria derivada da luta em si — a jornada, a disputa. Eles eram assim porque só naquele esforço supremo existe uma oportunidade de exigir o melhor de si, uma grandeza pessoal que não pode ser diminuída, desprezada ou ridicularizada devido a um resultado final ou lucratividade.

Competição no Jogo

1. Tenha coragem e não se preocupe. Dê o melhor de si, nunca perca a calma e nunca se deixe abater nem se abandone. Você não tem nada com o que se preocupar. Sem fé e coragem, você está perdido.

2. Tenha respeito, sem temor, pelos adversários e confiança, sem presunção, em relação a si mesmo.

3. Pense o tempo todo. Estude o adversário e a si mesmo o tempo todo com o propósito de aumentar a sua eficácia e diminuir a dele.

4. Nunca seja um espectador enquanto durar o jogo. Permaneça fazendo alguma coisa o tempo todo, mesmo que seja apenas um engodo.

5. O trabalho em equipe é essencial. A capacidade de atuar em equipe e um espírito altruísta são componentes essenciais para o sucesso quando qualquer grupo está trabalhando junto.

6. Esteja na melhor forma quando a sua melhor forma for necessária. Tenha paixão pela comoção de uma árdua batalha.

A grandeza competitiva não se define pela vitória nem é negada pela derrota. Ela existe no esforço que precede essas duas "impostoras" tanto quanto os seus cúmplices: a fama, a fortuna e o poder — medidas de sucesso que rejeitei muito tempo atrás.

Não há nada de entediante ou gasto no velho adágio: "Quando as coisas ficam difíceis, o duro vai começar". Eu tentei ao máximo seguir esse critério e ensiná-lo aos outros durante a minha vida. No exato momento em que as coisas ficam difíceis, a comoção da competição começa para o líder que adquiriu a Grandeza Competitiva.

Acredito que esse seja um dos conceitos mais cruciais que se pode transmitir aos que estão na sua organização, ou seja, o amor pela árdua batalha, e o teste é oferecido contra um adversário de valor. A árdua batalha é para ser bem-vinda, nunca temida. Na verdade, quando se define o sucesso dessa maneira, a única coisa a temer é a sua própria indisposição de fazer os 100% de esforço para se preparar e apresentar um desempenho no mais alto nível da sua capacidade. O líder que é um Grande Competidor ensina à organização a mesma coisa.

Quando tiver alcançado a Grandeza Competitiva, você terá chegado ao topo, preparado para obter o melhor de si mesmo e da sua equipe. Pronto para a batalha. Eis aqui o que o comentarista esportivo americano, Grantland Rice, fala sobre o assunto no seu poema "O Grande Competidor":

Além da vitória e do gol,
além da glória e da fama,
ele sente a chama na alma,
nascida do espírito do jogo.
E onde se esperam barreiras,
dispostas pelos deuses adversários,
Ele encontra a emoção de enfrentar o destino
e vencer as intermináveis disputas.
Onde os outros definham no fogo
ou se dobram sob a pura má sorte,
Onde os outros ficam para trás ou se cansam
e se vergam sob a desvantagem,
Ele encontra uma nova e mais profunda comoção
que o leva em um rodopio ascendente,
Porque o teste é maior ainda,
e algo em que ele pode se revelar.

A luta em si, o teste, é o que valoriza a conquista e é ali que o líder competitivo verdadeiramente se revela. É responsabilidade dele passar isso aos que se encontrem sob a sua liderança.

Muitos anos atrás, quando tive a grande honra de liderar os outros, senti de verdade que, se tivesse sido um bom professor, poderia sentar nas arquibancadas durante o jogo sem testemunhar nenhuma diminuição na qualidade do desempenho da UCLA —, mas só se tivesse cumprido a minha tarefa corretamente; se tivesse ensinado a Grandeza Competitiva à equipe.

FÉ E PACIÊNCIA

Na jornada para o Sucesso, qualquer um pode se defrontar com a frustração e a fadiga, reveses e graves obstáculos; mas o líder deve permanecer impávido. Assim, acrescentei argamassa ao topo da Pirâmide, na forma de Paciência e Fé.

No ápice, elas são simbólicas e nos lembram que essas duas características devem estar presentes ao longo de toda a Pirâmide, mantendo os blocos e camadas firmemente no lugar. O líder deve ter Fé em que as coisas vão funcionar como deveriam — uma crença infinita no futuro.

Um líder sensato também sabe que realizar coisas importantes leva tempo. No entanto, a maioria das pessoas, e muitos líderes, carecem de Paciência. Benjamin Franklin entendia muito bem o valor da Paciência: "A genialidade não é nada além de uma aptidão maior para a paciência".

É sempre possível alcançar o sucesso quando o definimos corretamente: o esforço para fazer o melhor de que somos capazes. Tendo isso como padrão, não há falha. Se adotar as 15 características pessoais e agir de acordo com esses blocos duráveis da Pirâmide, elas elevarão o seu sucesso e o da sua organização.

As palavras do meu pai definiram bem isso: "Depois de dar o melhor de si, você pode se considerar um sucesso". Você pode também se considerar um Grande Competidor — o líder que se situa no topo.

SUCESSO

Como professor, treinador e líder, a minha meta sempre foi ajudar as pessoas sob a minha liderança a atingir o nível máximo de sua competência, tanto no plano pessoal quanto como integrantes produtivos da nossa equipe.

As 15 características pessoais da Pirâmide tornaram-se um verdadeiro manual de liderança, um método preciso e conciso de ilustrar como alcançar o sucesso. Em palavras exatas, ele ilustra o que eu esperava dos que estavam

> **"O sucesso é uma paz de espírito, que é um resultado inequívoco da satisfação pessoal de saber que se fez o esforço para dar o melhor de que se é capaz."**

sob a minha liderança e o que eles poderiam esperar de mim: "Como professor, a Pirâmide é o meu livro didático. O Sucesso é a matéria lecionada".

Você é um Sucesso? Só você pode responder a essa pergunta, agora e no futuro.

Eu sou um Sucesso? Acredito que sou, mas não por causa de nenhum placar final, título ou campeonato.

BUSQUE A SATISFAÇÃO NO ESFORÇO

Quando me perguntam: "Treinador Wooden, como foi que você venceu todos aqueles campeonatos?", eu respondo: "A nossa equipe venceu campeonatos, não eu. Além do mais, o meu sucesso decorre não de campeonatos, mas de saber que fiz tudo o que era possível para ser o melhor professor, treinador e líder. Na qualidade desse esforço é onde eu encontro — e continuo a encontrar — o sucesso. Aqueles campeonatos foram um subproduto".

O VERDADEIRO SUCESSO — A GRANDEZA PESSOAL — NÃO DEVE SER DEFINIDO PELO RESULTADO FINAL OU PELA LUCRATIVIDADE

O reconhecimento dessa verdade fundamental — um princípio central da minha filosofia — é essencial para a liderança autêntica: não permita que os outros, incluindo os seus concorrentes, definam você ou a sua organização. Em vez disso, defina a si mesmo e aos que você lidera pelas qualidades e características da Pirâmide e a sua definição de Grandeza Competitiva e Sucesso.

Embora os outros julguem você estritamente em relação a alguém ou alguma coisa — resultado final, lucratividade ou campeonato —, esse não é nem o critério mais exigente nem o mais produtivo.

Ao longo de toda a minha carreira, não permiti que os outros me fizessem adotar o critério de julgamento deles, a sua definição do que constitui o sucesso. O critério mais elevado, mais puro e mais difícil de todos, aquele que, em última análise, produz o melhor desempenho de alguém — e o grande tesouro chamado "paz de espírito" — é o que avalia a qualidade do seu esforço pessoal para atingir a Grandeza Competitiva.

Com relação à pressão — na maior parte imposta por todo treinador verdadeiramente consciencioso, nenhum arrependimento se você puder responder a si mesma

Esse é o critério, o padrão que apliquei durante a maior parte da minha vida profissional, ao me preparar e ao preparar os outros para a competição, ao longo de muitos anos de instrução, treinamento e liderança.

Tive sucesso? Sim, mas só porque posso olhar para mim mesmo no espelho e dizer francamente: "Fiz o melhor que pude — praticamente 100% — para me tornar o melhor de que era capaz".

Estou orgulhoso do meu esforço e tiro a maior satisfação dele. Atualmente, quando olho para trás, para todas aquelas décadas, sou capaz de manter a cabeça erguida exatamente como queria que os nossos jogadores fizessem ao sair da quadra depois de um jogo ou treino.

Acredito que não se pode separar quem você é da sua liderança. Para mim, o alicerce da minha própria liderança — quem eu sou — está contido na Pirâmide do Sucesso.

E tudo começou com o conhecimento prático que o meu pai me ensinou, a mim e aos meus irmãos, lá na nossa fazenda em Indiana.

REGRAS PARA LIDERAR

Prepare a sua equipe para amar a luta
As equipes que competem no mais alto nível amam a comoção da disputa. Elas podem ter vencido dentro da cabeça, mas têm um amor pelo esforço e pela luta dentro do coração. O líder forte inspira as equipes a se deleitar com a competição em si e considerar o resultado como um subproduto — um subproduto importante, sim, mas ainda assim um subproduto.

Lembre-se de que o sucesso pode demorar meses — ou anos — para ser alcançado, mas pode ser desfeito em minutos
É por isso que o condicionamento — físico, mental e moral — é tão importante. O líder deve infundir na sua equipe a importância da responsabilidade e do controle pessoal sobre as suas ações.

Nunca permita que alguém defina o seu sucesso

Só você, o líder, pode e deve definir a linha de chegada — o Sucesso. Os outros tentarão forçar a própria definição sobre você. Não permita que façam isso. Defina-o adequadamente, e o Sucesso, junto com a Grandeza Competitiva, pertencerá a você e à sua equipe.

As organizações têm sucesso quando se tornam mais do que a soma dos seus jogadores

Este é um dos verdadeiros testes de qualquer líder: tornar o todo mais do que a soma das suas partes. Nenhuma equipe terá um sucesso constante a menos que o líder seja capaz de atingir essa meta decisiva.

1. Seja um cavalheiro e não faça nada que traga
descrédito a você e à sua faculdade – dentro ou
fora da quadra, em casa ou longe daqui.

SEGUNDA PARTE

2. Desenvolva um grande orgulho pessoal por
todas as fases do seu jogo – ofensiva e
defensivamente, como pessoa e como integrante
da equipe.

LIÇÕES

SOBRE

LIDERANÇA

ESPÍRITO DE EQUIPE

Não queremos jogadores "individualistas", não
queremos "estrelas". Queremos uma equipe constituída por cinco garotos por vez, cada um deles
sendo um ala, um armador e um pivô; em outras
palavras, cada garoto deve ser capaz de marcar
pontos, saltar mais e se desmarcar mais do que o
adversário, ou impedir que a equipe adversária
marque pontos, conforme a ocasião exigir.

Nenhuma corrente é mais forte do que o seu
elo mais fraco, nenhuma equipe é mais forte do
que o seu garoto mais fraco. Um garoto tentando
"se exibir" pode afundar a melhor equipe. Devemos
ser "um por todos" e "todos por um", com cada
garoto dando o melhor de si a cada segundo do jogo.
A equipe vem em primeiro lugar, o crédito
individual em segundo. Não existe lugar para
egoísmo, egolatria e inveja na nossa seleção.

Queremos uma seleção de lutadores que não temam
nenhum clube, nenhum presunçoso, nenhum falastrão,
uma equipe que jogue duro, jogue justamente, mas
que jogue para   vencer – lembrando sempre que
"uma equipe que não quer ser derrotada não é
derrotada". Queremos que os nossos garotos
acreditem que "um vencedor nunca desiste e quem
desiste nunca vence". Conscientize-se antes do
jogo de que não quer perder, de que você é capaz
de ser mais inteligente e disposto a lutar do que

4

BONS VALORES ATRAEM BOAS PESSOAS

"A força de caráter é cumulativa".
— Ralph Waldo Emerson

Quando comecei na atividade de treinador, ganhava um dinheirinho extra jogando basquetebol nos fins de semana, em Indiana, com os Kautskys, uma equipe semiprofissional, mantida por um homem bom e decente chamado Frank Kautsky, comerciante de secos e molhados. Eu recebia 50 dólares por jogo.

Eu era um bom arremessador de lances livres na época e, a certa altura, durante um período de muitos e muitos jogos, fiz umas cem cestas seguidas. Quando encestei o centésimo lance livre, o senhor Kautsky pediu que os árbitros interrompessem o jogo por um instante. Então, ele entrou na quadra e anunciou ao público que estava me premiando, com uma nota de cem dólares, novinha em folha, por converter cem lances livres consecutivos. É claro que o público adorou e também Nellie Wooden, que logo guardaria o dinheiro por precaução.

Tenha em mente que o senhor Kautsky não tinha obrigação de me pagar nada a mais por converter cem ou mil lances livres seguidos. Isso não constava do nosso contrato, nem eu esperava nenhum centavo a mais por fazer o meu trabalho da melhor forma que podia. Ele o fez porque ele era esse tipo de homem.

Alguns anos depois, eu comecei a temporada jogando por outra equipe porque a sede ficava mais perto de casa. O salário era o mesmo — 50 dólares por jogo —, mas me poupava de muita viagem, o que significava que podia passar mais tempo com Nelli e os nossos filhos pequenos, Nancy Anne e Jim.

Logo no início da temporada, fomos escalados para jogar em Cleveland e, na última hora, eu decidi ir de carro para lá com um companheiro de equipe que precisava de uma carona. Infelizmente, fomos surpreendidos por uma nevasca no caminho e tivemos de reduzir a marcha para cerca de 16 quilômetros por hora, em uma estrada estreita coberta de gelo e neve. Depois de algumas horas naquela tortura, parei em um posto de serviços para ligar para o dono do nosso time, explicar a situação e informá-lo de que chegaríamos atrasados para o jogo. Ele respondeu: "Espero que vocês tenham melhor sorte do que os outros dois sujeitos que tentaram dirigir com essa tempestade". Eu perguntei: "O que aconteceu com eles?". O dono do time respondeu: "Estão no necrotério".

Eu e meu amigo insistimos e chegamos ao estádio no intervalo com o nosso time perdendo por vários pontos. Vestimo-nos rapidamente e, quando o jogo recomeçou, eu estava na quadra, joguei bem e ajudei o time a sair por cima.

Depois de tudo, tomei um banho, apareci para receber o meu pagamento com o dono do time, que, graças à vitória, me esperava com um sorriso largo. Enquanto ele me felicitava pelo desempenho — "Foi muito bem, Johnny. Precisávamos de você no jogo para vencer" —, me entregou um envelope com o pagamento. Continuamos a conversar e eu abri o envelope e vi que continha 25 dólares, metade do combinado.

— Onde está o resto do meu pagamento? — perguntei.

Ele me olhou e disse:

— Wooden, você perdeu toda a primeira metade do jogo porque chegou atrasado. Estou pagando você pela metade que jogou... 25 pratas.

Naquele exato momento, ele revelou o seu verdadeiro caráter. Eu e meu amigo arriscamos a vida dirigindo através de uma tempestade e eu ainda ajudei o time dele a garantir a vitória. No entanto, como aprendi quando ele me entregou o dinheiro, tudo aquilo não significava quase nada para ele, mas significava muito para mim. Os valores dele não eram os meus valores.

Tínhamos mais um jogo programado para aquele fim de semana. Então, eu disse a ele que queria o resto do meu pagamento pela partida que acabáramos de jogar, mais 50 dólares adiantados pelo jogo do dia seguinte. Caso contrário, voltaria para casa.

Ele hesitou um pouco, mas percebeu que precisava de mim na quadra no dia seguinte, porque esperava a casa cheia e um público turbulento. O dono do time pagou, muito embora estivesse claro que o fizera de má vontade.

Na tarde seguinte, joguei a partida inteira e conseguimos um resultado superior ao do adversário sem muito problema, mas para mim era o fim; não podia jogar para uma pessoa daquelas. Depois do jogo, pedi demissão e voltei a jogar com os Kautskys, uma equipe comandada por um líder com um conjunto de valores decentes, alguém a quem eu respeitava e que me respeitava, assim como ao que eu estava disposto a dar ao seu time, ou seja, tudo o que eu tinha.

O que aconteceu em Cleveland me ensinou uma boa lição. Percebi como o caráter — fazer a coisa certa — é fundamental para uma liderança de sucesso. Isso se tornou cada vez mais evidente ao longo dos anos na minha atividade como treinador, incluindo a UCLA.

> "Quase todos os homens podem suportar a adversidade, mas, para testar o caráter de um homem, dê-lhe poder."
>
> Lincoln

VALORES COMUNS

Se Kareem Abdul-Jabbar é o maior jogador de basquetebol do colegial de todos os tempos, é uma questão que é melhor deixar que outros decidam. Ele foi, porém, na minha opinião, o mais valioso jogador da história dos jogos universitários. Como profissional, manteve desempenhos de níveis extraordinários com os Bucks, de Milwaukee, e os Lakers, de Los Angeles, e tornou-se o maior artilheiro de todos os tempos da NBA, um recorde que mantém até hoje.

Kareem era conhecido como Lewis Alcindor Jr. quando jogava pela UCLA. Durante os seus três anos na equipe principal universitária, os Bruins venceram três campeonatos da NCAA consecutivos e 88 dos 90 jogos para os quais fomos escalados. Se tivessem podido jogar basquetebol no primeiro ano da faculdade — não se admitiam os calouros na época —, acredito que a UCLA poderia ter vencido outro campeonato da NCAA. O meu raciocínio é simples: em um jogo da pré-temporada, a equipe de calouros de Lewis derrotou facilmente a nossa seleção universitária por 75-60. Os integrantes da equipe principal dos Bruins tinham vencido o campeonato da NCAA vários meses antes. Os espectadores não acreditavam no que aconteceu com os defensores dos campeões nacionais.

Na verdade, o placar teria sido ainda mais desequilibrado se Gary Cunningham, o treinador da seleção dos calouros, não tivesse tirado de campo os que haviam começado, incluindo Lewis, nos últimos minutos da partida. No entanto, ele marcou 31 pontos, com 21 rebotes contra os campeões nacionais de basquete da NCAA (Alguns repórteres pensaram que eu ficaria aborrecido com a derrota, mas eu me consolei com o fato de que, em 12 meses, Lewis estaria usando o uniforme universitário da UCLA).

A presença dele obviamente causou um impacto profundo, positivo e duradouro sobre o nosso programa. No entanto, antes disso, alguma coisa causou um profundo impacto em Lewis. Essa "coisa" foram os valores. Acredito que a história de Lewis — como a minha lição em Cleveland — tem significado para qualquer organização; especificamente, que os bons valores atraem boas pessoas.

O BASQUETEBOL TEM A VER COM MAIS COISAS DO QUE O BASQUETEBOL

Quando era um estudante-atleta no Colégio Power Memorial, de Nova York, Lewis Alcindor Jr. começou a ganhar fama nacional pela suas grandes habilidades físicas e pela capacidade de jogar basquetebol. Era também um aluno de destaque, proveniente de uma boa família. As faculdades e universidades de todo o país o cortejavam tão prodigamente, numa profusão perdulária de elogios e promessas ao estudante-atleta, de 2,15 metros de altura, que, às vezes, o assédio beirava o constrangimento (No entanto, Abe Lemons, o grande treinador de basquetebol de Oklahoma, contou-me depois que nunca teria Lewis na sua equipe depois do que o rapaz lhe disse quando lhe ofereceu uma bolsa de estudos. Eu perguntei: "Abe, o que Lewis lhe disse de tão ofensivo?". Lemons respondeu: "Ele me disse: Não").

Embora praticamente todo treinador de basquete universitário nos Estados Unidos quisesse que Lewis escolhesse a sua faculdade e muitos o contatassem diretamente, eu não promoveria um encontro. Ao longo de toda a minha carreira, procurei não fazer recrutamento de estudantes-atletas fora do campus. Nos raros casos em que visitei um rapaz e sua família em casa — talvez 10 ou 12 em um período de 29 anos como treinador universitário —, isso foi precedido por uma entrevista diretamente com eles ou com alguém que falasse em seu nome. Eu não tomava a iniciativa

BUSQUE PARA A SUA ORGANIZAÇÃO AQUELES QUE TÊM UM ENTUSIASMO DE CHAMA INTERIOR

Eu sempre achei que a minha política de não-recrutamento de jogadores fosse a coisa certa a fazer — uma parte produtiva do processo de pesquisa. Antes de falar com um indivíduo para se juntar a nós, primeiro eu queria as evidências do seu desejo de fazer parte dos Bruins. A última coisa que se quer é alguém na sua organização a quem você tenha de pedir para estar lá, que precise ser convencida de que a sua equipe vale a pena para ela. Ao contratar alguém, seja cuidadoso ao discernir quais são os motivos do indivíduo; esteja alerta para aqueles que expressam um desejo sincero de participar e contribuir com a sua equipe e mostram alguma consciência do que é e do que significa a organização. O recrutamento deve ser uma via de mão dupla.

para me encontrar com um estudante-candidato, e Lewis não foi exceção. O meu raciocínio era simples: eu achava que não deveria pedir a um rapaz para frequentar a UCLA e jogar basquetebol pelos Bruins. Se ele não estivesse ansioso para se juntar a nós, então talvez fosse melhor que frequentasse outra escola.

Acredito que a minha política, na verdade, tenha ajudado a manter as coisas em perspectiva para os rapazes. Além disso, pode ter proporcionado o benefício adicional de suprimir os indivíduos que estivessem simplesmente especulando sobre a melhor oferta, esperando que eu e os outros chegássemos e os "vendêssemos" na nossa escola. Se fosse para haver alguma venda, eu preferia que os jovens atletas tentassem me vender alguma coisa; deixando que tomassem a iniciativa, procurando-nos para fazer contato. Isso serviria como uma boa indicação de que tinham um forte desejo de ir para a UCLA e fazer parte da nossa equipe.

A minha política de não contatar jogadores tinha um lado ruim, é claro, mas com o qual eu estava disposto a conviver. Antes do surgimento de Lewis como estrela do basquetebol do colegial, dois outros rapazes altos e talentosos ganharam destaque — Wilt Chamberlain, do Colégio Overbrook, de Filadélfia, e Bill Russell, do Colégio McClaymons, de Oakland.

Embora eu estivesse interessado em ter um deles, ou os dois, na UCLA, não fui contatado por eles nem por ninguém falando em seu nome. Mais tarde, Wilt foi para Kansas, e Bill, para a Universidade de San Francisco, onde liderou a equipe à vitória contra nós no campeonato regional da NCAA, de 1956, a caminho do seu segundo campeonato nacional consecutivo.

OS VALORES EM PRIMEIRO LUGAR

O meu encontro com Lewis só aconteceu porque o seu treinador do colegial, Jack Donahue, ligou-me de Nova York e disse que ele e Lewis tinham assistido à UCLA superar a Duke no jogo do campeonato nacional alguns dias antes. O treinador Donahue disse então que o seu jovem estudante-atleta reduzira para cinco a lista de faculdades que estava considerando. A UCLA estava na lista resultante. Ele sugeriam que conversássemos durante um próximo seminário de treinadores em Valley Forge, Pensilvânia. Eu concordei.

No seminário, o treinador Donahue fez algumas perguntas sobre o nosso programa na UCLA e comentou comigo sobre Lewis — sobre a sua família, a sua produção acadêmica, a sua atitude, ética de trabalho, capacidade de convivência com os colegas de equipe e muito mais. O treinador Donahue declarou que Lewis desejava visitar a UCLA e encontrar-se comigo em uma data posterior.

Eu só fiz um pedido: a UCLA poderia ser a última da lista de faculdades que Lewis visitaria? O treinador Donahue disse que transmitiria o meu pedido a ele e a sua família. Durante a sua viagem ao nosso campus — muito embora chovesse o tempo todo —, Lewis percebeu que tínhamos muito a oferecer, incluindo novas instalações esportivas, o Pavilhão Pauley. Ele substituiria o velho Ginásio Masculino e estaria pronto para o uso na época em que Lewis chegasse.

No entanto, outras faculdades tinham bons programas de basquetebol e excelentes instalações. Além disso, todas elas ofereciam algo muito importante, que faltava à UCLA, ou seja, estavam muito mais próximas dos amigos e da família de Lewis em Nova York. Em outras palavras, ele tinha um bom número de alternativas — ótimas faculdades e oportunidades para escolher seu futuro.

Por que Cora, a mãe de Lewis, e Lewis Alcindor, o pai — e o filho —, escolheram a UCLA? Foram diversas as razões, mas quatro em particular encontraram eco no rapaz e nos seus pais. Todas as quatro razões tinham a ver com os seus valores. E essas razões eles encontraram na UCLA:

Evidência de igualdade: Uma noite, enquanto Lewis e os pais assistiam ao velho *Ed Sullivan Show*, Ed Sullivan saiu do roteiro convencional para apresentar Rafer Johnson, um ex-jogador de basquetebol da UCLA que eu treinara e depois medalhista de ouro nos Jogos Olímpicos. A apresentação de Rafers incluiu os seus créditos atléticos, mas concluiu dizendo que ele estava em Nova York representando todo o corpo discente da UCLA. Era o seu novo presidente. Os estudantes da UCLA, predominantemente brancos, tinham elegido um estudante negro para representá-los. Havia outras faculdades com os mesmos ideais, é claro, mas, naquela noite, Ed Sullivan ofereceu evidências visíveis aos Alcindors de qual era a posição da UCLA.

Mérito educacional: Os padrões acadêmicos da UCLA eram elevados. Os estudantes-atletas que frequentavam a nossa faculdade recebiam uma boa educação. E se formavam.

Testemunhos fidedignos sinceros: Lewis também recebera uma carta de um ex-jogador de basquetebol da UCLA atestando os ideais e padrões da nossa faculdade. Ela era assinada pelo ganhador do Prêmio Nobel da Paz, o doutor Ralph Bunche, que a escrevera por iniciativa própria. O doutor Bunche era negro. Jackie Robinson, o primeiro jogador de beisebol profissional negro das principais ligas, também escrevera uma carta expressando sentimentos semelhantes.

Indiferença à cor: Willie Naulls, um integrante dos Knicks, de Nova York, que tinha sido um dos melhores jogadores americanos na UCLA, informou Lewis que John Wooden era indiferente à cor no que dizia respeito à raça.

Valores e padrões, ideais e princípios eram importantes para Lewis e seus pais. Eles também eram importantes para a UCLA e para mim. Bons valores são como um ímã — atraem boas pessoas.

```
Sua Educação

1.  Você está na UCLA em razão da educação.
    Quero que todo garoto mereça e receba o seu
    diploma. Mantenha isso em primeiro lugar nos
    seus pensamentos, mas coloque o basquetebol
    em segundo.

2.  Não falte às aulas e seja pontual.

3.  Não fique para trás e entregue os seus trabalhos
    no prazo.

4.  Tenha horários de estudos regulares e siga-os.

5.  Negocie com os seus professores com antecedência
    sobre quando deverá se ausentar.

6.  Não espere favores. Faça a sua parte.

7.  Os garotos com bolsa de estudos devem
    providenciar tutela no Departamento de Atletismo
    à primeira indicação de necessidade.

8.  Esforce-se para ter médias altas. Não se
    satisfaça por meramente alcançar as notas mínimas
    para passar de ano.

9.  Os que estão no campus a trabalho por uma bolsa
    de estudos devem providenciar o cumprimento dos
    horários estipulados.
    Faça as suas tarefas sem compará-las com as de
    outro garoto.

10. Conquiste o respeito de todos, especialmente de
    si mesmo.
```

VALORES CRIAM UM AMBIENTE DE INTEGRIDADE

A liderança tem a ver com mais coisas do que apenas forçar as pessoas a fazerem o que você diz. Um guarda de prisão faz isso. Um bom líder cria crenças — na filosofia do líder, na organização, na missão. Criar crenças ou convicções é tarefa difícil se existe um vácuo de valores, onde a única coisa que importa é o resultado final, seja vencer a competição na quadra, seja aumentar as margens de lucros nos livros.

Os resultados importam. E importam muito. Mas, se esse é o único propósito da organização, então as pessoas que participam dela geralmente fazem isso pelas razões erradas. Pessoas desse tipo talvez estejam mais interessadas em vencer a corrida do que em participar da corrida, o que significa que elas estão menos inclinadas a contribuir com o trabalho duro requerido para "vencer". Esse é o tipo de pessoa que é a primeira a sair nos momentos difíceis, ansiosa para partir quando oferecem uma chance melhor de vencer ou de ganhar mais dinheiro em outro lugar. Esse tipo de dedicação, lealdade e comprometimento pessoal é papel fino, e é difícil formar uma equipe com uma existência contínua e bem-sucedida quando a fidelidade não vai além de uma nota de dinheiro.

Um pessoa que valoriza vencer acima de tudo não fará nada para vencer. E essas pessoas são uma ameaça à organização de que participam.

> Nunca ceda a jogar sujo - jogue para valer e não se queixe.

O caráter conta e sem ele até o indivíduo mais talentoso é um estorvo — um perigo potencial para a equipe. Isso se aplica independentemente de ele ser o dono do time, o líder, o treinador ou qualquer outro integrante do grupo.

Eu queria vencer a corrida com aqueles com quem tinha um mesmo código de conduta, aqueles que endossavam o mesmo conjunto de valores que era importante para mim. Uma das principais maneiras de assegurar que isso aconteça é tornar os seus valores visíveis, permitir que o mundo exterior — funcionários em potencial e os outros — conheçam a sua postura e quem você é. Fazendo isso, você atrai as pessoas que têm princípios e padrões semelhantes — o seu código de conduta para a competição. O oposto também é verdadeiro, é claro, como o dono do time em Cleveland descobriu quando revelou que 25 dólares significavam mais para ele do que o meu compromisso e a minha lealdade com o time dele.

Para mim, é claro, a Pirâmide do Sucesso definia o código de conduta e as características que eu valorizava, tanto dentro quanto fora da quadra. Eu também prezava as regras simples de comportamento do "Dístico Tríplice" do meu pai: duas listas, cada qual com três advertências, que ele me ensinou e aos meus irmãos: "Nunca minta; nunca trapaceie; nunca roube. Não se lamente; não se queixe; não dê desculpas".

"Nunca minta; nunca trapaceie; nunca roube. Não se lamente; não se queixe; não dê desculpas."

Eles são fáceis de lembrar, mas não tão fáceis de cumprir. No entanto, era o comportamento que eu esperava, e ensinava, a todos os que treinei.

ANUNCIE A SUA IDENTIDADE

Para garantir que os seus valores sejam bem conhecidos, você pode fazer alguma "propaganda" em vários sentidos. As ações contam mais do que as palavras, mas as palavras também contam. Você pode tomar algumas medidas para assegurar que as pessoas saibam qual é a sua postura. Eu distribuía cópias da Pirâmide do Sucesso no início de cada temporada e tinha um grande desenho dela pendurado na minha sala. Encontre meios e métodos que funcionem no seu caso, dependendo do seu setor de atividade e da sua organização. Qual é a sua versão do *Ed Sullivan Show* e da carta-testemunho do doutor Ralph Bunche?

CARÁTER É O QUE VOCÊ FAZ

Eis aqui um pequeno exemplo de como tentei oferecer alguma orientação aos jogadores nas áreas de valores e caráter. Isso pode parecer trivial, mas acredito que a lição que foi ensinada teve aplicação muito além da questão específica.

Os jogadores de basquetebol costumavam levar consigo as camisetas de treino da UCLA como suvenires para usar no campus e em toda parte. Por alguma razão, essas camisetas tornaram-se muito populares. Não acredito que isso sequer fosse considerado um furto pelos estudantes-atletas que as levavam, não mais do que os funcionários consideram um furto levar para casa material de escritório, como papel e canetas. Eu pensava diferente. Pegar algo que não lhe pertence é errado. "Se quiserem uma camiseta", eu dizia, "venham me pedir. Eu lhes darei, mas não peguem pura e simplesmente; elas não são de vocês.".

Isso era importante para mim porque tinha a ver com o tipo de pessoa que eu queria na nossa equipe. Por outro lado, eu me sentia mal ao ver aqueles com quem me preocupava fazendo algo errado. Pegar o que não é seu é errado — mesmo que seja apenas uma camiseta usada nos treinos. Eu achava e ainda acho isso importante. Estou certo de que depois disso algumas camisetas foram pegas sem permissão, mas pelo menos eu os fizera saber que era errado. Também não tenho dúvida nenhuma de que os outros mudaram o seu comportamento para melhor por causa das minhas palavras. Além disso, saber que eu tomava uma posição nesse sentido dava aos jogadores uma ideia do meu sistema de valores e da minha postura. Aristóteles dizia: "Nós somos o que fazemos repetidamente". Ele se referia ao caráter — os valores e hábitos do nosso comportamento cotidiano revelam quem e o que somos. Eu queria criar bons hábitos entre aqueles que estavam sob a minha liderança, não apenas na mecânica de jogar basquetebol, mas também nos fundamentos de ser uma boa pessoa. Assim, uma questão pequena, como colocar as toalhas no cesto onde deveriam ser colocadas, era algo que eu considerava importante, algo que se ligava aos meus princípios e crenças gerais — valores — que iam além de simplesmente pegar as coisas devidas.

Um estudante-atleta que se sinta tão privilegiado a ponto de atirar as coisas no chão enquanto um aluno-ajudante segue atrás limpando a bagunça tem um mau hábito, que contribui para o egoísmo, o desleixo e o desrespeito — três traços de caráter de que eu particularmente não gosto. Exigindo que cada estudante-atleta cuidasse bem das suas coisas e de si mesmo, posso ter encorajado um hábito positivo, o bom comportamento e uma maneira de pensar que eram aplicados além da quadra e da nossa equipe (Minha esperança era que parte desses ensinamentos pudesse ser aplicada na vida deles além do basquetebol.).

```
Atitude e Conduta

1. Seja um cavalheiro e não faça nada que traga
   descrédito a você e à sua faculdade - dentro ou
   fora da quadra, em casa ou longe daqui.

2. Desenvolva um grande orgulho pessoal por
   todas as fases do seu jogo - ofensiva e
   defensivamente, como pessoa e como integrante
   da equipe.

3. O jogador que deu o melhor de si já fez tudo,
   enquanto o jogador que fez menos do que o
   melhor que poderia dar é um fracasso.

4. Seja um estudante interessado pelo jogo.
   O basquetebol é um jogo mental: talvez, 50%
   luta e 50% saber fazer.

5. Acredite de verdade que é melhor do que o seu
   adversário em conhecimento do jogo,
   em condicionamento e em espírito de luta,
   e será difícil ser derrotado.
```

A FORÇA DE UM BOM EXEMPLO

Eu buscava o caráter nos jogadores. Para mim, uma boa explicação do caráter é simples: respeito por si mesmo, respeito pelos outros, respeito pelo jogo, seja ele basquetebol, negócios ou qualquer outro. O caráter começa com pequenos gestos, como cuidar bem das suas coisas e de si mesmo, e termina com coisas grandes, como não trapacear para vencer.

"A liderança de sucesso não tem a ver com ser duro ou flexível, sensível ou assertivo, mas com um conjunto de atributos. Acima de tudo, vem o caráter."

Um líder com caráter atrai o talento com o mesmo. Pense na qualidade dos recursos humanos em sua equipe se adotarem os seus ideais e padrões elevados. Depois, considere o que acontecerá se não o fizerem — quando você traz para a equipe um indivíduo para quem o caráter não conta muito. Você colocou uma maçã podre no cesto de maçãs boas. Esse é um erro terrível para um líder.

Portanto, acredito que quem você é por dentro — aquilo em que acredita — é o mais importante, mas o que você faz significa mais, muito mais. As ações suplantam as palavras e os seus valores devem ser visíveis para terem impacto sobre aqueles que você lidera ou espera atrair como integrantes da sua equipe. Warren Bennis, professor de administração e negócios da USC (Universidade do Sul da Califórnia) e presidente-fundador do *Leadership Institute*, diz o seguinte: "A liderança de sucesso não tem a ver com ser duro ou flexível, sensível ou assertivo, mas com um conjunto de atributos. Acima de tudo, vem o caráter".

Quando se trata de caráter e valores, não é preciso tornar-se um pregador, apenas um professor eficaz que entende a força de dar o bom exemplo, especialmente no caso de padrões e valores. Em parte, é por isso que Lewis Alcindor Jr. sentiu-se atraído para a UCLA. Por diversos meios, ele entendeu que os seus valores eram os nossos.

Uma vez, entrevistei um rapaz muito talentoso que queria frequentar a UCLA com uma bolsa de estudos pelo basquetebol. Eu estava até disposto a oferecer-lhe a bolsa durante o nosso encontro. A mãe dele estava presente e, a certa altura, ela educadamente me fez uma pergunta. O filho imediatamente olhou para ela e desfechou: "Como a senhora pode ser tão ignorante? Fique de boca fechada e ouça o que o treinador tem a dizer". Eu assegurei a ela que a pergunta era muito boa e a respondi.

O rapaz, porém, revelara um aspecto de si mesmo que não era muito bom. Na verdade, era inaceitável para mim: o desrespeito pela mãe. Se ele não era capaz de respeitá-la, como poderia me respeitar quando as coisas apertassem? Educadamente, encerrei a reunião e pedi desculpas. A bolsa a ele nunca foi oferecida.

Esse indivíduo que fora tão rude com a mãe foi jogar para outra faculdade e saiu-se muito bem. Na verdade, ele ajudou a sua equipe a derrotar a UCLA em mais de uma ocasião. Apesar disso, eu estava grato por ter descoberto algo tão importante antes que fosse tarde demais, antes de permitir que ele contaminasse a nossa equipe com os seus "valores".

O seu comportamento como líder — o que você faz — é o que cria o ambiente em que a equipe atua. Para alguns líderes, isso é algo que acontece. Para mim, o que acontece é definido pela Pirâmide do Sucesso, pelo Dístico Tríplice do meu pai, pelo puro bom senso e pela decência. Acredito que essa é uma das razões pelas quais Vince Lombardi sentiu-se muito à vontade quando um redator citou-o como se tivesse dito: "Vencer não é tudo, é apenas a única coisa". Ele sugeria que o treinador Lombardi sancionava vencer a qualquer custo. O que ele sancionava — como eu entendi a partir das suas crenças — era dar tudo o que você tem na disputa em vez de dar "o que é preciso" para vencer.

Existe uma diferença — uma grande diferença. O treinador Lombardi acreditava na força dos bons valores, assim como eu. Se você não se preocupa com o tipo de pessoa que tem na sua equipe, desde que elas ajudem a equipe a vencer, eu pergunto se você continuará tendo sucesso constante e a longo prazo. Vou além disso: se você não se preocupa com o código de conduta mantido por aqueles a quem lidera, você não é um bom líder.

O caráter conta e os valores são importantes. E você, o líder, estabelece o padrão para os dois na sua organização. Deixe-me acrescentar mais alguns pensamentos que podem ajudar a liderar pelo exemplo para criar uma organização vitoriosa.

REGRAS PARA LIDERAR

É difícil treinar o caráter

Quando os pais perguntavam: "Treinador Wooden, seria capaz de ensinar o meu filho a ter caráter?", eu respondia que não. Se o filho não tivesse caráter, eu não poderia lhe dar. Embora o líder possa ensinar muitas coisas, o caráter não é ensinado facilmente a adultos que chegam à sua mesa sem ele. Tenha cuidado ao aceitar "projetos de regeneração", independentemente do talento que possam possuir. Tenha a coragem de fazer o caráter ser importante entre as qualidades que busca nos outros.

O caráter começa nas pequenas coisas

Lembre-se do caso das camisetas. Todo líder deve criar a sua relação de coisas que fazem a diferença. Pode ser qualquer coisa, desde ser pontual até terminar os projetos no prazo. Mas também poderia ser algo um pouquinho mais sutil, como a maneira que um gerente se dirige a um funcionário ou assistente administrativo. O importante é fazer com que as pessoas saibam o que você espera delas e informá-las quando violarem o seu código, os seus valores ou padrões.

Caráter é mais do que honestidade

Um indivíduo pode ser o mais honesto possível e ainda assim faltar-lhe caráter. Como? Essa pessoa pode ser honesta, mas egoísta; honesta, mas indisciplinada; honesta, mas injusta; honesta, mas desrespeitosa; ou honesta, mas preguiçosa. A honestidade é um bom ponto de partida, mas não é tudo. Caráter é mais do que simplesmente dizer a verdade — tanto por parte dos líderes quando pelos integrantes da equipe.

Cuidado com aqueles que fazem o que for preciso para vencer

Vencer a qualquer custo pode ser muito perigoso — fatal, na verdade. Um bom conjunto de valores é parte da liderança de sucesso e da organização excelente. Tome cuidado com aqueles que são capazes de fazer de tudo para vencer. Essa não é a atitude do grande competidor, mas de um competidor que é grandemente imperfeito. Descubra os que amam a batalha e jogam segundo as regras.

SOBRE WOODEN

Kareem Abdul-Jabbar: Equipe principal da UCLA, 1967-1969; três campeonatos nacionais

O CAMPO DE SONHOS DO TREINADOR WOODEN

Talvez você tenha visto o filme de Kevin Costner, *Campo dos Sonhos* — "Se você construir, ele virá". O treinador Wooden fez isso. Ele formou o seu programa de basquetebol de uma determinada maneira — atlética, ética e moralmente — porque acreditava que atrairia um determinado tipo de pessoa; o tipo de indivíduo que ele queria na equipe.

E, se não tivesse sucesso dessa maneira, para ele estaria tudo bem, porque ele achava que o seu programa fazia sentido; de todos os modos, fazia sentido para ele. Portanto, ele o faria daquela maneira. O treinador era quase um místico ao saber o que iria acontecer. E eles estava certo — quando fez como fez, eles vieram. Eu fui um deles.

Escolhi a UCLA em grande parte por causa do que vi e ouvi com relação a esses valores. O doutor Ralph Bunch e Jackie Robinson escreveram-me dizendo que a UCLA era um ótimo lugar para a educação e o atletismo. Willie Naulls me contou que a competição não era um problema com o treinador Wooden.

E uma das coisas mais importantes na minha decisão foi ver Rafer Johnson no *Ed Sullivan Show*. Eu sabia que ele era um atleta de categoria mundial, mas ele estava no programa como presidente do corpo discente da UCLA. Aquilo me mostrou que a escola o valorizava por mais do que simplesmente ser um bom atleta, me mostrou uma porção de coisas de que a UCLA era capaz.

Com o seu cabelo repartido ao meio, o treinador se parecia com o sujeito que ilustrava a caixa de biscoitos *Pepperidge Farm*. Isso era enganador. No ginásio, ele era um homem muito, muito duro, extremamente exigente. Queria que as coisas fossem feitas de uma determinada maneira e ia lá e mostrava como era.

O treinador estava com cerca de 57 anos de idade quando cheguei à UCLA — quase 40 anos mais velho do que todos nós. No entanto, ele nunca pedia aos seus jogadores para fazer o que ele não faria. A gente valoriza isso, quando o líder quer as coisas da maneira certa e fica ao seu lado.

Não se trata de ouvir de alguém coisas de quem não esteve lá e fez bem-feito. Ele sabia do que estava falando, então tinha credibilidade. Ele era respeitado.

Nunca falava em vencer. Para o treinador Wooden, era: "Rapazes, vamos jogar o melhor que pudermos. Vamos lá". Isso é muito diferente de dizer: "Rapazes, vamos vencer". Muito diferente.

Raça? Religião? Isso não importava. O que importava era o esforço que a gente fazia na quadra e na sala de aula. O que importava eram o seu comportamento, a sua conduta, os seus valores. É claro que isso incluía um forte trabalho ético.

Ele queria o nosso esforço máximo. Se não fosse bom o bastante, ele aceitava as consequências. O treinador Wooden imaginava talvez que fosse assim que deveria ser. Mas ele queria o melhor dos nossos esforços antes de estar disposto a dizer: "É assim que acho que deve ser".

Na segunda semana de treinos na UCLA, eu estava totalmente fascinado pela maneira como ele fazia as coisas — a progressão das técnicas em que ele nos fazia trabalhar e depois juntar tudo como equipe.

Quando proibiram a enterrada, ele me disse: "Lewis, todo mundo estará jogando segundo as mesmas regras, não importa quais sejam elas. Este jogo não se resume à enterrada. Portanto, vá lá e jogue; é igual para todo mundo". Muito verdadeiro. Mentalmente, eu superei a mudança das regras proibindo a enterrada.

Uma das maiores virtudes dele como líder era a paciência. Muitos jogadores eram céticos em relação a várias coisas e demorou um bom tempo para vencê-los. O treinador deixava que tentassem do seu jeito e fracassassem. Ele era bom nisso. É a melhor maneira de ensinar. Eles queriam aprender como fazer certo mais do que provar que o treinador estava errado.

Então, ali estava aquele sujeito de 57 anos, que ia lá e mostrava a eles como fazer certo.

Ele sabia como fazer certo — em todos os sentidos.

5

USE A MAIS PODEROSA PALAVRA DE QUATRO LETRAS

"Não vou gostar de vocês sempre igualmente,
mas vou amá-los sempre igualmente."

A certa altura, mais tarde do que gostaria de admitir, ficou claro para mim que o modelo mais produtivo da boa liderança é um bom pai. O treinador, professor e líder, a meu ver, são todos variações básicas de ser um pai. E, embora ser pai seja a tarefa mais importante do mundo, a liderança não fica muito atrás. Eu respeito a oportunidade e a obrigação que ela confere, ou seja, o poder de mudar vidas e fazer a diferença. Para mim, a liderança é um encargo sagrado.

Um líder nos esportes, nos negócios ou em qualquer outro campo de atividade deveria possuir e apresentar as mesmas qualidades inerentes a um bom pai ou uma boa mãe: caráter, obstinação, ser digno de confiança, responder pelos seus atos, conhecimento, bom julgamento, altruísmo, respeito, coragem, disciplina, imparcialidade e estrutura.

Ainda que todas essas qualidades façam de você um bom líder, não farão de você um ótimo líder. Para isso, é necessária uma qualidade a mais — talvez a mais importante de todas. Embora possa soar meio deslocado no contexto tumultuoso dos esportes ou da competição entre as empresas, acredito que você deva amar de coração as pessoas sob a sua liderança. Eu amei.

Para um pai, a família é a coisa mais importante de tudo; para um bom líder, a equipe não é nada menos do que uma extensão da sua família. Os que você lidera não são simplesmente um conjunto de pessoas ao acaso, que apareceram na sua porta, dedicando seu tempo e recebendo o salário. Pelo menos, não deveriam ser.

Para mim, os integrantes das nossas equipes nunca foram partes destacáveis, "atletas" cujo valor individual estivesse em proporção direta em relação ao número de pontos que fossem capazes de marcar. Nunca.

Na verdade, depois dos meus parentes de sangue, eles eram as pessoas mais próximas de mim. Aqueles a quem liderei eram uma extensão da minha família. E o amor está presente em toda boa família.

Você deve se preocupar de verdade com a vida e o bem-estar dos integrantes da sua equipe, e demonstrar isso com interesse e apoio dentro de um ambiente disciplinado. No entanto, precisei de um tempo para descobrir o que isso realmente significa e como aplicá-lo do meu modo.

UM POUCO MAIS; UM POUCO MENOS

Nos meus primeiros dias no Dayton, Kentucky, e na South Bend, Indiana, eu dizia aos jogadores, no início de cada temporada, que gostaria de todos eles por igual. É claro que isso se revelou como falso. Havia alguns a quem eu mal podia suportar. Isso me incomodava, porque parecia que um treinador deveria ter afeição — e ser amigo — dos que estavam sob a sua supervisão. Eu *queria* gostar de todos os jogadores da nossa equipe.

Foi essa a minha experiência como atleta. O treinador Ward Lambert, da Purdue, parecia gostar de todos nós da equipe igualmente, e eu o considerava um amigo. Meus colegas de equipe, eu presumia, também. O mesmo acontecera quando eu jogara basquetebol no colegial, em Martinsville.

"Não vou gostar de vocês sempre igualmente, mas vou amá-los sempre igualmente. E, se eu gostar ou não, os meus sentimentos não irão interferir no meu julgamento do esforço e do desempenho. Vocês serão tratados com imparcialidade. Isso é uma promessa."

Como treinador, descobri que esse mesmo tipo de relacionamento não existia em relação a determinados integrantes da equipe e não parecia certo. Mas li uma declaração de Amos Alonzo Stagg, o lendário treinador de futebol de Chicago, que me ajudou a entender o relacionamento entre o líder e a organização. O treinador Stagg disse: "Eu amava todos os meus jogadores igualmente, só não gostava deles igualmente". Ele tinha amor por todos da equipe, mas não necessariamente "gostava" deles.

Quando cheguei à UCLA, a minha mensagem no início de cada temporada tinha mudado para refletir os sentimentos do treinador Stagg. Fazer amigos não era a responsabilidade ou a meta da liderança, e eu advertia a equipe quanto a isso.

É como um pai que pode não gostar de um filho tanto quanto de outro num determinado dia da semana, mas cujo amor em relação a cada filho é sempre constante.

INTEGRANTES DA EQUIPE QUE NÃO GOSTAVAM DE MIM

Também reconheci, ao longo do tempo, que os integrantes da equipe não gostavam todos de mim igualmente — e tudo bem quanto a isso. Andy Hill, um jogador reserva em três equipes do campeonato nacional, não falou comigo por 27 anos depois de se formar na UCLA porque não concordava com as minhas decisões. Quais decisões? Antes de qualquer coisa, ele não gostava que não o pusesse entre os que começavam a partida. Andy fora um bom jogador no colégio e era difícil para ele aceitar o fato de que não estava na equipe que começava jogando na UCLA. Ele ficava irritado — talvez amargurado — com a minha decisão de mantê-lo no banco.

Os seus filhos podem odiá-lo por fazer o que é melhor, mas, finalmente, como Andy, eles podem se aproximar. Depois de 27 anos, ele decidiu que o que o seu velho treinador fazia tinha sentido. Ele chegou a me telefonar para dizer isso — que eu estava certo, afinal de contas.

É claro que "o que é certo" muitas vezes é a decisão mais difícil que o líder é forçado a tomar e um líder forte deve esperar que alguns na organização resistam e até mesmo sintam raiva de seu julgamento e das suas decisões. Essa é apenas uma das muitas coisas que tornam a liderança, às vezes, uma profissão solitária. Você é a pessoa encarregada de fazer as escolhas finais, enquanto todo mundo tem a opção de se sentar nas laterais, queixando-se disso.

Sentimentos duros acontecem mesmo nas melhores famílias. No entanto, uma família sobrevive quando o amor está presente. Uma equipe — a sua organização — é uma família. O amor deve ser a cola que a mantém unida, e o amor deve partir do líder.

Quando Andy me telefonou depois de 27 anos, fiquei feliz de conversar com ele — assim como um pai acolhe o retorno de um filho que esteve fora durante um longo período. Quando atendi ao telefone, uma voz no outro lado disse: "Treinador Wooden, aqui é o Andy Hill. Lembra-se de mim?". Eu disse: "Andy, por onde você tem andado?".

NINGUÉM SE PREOCUPA TANTO QUANTO VOCÊ (ATÉ SABEREM O QUANTO VOCÊ SE PREOCUPA)

O amor não conquista tudo, mas conquista muita coisa, e o líder que tem amor pode enfrentar os desafios, diferenças e dificuldades criados pelas pessoas que integram a organização. Você conseguiria ser um ótimo pai sem amor? Provavelmente, não. O mesmo se aplica à sua liderança da organização. Os jogadores das nossas equipes da UCLA e os que eu treinei na Faculdade Estadual Teachers, de Indiana, no Colégio South Bend Central e no Colégio Dayton — centenas de indivíduos ao longo de décadas — tornaram-se integrantes de verdade da minha extensão familiar.

Treinamento
Relacionamento entre treinador e jogador

1. Mantenha um relacionamento bastante pessoal com o jogador, mas não deixe que perca o respeito. Mostre-se sinceramente interessado nos seus problemas pessoais e esteja sempre à disposição.

2. Mantenha a disciplina sem ser ditatorial. Seja justo e lidere em vez de dirigir.

3. Estude e respeite a individualidade de cada jogador e trate-o de acordo com isso. Trate cada homem como ele merece ser tratado.

4. Tente desenvolver o mesmo senso de responsabilidade em todos.

5. Analise a si mesmo tanto quanto aos seus jogadores e governe-se de acordo com isso.

6. A aprovação é um grande motivador. Use o "tapinha nas costas", especialmente depois de uma crítica severa.

7. Se ensinar lealdade, honestidade e respeito pelos direitos dos outros, você estará dando um grande passo no sentido de uma equipe cooperadora com o espírito de equipe adequado. Ciúme, egoísmo, inveja, críticas e discussões entre todos podem arruinar isso.

8. Considere a equipe em primeiro lugar, mas não sacrifique um garoto só para provar uma opinião.

Embora eu nunca tenha violado uma regra de recrutamento enquanto fui treinador, ignorava algumas regras depois que os jogadores chegavam à UCLA, mas só numa extensão de bondade, amor e preocupação. Na UCLA, durante feriados, como o Dia de Ação de Graças ou o Natal, eu e a minha esposa, Nell, os convidávamos para jantar quando eles não podiam passar o feriado com a família. Sabíamos que essa era uma violação das regras da NCAA; no entanto, era uma regra que eu me dispunha a ignorar. Um jovem devia passar uma data importante com a família.

Eu paguei a fiança para tirar jogadores da cadeia por violações de trânsito sem importância, muito embora, de novo, isso violasse a regra. Não fazia sentido deixar um rapaz passar o fim de semana atrás das grades por uma coisa dessas. Não era diferente do que eu faria pelos meus filhos.

Antes de um jogo em 1950, descobri que a esposa do nosso capitão, Eddie Sheldrake, estava doente — não gravemente, mas estava doente. Um verdadeiro jogador da equipe, ele achou que seria desleal com os Bruins não participar da próxima viagem. Eu valorizei a sua lealdade, mas o mandei ficar em casa, com a esposa. Eddie ficou aliviado.

Esses gestos de interesse da minha parte foram coisas sem importância, mas as menciono porque foram uma consequência imediata dos sentimentos — do amor — que eu tinha por aqueles a quem treinava.

Um treinador, assim como o líder de qualquer organização, tem um profundo relacionamento com os que participam da equipe — mental, educacional, emocional e muito mais. Para o líder empresarial, incluem-se também os laços financeiros.

Fora da família imediata — esposa e filhos —, o que mais pode ser tão próximo? Os meus jogadores eram a minha família. As conquistas deles me deixavam orgulhoso, tanto durante o tempo em que jogavam basquetebol, como também quando passaram para outras atividades.

SE VOCÊ NÃO CONSIDERA A SUA EQUIPE COMO UMA FAMÍLIA, POR QUE A EQUIPE CONSIDERARIA VOCÊ COMO O CHEFE DA FAMÍLIA?

Demorei algum tempo para aprender essa lição, mas ela é verdadeira. Você deve sentir amor e respeito pelos que estão sob a sua liderança se quer sua equipe funcionando a todo vapor. Vivemos em uma época cínica. Não deixe que o cinismo impeça o amor ou leve você a acreditar que os que estão sob a sua liderança são simplesmente peças intercambiáveis para uso e descarte.

O DISTANCIAMENTO FAZ PARTE DO TRABALHO

Ao longo dos anos, o meu pensamento também evoluíra para entender que, embora o líder de qualidade sinta amor e interesse genuínos pelas pessoas da organização, existe um "distanciamento" necessário na liderança. O objetivo não é fazer novos amigos, mas fazer o que é melhor para a equipe, sem prejudicar descuidadamente os seus integrantes no processo. Quando entendi que a objetividade — o "distanciamento" — poderia existir no contexto do amor, isso tornou a minha tomada de decisão muito mais fácil como treinador-chefe da UCLA, especialmente nas decisões que causariam sentimentos fortes e ressentimento.

A certa altura de minha carreira, também disse aos jogadores que trataria a todos da mesma maneira. Isso é o que eu dizia aos meus dois filhos. Pensava que tratar todo mundo do mesmo modo era ser justo e imparcial. Gradualmente, comecei a desconfiar de que isso não era nem justo nem imparcial. Na verdade, era exatamente o contrário. Foi então que passei a anunciar que os integrantes da equipe não seriam tratados de maneira igual ou coisa parecida; em vez disso, cada um receberia o tratamento a que fizesse jus ou merecesse. Essa prática pode parecer discriminatória ou sugerir parcialidade, mas não é nem uma coisa nem outra.

Um jogador que esteja trabalhando duro e de maneira produtiva para o grupo não deve receber o mesmo tratamento que alguém que esteja oferecendo menos. E, embora cada uma das pessoas de uma equipe ocupe um papel e execute uma função, alguns desses papéis e funções são ocupados por pessoas que são mais difíceis de substituir do que outras.

Seria ingenuidade sugerir que uma superestrela da sua organização — uma das pessoas que mais produz — não receba algumas comodidades que não são dispensadas aos outros. Isso não é um padrão duplo, mas na verdade um fato da vida. Aquelas pequenas comodidades, porém, não devem se aplicar em áreas dos seus princípios e valores básicos, ou logo serão substituídas pela percepção de que o favoritismo e o tratamento especial são a norma.

Um dos meus jogadores brincava que, quando queria se safar do toque de recolher, fazia isso com um dos melhores jogadores do país. Dessa maneira, se *eles* fossem pegos, ele escaparia de qualquer ação disciplinar. Isso não era verdade, mas refletia que aqueles que se encontravam sob a minha supervisão não eram todos tratados da mesma maneira.

Aquele que era um dos melhores jogadores do país a que ele se referia podia ser Bill Walton, que sistematicamente testava os limites do que era um comportamento aceitável. Uma tarde anterior a um importante jogo da Conferência na USC (Universidade do Sul da Califórnia), Bill chegou ao ônibus da equipe todo desarrumado.

Ao longo dos anos, a minha regra sobre vestuário e higiene nas viagens para os jogos tinha mudado de exigir um casaco, gravata, calças compridas e cabelo curto para uma regra mais geral: "uma aparência de asseio e compostura".

FIRME E FLEXÍVEL

Naquele dia em especial, quando Bill se preparava para entrar no nosso ônibus da equipe, ele não parecia "asseado e composto" — veja bem, isso foi durante a época *hippie*. Eu não permiti que ele entrasse no ônibus e o mandei de volta para casa. Ele violara uma regra que eu considerava importante, que se relacionava à imagem como um todo.

Ignorar a aparência dele teria transmitido uma mensagem ruim para os seus colegas de equipe: Bill Walton recebe um tratamento especial porque é muito importante. "O Bill pode desrespeitar as regras, mas vocês, rapazes, não." Essa percepção produz não só a discórdia, na minha opinião, como também logo leva os outros a desrespeitarem as regras que quiserem. Em última análise, nenhuma regra é importante, e todo mundo faz o que quer.

Por outro lado, quando Bill tornou-se vegetariano, pediu que não exigissem que comesse as mesmas refeições que servíamos à equipe, que, é claro, incluíam bifes. Muito embora eu refletisse bastante sobre o que seria consumido pelos jogadores antes de um jogo e determinasse o tamanho dos bifes, e como seriam preparados, atendi ao pedido de Bill.

Permitir que ele embarcasse no ônibus depois de violar a minha regra quanto à apresentação e higiene teria tido desdobramentos e poderia ter prejudicado a equipe. Permitir-lhe não comer o bife e ficar com feijão e iogurte era, na minha opinião, aceitável, muito embora alguns vissem isso como favoritismo. Essas questões podem parecer triviais; entretanto, acho que tem uma grande influência sobre a eficácia do líder.

Tentei ao máximo evitar a concessão de um tratamento especial, ou a aparência disso, sobre assuntos importantes enquanto permanecia inflexível em questões menores. Se os outros quisessem evitar o bife, eu teria avaliado cada pedido individualmente. Se os outros tivessem chegado ao ônibus da equipe parecendo desarrumados, teriam recebido *exatamente* o mesmo tratamento que Bill recebeu.

Ao contrário dos primeiros anos, eu me tornara mais esperto quando se tratava de criar e impor regras — exatamente como um bom pai que ama os seus filhos. Quando ser flexível? Quando ser firme? Aí está o desafio.

Vezes sem conta, considerei as perguntas e respostas complicadas em relação a criar uma família tanto quanto aquelas apresentadas na liderança. O sucesso é mais provável quando você tem o amor pelas pessoas que fazem da sua organização uma equipe de *verdade*, quer dizer, uma família.

O amor é importante porque o impulsiona a fazer as coisas certas em todas as áreas da vida, incluindo a liderança. Como ex-professor de inglês, eu prestava uma atenção especial ao significado das palavras. O que é amor? Gosto da seguinte definição:

"Amor é paciência; amor é bondade. Ele não é ciumento; não é pomposo; não é empolado; não é rude; não busca os interesses próprios; não é impaciente; não se desenvolve à custa da injúria; não se alegra com o mau procedimento, mas se regozija com a verdade. O amor sustenta todas as coisas, acredita em todas as coisas, espera todas as coisas e suporta todas as coisas".

Um líder repleto de amor é uma grande força e pode criar uma organização forte. Busquei orientação de uma grande variedade de fontes, incluindo o meu pai, o treinador Ward Lambert, Abraham Lincoln e a Grande Pirâmide de Gizé. Essa pequena sabedoria que citei vem da Bíblia.

Um líder que tente liderar sem amor olhará para trás um dia e descobrirá que ninguém o está seguindo. A família terá desaparecido. O amor é essencial para a luta competitiva em si, para as pessoas da sua equipe e para a jornada a ser empreendida.

Considere as seguintes sugestões importantes para o esforço de formar uma organização ainda mais forte, que esteja ligada como uma família.

SUGESTÕES PARA LIDERAR

Lidere com amor
As grandes organizações são marcadas por uma ligação interna extraordinária. Para mim, essa ligação incluía o amor genuíno, e eu não tinha dificuldades em relação a ele. Punha o meu coração no trabalho e naqueles com quem trabalhava. As equipes com um senso de família têm uma força e uma elasticidade incomuns. Uma boa família — seja na vida, nos esportes ou nos negócios — envolve o amor (Um lembrete: também envolve uma boa estrutura, uma disciplina sensível e o sacrifício pessoal.).

Você não precisa tratar todo mundo diferentemente ou como se todos fossem iguais

Você pode ter favoritos dentro da sua organização, mas nunca substitua a imparcialidade pelo favoritismo. Para ser imparcial, dê a cada indivíduo o tratamento a que ele faz jus ou merece.

Procure oportunidades para mostrar que se preocupa

As pequenas considerações geralmente significam muito — uma expressão genuína de interesse ou preocupação, um apoio oportuno, um reconhecimento individual. Eu não colocava uma parede entre as minhas vidas profissional e pessoal, e em momentos adequados convidava os jogadores e treinadores à nossa casa. Eu sabia sobre as suas famílias e sobre os seus desafios fora do basquetebol. Muitas vezes, é a consideração que mais importa.

Reconheça o momento certo

Com relação às políticas, a liderança competente reconhece que existe um momento para ser flexível e um momento para ser firme. Reconheça a diferença entre as regras que podem ser relevadas ocasionalmente e as que tocam o cerne da sua filosofia. Por exemplo, a minha norma sobre vestuário tinha repercussões além do plano individual; substituir um bife por feijão e iogurte, não. Conhecer a diferença muitas vezes é o mais difícil. Entretanto, um bom líder sabe reconhecer o momento certo. Momento de ser flexível. Momento de ser firme.

SOBRE WOODEN

Jim Powers: Equipe principal do Colégio South Bend Central, 1941-1943; equipe principal da Faculdade Estadual Teachers, Indiana, 1947-1948

NINGUÉM NA FAMÍLIA É DEIXADO PARA TRÁS

Quando regressei da Segunda Guerra Mundial, fui para a Faculdade Estadual Teachers de Indiana, porque o treinador Wooden estava lá. Vários de seus ex-jogadores do Colégio South Bend o acompanharam porque queríamos voltar à família que ele criara no basquetebol.

No entanto, durante a guerra, eu tinha sido derrubado em um ataque de B-24 sobre alguns campos petrolíferos na Itália e cheguei bem perto de ser morto. Não quis voar mais por um longo período depois daquilo, incluindo quando estava na Indiana State. Quando os Sycamores da Indiana State deviam ir de avião a Nova York para um jogo no Madison Square Garden, eu dizia ao treinador: "Não há como eu ir de avião. Você pode ir sem mim, mas eu não vou de avião".

O treinador se recusava a me deixar para trás — conseguia furgões para nós e íamos de *carro* até Nova York. Éramos uma família; ninguém era deixado para trás.

Em 1947, fomos convidados para um grande torneio nacional. Um problema: proibiam os negros de jogar. Um dos nossos quatro companheiros de equipe, Clarence Walker, era negro. O treinador Wooden declinou o convite. Ele não deixaria Clarence para trás.

Aconteceu de novo no ano seguinte. Recebemos o mesmo convite. De novo, o treinador declinou. Dessa vez, o torneio recuou. Eles mudaram as regras. Só depois disso o treinador aceitou o convite. Os Sycamores chegaram às finais antes de perder para Louisville.

Todo o nosso time esteve presente; todo mundo jogou, incluindo Clarence. Não se deixa alguém da família para trás. Pelo menos, o treinador Wooden não deixava. A preocupação dele conosco ia muito além do basquetebol. Fazíamos parte mesmo de uma família.

6

CHAME-SE DE PROFESSOR

"Nenhuma palavra escrita, nenhum pedido verbal
são capazes de ensinar à sua equipe o que ela deve ser."

O mundo exterior conhece a sua profissão, o que você faz pelo título no seu cartão de visitas: gerente de vendas, CEO, supervisor de produção ou qualquer outra coisa do gênero. No entanto, o seu cartão de visitas informa a alguém ainda mais importante: a você mesmo. Não se deixe enganar pelo que ele diz.

Para a maioria, o meu título é "Treinador" Wooden, mas isso não é o que eu colocaria em primeiro lugar no meu currículo ou no meu cartão de visitas. Desde os meus primeiros anos de atividade, encarei o meu trabalho básico como sendo o de educar: sou um professor.

Acredito que líderes competentes são, antes de mais nada, bons professores. Estamos no negócio da educação. Fosse na sala de aula, fosse na quadra, o meu trabalho era o mesmo: ensinar, de maneira competente, as pessoas a dar o máximo de sua capacidade para melhor servir aos objetivos da nossa equipe. Acredito que o mesmo se aplica aos líderes produtivos de qualquer organização.

Entre os treinadores experientes nos esportes, há pouca diferença no seu conhecimento técnico do jogo. Todos os líderes avaliam basicamente as mesmas informações, recorrem ao mesmo conjunto de talentos e estão limitados por considerações financeiras semelhantes. A diferença normalmente deriva da capacidade do líder de ser um professor eficaz no que é preciso para "mover a bola" no processo de criar uma organização vitoriosa.

Qual é o seu título? Chame-se de professor. Ponha isso no seu cartão de visitas e lembre-se bem disso. No entanto, apenas chamar a si mesmo de professor não é o bastante. É preciso também saber como ensinar.

Em 1933, quando me mudei com Nellie para o Kentucky para começar minha carreira, cheguei com uma grande confiança, especialmente em relação ao basquetebol. Eu fora por três vezes, segundo todos os consensos, um dos melhores jogadores americanos com os Bilermakers da Purdue — campeões nacionais poucos meses antes. Na verdade, eu fora o capitão da equipe durante o meu primeiro ano. Antes disso, a nossa equipe do colegial, os Artesians de Martinsville, jogou nas finais do torneio de basquetebol do Colégio Estadual de Indiana por três vezes consecutivas e venceu uma em 1927. As minhas habilidades no basquetebol tinham até mesmo produzido uma oferta de 5 mil dólares para me tornar profissional e viajar com os antigos Boston Celtics.

Com toda essa experiência e conhecimento como jogador, pensei que entendia muito bem o basquetebol — e entendia. Infelizmente, não sabia nada de nada sobre como ensiná-lo.

> O treinador jamais deve se esquecer de que é um professor.
> Ele deve vir (estar presente), ver (diagnosticar) e vencer (corrigir). Deve continuamente estudar novas maneiras de se aprimorar para que possa aprimorar os outros e aceitar toda pessoa e tudo que lhe possa ser útil. Como se costuma dizer, é preciso lembrar: "Os outros também têm cérebro".

Ainda me lembro do meu primeiro dia na quadra como treinador de basquetebol no Dayton. Eu era um líder que poderia ensinar, mas não sabia como. O líder que não consegue ensinar não consegue grande coisa de uma equipe no basquetebol — ou em qualquer outra coisa. E não conseguimos.

Comecei a minha carreira como treinador com uma temporada de derrotas, apesar de toda a minha experiência, dos meus prêmios e do conhecimento acumulado no basquetebol. Na verdade, um dos jogos que perdemos foi para a minha *alma mater*, o Colégio Martinsville, liderada pelo meu ex-treinador, Glenn Curtis. Embora eu devesse saber tanto sobre o jogo quanto o treinador Curtis, a diferença era esta: ele sabia como ensinar e eu, não. Era simples assim.

O cemitério da liderança está cheio de equipes fracassadas cujos líderes, como eu, no início, eram muito bem informados, mas não eram capazes de ensinar. Isso se aplica ao basquetebol, aos negócios e à maioria de outras organizações.

O conhecimento é absolutamente essencial. Eu o coloquei exatamente no coração da Pirâmide e o chamei de Técnica. Mas o conhecimento não é o bastante. É preciso ser capaz de transferir eficazmente o que se sabe para aqueles a quem orienta — não simplesmente o material com as minúcias técnicas, mas os seus padrões, os seus valores, os seus ideais, as suas crenças, assim como a sua maneira de fazer as coisas.

Mais do que tudo, deve-se ensinar aos que estão sob a sua liderança como se tornarem uma equipe de verdade, em vez de um grupo de indivíduos que simplesmente trabalha no mesmo lugar para o mesmo chefe. Tudo isso só é possível se você souber ensinar.

Se há uma única razão pela qual os Bruins da UCLA fizeram sucesso no basquetebol enquanto eu fui o treinador-chefe, é porque aprendi a ser um professor cada vez melhor. O que aprendi foi o seguinte:

O CONHECIMENTO NÃO É O BASTANTE

O ensino eficaz é intrínseco à liderança eficaz, do tipo que é capaz de formar e manter uma equipe de sucesso. Não estou ciente de nenhum grande formador de equipe que também não tenha sido um grande professor de equipe.

BUSQUE A PACIÊNCIA

De início, a minha experiência atlética e o meu conhecimento do basquetebol atuaram contra mim como professor e líder. Como atleta, eu aprendia rapidamente. Quando o meu treinador no colegial ou na faculdade me dizia para fazer algo de modo específico, eu era capaz de fazê-lo quase imediatamente.

Eu aprendia tudo com muita facilidade na quadra. E concluí, incorretamente, que era assim que as coisas eram ensinadas. Diga a alguém para fazer uma coisa e essa pessoa fará, imediatamente. Contudo, é exatamente assim que o ensino não deve ser praticado.

É necessário que o líder faça mais do que simplesmente "dizer". Muitos líderes não gostam do fato de que, antes de dizer a alguém o que fazer, deve-se ensiná-lo como fazer. E esse processo requer paciência. Também é importante observar que isso se aplica não só à execução de uma tarefa específica, mas também à adoção da filosofia da sua organização, da sua cultura de expectativas, normas de comportamento e muito mais. Transmitir todo esse conhecimento requer uma boa didática.

Como um impaciente treinador no primeiro ano, faltavam-me essas habilidades e eu me frustrei com a lenta curva do aprendizado exibida pelos jogadores de basquetebol da equipe dos Greendevis, do Dayton. Na verdade, não entendia que existia essa coisa de curva do aprendizado. Eu exigia cada vez mais e falava cada vez mais alto, e essas eram as minhas técnicas didáticas. Quando não funcionaram, comecei a me queixar com os outros sobre os problemas dos jogadores, sobre a falta de progresso e sobre a incapacidade de aprenderem o que eu ensinava.

No entanto, o problema era comigo, e não com os atletas. A minha impaciência impedia o bom ensino. Sinto-me constrangido ao dizer que, durante a minha segunda semana de treinos, eu me envolvi em uma rixa com um dos jogadores, uma luta, porque a minha técnica de ensino era muito verde e o meu pavio — a minha paciência —, muito curto.

Sou um crente nas leis do aprendizado: explicação, demonstração, imitação, correção quando necessário (e normalmente é), depois, repetição. As leis do ensino são as mesmas do aprendizado, e ambas requerem tempo; ambas requerem grande paciência.

Alguns dos que se encontram sob a sua supervisão entenderão rapidamente, outros não. A compreensão de que a paciência é uma parte integrante do bom ensino e da liderança eficaz me permitiu aceitar as velocidades variáveis em que as pessoas aprendem e me adaptar, dentro do razoável, a essas diferenças. A paciência tornou-se uma virtude para mim em vez de uma obrigação. Passei a entender que as coisas boas requerem tempo.

Deve-se ter paciência e esperar mais erros, mas exercite sem parar para reduzi-los ao mínimo. Uma equipe que trabalhe duro, com rápidos intervalos, geralmente comete mais erros do que os adversários porque tenta mais e talvez realiza mais.

CONSIGA UMA BOA CHAPELEIRA

Um professor competente deve ter uma boa chapeleira, com muitos ganchos. Ao longo de um dia de trabalho, acabo desenvolvendo a habilidade de usar muitos chapéus diferentes: de professor, é claro, mas também de disciplinador, demonstrador, conselheiro, modelo de comportamento, psicólogo, motivador, cronometrista, especialista em controle de qualidade, julgador de talentos, árbitro, organizador e muitos mais.

Na verdade, quando cheguei à UCLA, também usava o chapéu de zelador e lavava a quadra antes do treino. O meu treinador-assistente, Eddie Powell, me acompanhava com um esfregão enquanto eu enfiava a mão em um balde de água quente e a aspergia sobre a quadra, atrás de mim, como se estivesse alimentando galinhas lá na fazenda. Esse era apenas mais um dos chapéus que eu usava.

Um bom líder sabe como e quando delegar, mas, além da delegação, o líder assume muitos papéis e usa muitos chapéus. Eu também compreendi que havia um chapéu que eu não usava; ou seja, eu não era um jogador. Em 40 anos como treinador, nunca marquei um ponto nem bloqueei um arremesso. O meu trabalho era ensinar os outros como fazer isso.

Seja qual for o contexto da sua liderança — esportes, negócios ou outro —, a sua equipe é que marca os pontos. Você, como líder, é responsável por ensinar a equipe a fazer isso. No processo, você usará muitos chapéus, e eles todos devem cair bem.

A SEGUNDA LEI

A demonstração é o que chamamos de segunda lei do aprendizado nos esportes — demonstrar como lançar a bola, pegar a bola e assim por diante. As palavras são poderosas, mas a demonstração é mais poderosa e se aplica a mais do que lançar uma bola de basquete. O que você faz é mais importante do que o que você diz.

As coisas que você espera ensinar aos que estão sob sua supervisão são mais bem ensinadas pelo seu próprio comportamento — demonstração —, seja no ato de mostrar respeito pelos outros, chegar no horário, arremessar um lance livre, ou exercitar o autocontrole. A ação fala mais alto do que as palavras.

Gosto de uma quadrinha que memorizei ao longo de todos esses anos. Mudei-a ligeiramente, mas o sentimento é o mesmo:

Nenhuma palavra escrita ou pedido verbal
São capazes de ensinar à sua equipe o que ela deve ser,
Nem todos os livros de todas as estantes
São o que o líder é por si só.

Quando era um jovem treinador do colegial, na South Bend, eu ainda fumava cigarros. Desisti disso durante a temporada de basquete para dar um bom exemplo, mas depois percebi que também estava dando o exemplo fora da temporada por fumar — um mau exemplo. Então, parei de vez. Essa quadrinha foi um dos motivos. O meu exemplo, achava então, significava mais do que as minhas palavras.

Eu ensinava a Pirâmide do Sucesso a partir do meu próprio exemplo — a demonstração. É claro que distribuía cópias mimeografadas da Pirâmide aos jogadores e discutia o seu conteúdo no início da temporada. Mas as cópias e as discussões não significariam nada se os integrantes da equipe não pudessem ver evidências da Pirâmide no meu próprio comportamento como líder e treinador.

Apenas comentar sobre um objetivo — viver na prática as leis da Pirâmide — significava pouco sem a segunda lei: a demonstração. O exemplo pessoal é uma das ferramentas da liderança mais poderosas. Faça bom uso disso: seja aquilo em que quer que a sua equipe se transforme.

5. Alguns aspectos essenciais para o treinador — dedicação ao trabalho, entusiasmo, simpatia, paciência, autocontrole, atenção a detalhes, imparcialidade, aparência, visão, disposição dimista.

NÃO CAUSE INDIGESTÃO

Na época em que cheguei à UCLA, tinha acumulado um grande conjunto de instruções, regras e regulamentos — talvez alguma sabedoria. Isso abrangia os exercícios nos treinos, jogadas, requisitos acadêmicos, aspectos específicos sobre arremessar, passar, marcar os adversários, equilíbrio, rebote, atitude, regras sobre o vestuário e outros detalhes.

Tudo estava impresso e reunido em um grande manual azul da UCLA que eu distribuía a cada Bruin no início do ano. Era um grande banquete de informações. No entanto, percebi que estava sobrecarregando os jogadores com tanto material. Era muita informação de uma vez só. Então, comecei a dividir o manual para que pudesse ser mais facilmente compreendido e utilizado.

Junto com os meus treinadores-assistentes, distribuíamos o material mais relevante à medida que a temporada progredia. Acabei por entender que os meus grandes manuais azuis da UCLA, com todas aquelas informações, causavam indigestão.

"O grande banquete do feriado é ingerido um bocado por vez. Engula o banquete de uma vez e terá uma indigestão. Descobri o mesmo no ensino. Para ser eficaz, o líder deve distribuir as informações em porções moderadas e digeríveis."

Métodos do Treinador

1. Seja um professor. Siga as leis do aprendizado – explicação e demonstração, imitação, críticas à imitação, repetição até formar o hábito.

2. Use palestras, fotografias, filmes, diagramas, material mimeografado etc., para complementar os treinos diários.

3. Insista na pontualidade e indumentária adequada para os treinos.

4. Insista na atenção estrita.

5. Não permita brincadeiras rudes nem gracejos pesados.
   Os exercícios são a preparação.

6. Demonstre paciência.

7. Introduza as novas informações no início do período de treinamento e depois repita diariamente até que sejam aprendidas.

8. Evite críticas ásperas e em público. Use o elogio tanto quanto a censura.

9. Encoraje o trabalho em equipe assim como o altruísmo.

10. Faça um considerável treinamento individual entre os integrantes da equipe.

11. Use grupos pequenos, montados com cuidado.

12. Tenha um plano de exercícios bem definido – e siga-o.

O QUE VOCÊ APRENDE DEPOIS QUE SABE TUDO É O QUE CONTA

Eu tive a sorte de aprender o basquetebol ensinado por verdadeiros mestres do jogo: o treinador Piggy Lambert, na Purdue, e o treinador Curtis, do Colégio Martinsville. Sem perceber, acumulei um conjunto de conhecimentos que era abrangente — talvez o equivalente a um doutorado sobre as técnicas de jogar basquetebol.

Quando comecei como treinador, muito embora me faltassem conhecimentos como professor, eu entendia de verdade a mecânica do jogo e muito mais. Independentemente da profissão, o líder a quem falte o conhecimento pleno logo será desmoralizado. É difícil conseguir que as pessoas o sigam se você não sabe o que está fazendo. Embora eu não fosse um bom professor no início, eu sabia muito sobre jogar basquetebol.

Devia esse conhecimento aos grandes mentores que tive a sorte de conhecer no basquetebol — homens que estavam à frente do seu tempo e que amavam ensinar o jogo. Mentores estão disponíveis em todas as etapas da sua experiência em liderança — no início, no meio e no final. Procure-os e ouça; absorva o seu conhecimento e use-o.

O conhecimento nunca é estático nem completo. O líder está sempre aprendendo enquanto está aprendendo. Não se deve jamais ficar satisfeito com a sua capacidade ou o seu nível de conhecimento. Mais tarde, depois de cada temporada, eu escolhia um aspecto particular do basquetebol para estudar profundamente. Por exemplo, podia escolher o ataque rápido em velocidade e começar a compilar informações de livros, jornais e revistas. Analisava atentamente a maneira como diversos especialistas — outros treinadores — executavam e ensinavam o ataque rápido em velocidade. Eu admirava muito os conhecimentos especializados que as equipes do treinador Hubert Brown demonstravam em executá-lo contra os adversários. No estado de Ohio, o treinador Fred Taylor promovia um ótimo ataque rápido em velocidade pela lateral — uma especialidade dentro de uma especialidade. Eu telefonava para esses treinadores e para outros como Adolph Rupp, do Kentucky, para discutir qualquer assunto que tivesse escolhido para estudar. Às vezes, isso levava a mudanças; outras, não. Mas tudo isso fazia parte de um desejo contínuo de aumentar os meus conhecimentos naquilo que era pago para ensinar: o basquetebol.

É muito fácil ficar à vontade em uma posição de liderança, acreditar que se tem todas as respostas, especialmente quando começa a desfrutar de algum sucesso. As pessoas começam a lhe dizer que você é o mais inteligente de todos. Mas acreditar nisso não é exatamente ser inteligente. Essa é uma das razões pelas quais é extremamente difícil permanecer no topo — porque, depois que se chega lá, é muito fácil parar de ouvir e de aprender.

Quando o sucesso surge em seu caminho, é preciso trabalhar com maior afinco ainda e evitar a tentação de acreditar que as conquistas anteriores acontecerão no futuro sem um esforço ainda maior do que o que foi exigido no passado. Como líder, você nunca deve ficar satisfeito, não deve se contentar achando que já sabe tudo. Isso se aplica especialmente no caso da compreensão da natureza humana. Não existem duas pessoas iguais. Cada indivíduo sob a sua administração é diferente. Não existe uma fórmula que se aplique a todos. Alguns precisam de pressão; outros, você lidera. Reconhecer a diferença requer uma boa compreensão da natureza humana, o que, por sua vez, ajuda a saber como obter o máximo daqueles com que trabalhamos, a promover a harmonia e a fortalecer a atuação da equipe.

Perguntavam a mim: "Treinador Wooden, como posso aprender sobre a natureza humana?". Eu respondia: "Envelheça". É claro que eu estava me referindo ao valor da experiência, ao conhecimento obtido por fazer alguma coisa durante anos. Existe uma maneira rápida de obter as informações que a experiência proporciona, ou seja, perguntar a alguém que já as tem.

Foi isso o que eu sempre fiz ao procurar os outros treinadores durante minha carreira. Alguns foram mentores; outros foram professores. Todos tinham experiência e conhecimento que eu podia aproveitar. Eu prestava atenção ao que eles diziam porque aquilo me tornaria um professor melhor. Eu era tímido como um adolescente, mas tinha a coragem de um adulto quando se tratava de ir atrás de ideias, opiniões e conhecimento.

Acredito que todos os líderes competentes não só são ótimos professores, como também têm um amor verdadeiro pelo ensino. Na verdade, mais do que tudo, sinto falta do ensino desde que deixei o jogo do basquetebol. E gosto de acreditar que acabei por me tornar muito bom nisso.

Eis aqui alguns lembretes para ajudar a progredir e a se aprimorar ao longo do caminho (para mim, funcionaram).

SUGESTÕES PARA LIDERAR

Não equipare a experiência profissional com a sua capacidade de ensiná-la
Existe grande diferença entre saber o que você está fazendo e saber como ensinar o que quer que seja feito — em todas as áreas. Um excelente jogador de basquetebol pode ser incapaz de ensinar os outros como jogar um excelente basquetebol, assim como um destacado vendedor pode ser inepto ao ensinar os outros a vender. Nos contínuos esforços para aumentar o seu conhecimento na sua profissão, não subestime o aprimoramento da sua capacidade de ser um professor melhor.

Quando começar a ter todas as respostas certas, você vai parar de fazer todas as perguntas certas
O caminho para o sucesso está na percepção de que sempre há mais a aprender.

Faça um esforço para criar um ambiente em que as pessoas busquem continuamente o conhecimento benéfico à sua equipe, no qual você e os outros na organização não tenham medo de fazer perguntas — de admitir: "Eu não sei". Lembre-se, os melhores CEOs geralmente são aqueles que têm o crédito de desenvolver "instituições de aprendizado". Tome medidas significativas para tornar isso uma realidade. Convide os gerentes de outras empresas para falar ao seu pessoal sobre um determinado assunto de interesse. Encoraje os outros a fazer cursos importantes e, acima de tudo, lidere pelo exemplo.

O lendário treinador de basquetebol do Kentucky, Adolph Rupp, vencedor de quatro campeonatos da NCAA, derrotou a UCLA nas duas vezes em que nos confrontamos. Razão mais do que justificada para que eu o convidasse para vir discutir sobre o basquetebol. E ele aceitou. O treinador Rupp, por sua vez, aprendera sobre o jogo com o lendário treinador universitário de Kansas, "Phog" Allen. Os bons líderes reconhecem que os outros líderes produtivos são um recurso valioso.

Lembre-se de que uma boa demonstração culmina numa boa explicação
Esse adágio é mais notório nos esportes, mas se aplica igualmente em todas as atividades. Os memorandos, discussões e instruções verbais têm o seu mérito. A demonstração, contudo, costuma ser a ferramenta mais eficaz para a mudança.

SOBRE WOODEN

Denny Crum: Equipe principal da UCLA, 1958-1959; treinador-assistente, 1969-1971; três campeonatos nacionais

CONTINUE ENSINANDO, CONTINUE OUVINDO, CONTINUE APRENDENDO

A didática do treinador Wooden era eficaz porque ele era muito bem organizado até nos mínimos detalhes que considerava importantes. Tudo era anotado nos cartões 3 x 5 e em cadernos de registro: o que acontecia das 3h07 até 3h11 da tarde; o que fizemos das 3h11 até 3h17 da tarde; quem estava fazendo o quê e quando. Nada era deixado ao acaso, cada minuto era contabilizado — cada minuto.

E ele era extremamente disciplinado em cumprir o cronograma. Vi isso quando fui seu treinador-assistente, e vi isso quando cheguei à UCLA como jogador. Ele ensinava detalhes.

No meu primeiro dia de treino, o treinador Wooden nos mandou sentar e disse para os jogadores descalçarem os tênis e as meias. Ele fez o mesmo. Então, fez a sua demonstração criteriosa, mostrando-nos como eliminar rugas, pregas e vincos das meias. Normalmente, usávamos dois pares de meias e ele mostrou como alisá-las, um par de cada vez; apertá-las sobre os dedos dos pés e para cima, eliminando as rugas e os vincos. Com muita precisão. Ele queria que as meias fossem alisadas até acima da panturrilha.

Alguns ao meu redor deram risinhos divertidos, mas o treinador não queria deixar escapar nenhum detalhe que julgava importante para o desempenho. Ele nos ensinou como fazer direito.

Essa atenção aos detalhes estava em *tudo* o que ele fazia — a maneira como planejava, conduzia, avaliava os treinos e os jogos. Isso se aplicava às viagens, os equipamentos e a alimentação. Absolutamente tudo que pudesse afetar o desempenho recebia a maior atenção dele.

Eis uma coisa que o destaca de 99% dos outros treinadores: o treinador Wooden nunca pensou que soubesse tudo. Apesar do fato de estar ganhando campeonatos todos os anos — quatro ou cinco deles quando participei como treinador-assistente —, ele queria continuar aprendendo, aprimorando-se como treinador e como líder.

Eu tinha passado alguns anos treinando as turmas de primeiros anos da faculdade quando fui trabalhar com ele como assistente em 1968. Levei comigo alguma experiência e as minhas próprias ideias — que ele recebeu muito bem. As de que gostou, colocou em prática durante os treinos. Se funcionassem, ótimo. Se não, ele deixava de lado.

Ele nunca pensou que o seu estilo fosse o único possível. E continuou assim até o último jogo. Às vezes, nós discordávamos, chegávamos até a discutir sobre as coisas, e as pessoas lhe perguntavam sobre isso. O treinador dizia: "Não preciso de puxa-sacos. Se ficarem dizendo sim para tudo o que faço, não preciso deles comigo".

Quando eu aparecia com uma ideia, ele nunca me dizia: "Bem, sempre fizemos as coisas da maneira que fazemos e vencemos campeonatos. Portanto, não, não vou mudar". Ele estava aberto a mudanças.

A sua filosofia era ouvir; se achasse que fazia sentido, experimentava. Se funcionasse, ótimo. Se não, ia em frente. Ele sempre estava pesquisando maneiras de se aprimorar.

Nas reuniões diárias dos treinadores nunca havia uma interrupção de fora. Nós pegávamos os nossos cadernos de notas, avaliávamos os treinos do dia anterior — o que funcionara, o que precisava de mais trabalho, o que de novo podíamos fazer. Ajustes e refinamentos.

Então, começávamos a formatar o treino minuto por minuto: os exercícios de mudança de ritmo; os exercícios de mudança de direção; os exercícios de assumir a posição defensiva; os exercícios de inversão do pivô com o drible — vezes e vezes seguidas. Colocávamos tudo nos cadernos de notas e nos cartões.

Mas em tudo havia um fluxo bem aberto de ideias e opiniões. Ele estava aberto a sugestões e opiniões contrárias, mas era duro. Era preciso conhecer muito bem o assunto para convencê-lo a mudar. Ele nunca fazia nada por capricho. Você podia ter as razões mais pessoais, mas ele permitia que desse a sua opinião.

Então, depois que todo mundo tinha dado a sua opinião, ele tomava a decisão. E era a palavra final.

O treinador Wooden nunca falava sobre vencer ou perder. Ele nunca participava da convivência como se pensaria que é normal. Ele não aparecia antes do jogo dizendo: "Essa equipe está na nossa cola na Conferência, então precisamos passar à frente esta noite. Vamos vencê-la".

Ele simplesmente não estava preocupado com os adversários e com o que poderiam fazer — nem mesmo sondava a maioria deles. A filosofia dele era fazer o que era necessário para tornar a UCLA uma equipe melhor. Ensinava isso; praticava isso. A maior preocupação dele era com os detalhes e os fundamentos.

Ele estava completamente absorvido no aprimoramento da nossa equipe sem tentar nos adaptar ao que a outra equipe poderia apresentar. "Eles que se adaptem a nós", dizia.

Os fundamentos, o condicionamento, jogar juntos como equipe. Isso era tudo o que ele fazia — simples assim. Muito simples.

7

A EMOÇÃO É SUA INIMIGA

"A tensão fortalece. O emocionalismo enfraquece."

Os Alpes suíços têm picos majestosos e vales deslumbrantes. Os picos e vales são próprios dos Alpes, não do temperamento — as emoções — de um líder.

Eu prezo a tensão e temo o emocionalismo. A regularidade no alto desempenho e na produção é uma marca registrada de organizações competentes e bem-sucedidas e daqueles que as lideram. O exagero emocional destrói a obstinação. O líder que é governado pelas emoções, cujo temperamento é caprichoso, produz uma equipe cuja marca registrada é a montanha-russa — altos e baixos no desempenho; imprevisibilidade e confiabilidade variável quanto ao esforço e à concentração; um dia está bem; no outro, está mal.

Esse é um padrão que procurei evitar a todo custo. Eu não aceitava a inconstância — a armadilha de repetidos altos e baixos. Queria que os integrantes da nossa equipe jogassem do mesmo modo, jogo a jogo, quer dizer, com a maior intensidade, enquanto apresentassem o mais alto nível de desempenho de que eram capazes. Os altos e baixos emocionais impedem isso. Consequentemente, nunca fiz preleções moralizantes nem discursos encorajadores. Não aconteciam sermões bombásticos nem furiosos, hipócritas ou teatrais antes, durante ou depois dos treinos e dos jogos. A cada pico emocional artificial que possam criar, é produzida uma depressão, um vale subsequente.

Em seu lugar, o meu objetivo era a tensão absoluta — direcionada e aplicada de maneira inteligente. Eu conseguia atingir essa meta com uma regularidade crescente à medida que amadurecia como professor, líder e treinador. Nunca quis ser visto fora de controle. Fazia um esforço tremendo para evitar sequer parecer irritado ou desacorçoado. Conscientemente, prestava atenção à minha postura e queria que fosse a mesma tanto em um jogo de pré-temporada como em um jogo do campeonato nacional. E, depois de cada um desses, queria me conduzir de maneira que não revelasse a um observador se a UCLA tinha suplantado ou não o adversário. Até mesmo a minha querida esposa, Nellie, dizia que normalmente não era capaz de decifrar a minha expressão.

Eu queria que aqueles que se encontravam sob a minha liderança me vissem sempre num nível constante — intenso, é claro, mas constante. Como poderia pedir que os outros se controlassem se eu não era capaz disso? E o controle emocional é um componente básico da obstinação, a qual, por sua vez, é um componente básico do sucesso.

Eu exigia um esforço intenso — uma "agressão positiva", como a chamava — com o objetivo de produzir um aprimoramento constante em vez de tentar deixar todos empolgados e inflamados quanto a um determinado pico arbitrário no desempenho. Queria ver o fervor durante os treinos e jogos de basquetebol da UCLA, uma tensão que não fervia nem se transformava em exagero emocional.

O bom julgamento, o bom senso e o raciocínio vão todos por água abaixo quando as emoções batem à sua porta. Infelizmente, isso costuma acontecer em momentos de tumulto ou crise, quando menos você e a sua organização podem suportar. Assim, eu explicava aos nossos jogadores, ajudantes, instrutores e treinadores-assistentes que não deveriam manifestar uma efusão exagerada quando marcássemos pontos contra os adversários em um confronto importante, nem uma demonstração de decepção excessiva quando um adversário marcasse pontos contra a UCLA. Esperava essa mesma disciplina emocional no jogo seguinte — vencendo ou perdendo.

Obviamente, você deve se sentir bem — até mesmo efusivo — quando é vitorioso. Do mesmo modo, é normal sentir-se decepcionado quando acontece o contrário. O que eu deploro é a emoção excessiva.

Sou muito desconfiado quanto aos excessos na maioria das coisas — linguagem, indumentária, corte de cabelo e muito mais. No entanto, não gosto especialmente dos excessos emocionais, porque eles geram a inconstância. Jogos de campeonato costumam ser um tanto decepcionantes porque nenhuma das equipes parece estar na sua melhor forma. Isso acontece porque esses jogos produzem uma grande emoção, não só entre os torcedores, mas também entre os jogadores. Geralmente, é esse emocionalismo que derruba a qualidade do jogo.

A minha meta de desempenho para a nossa equipe era de progresso constante e tangível. Projetada em um gráfico, a linha seria ascendente todos os dias, a cada semana, ao longo da temporada até os jogadores estarem teoricamente na sua melhor forma no último dia da temporada. Não haveria elevações súbitas ou picos, nem quedas repentinas ou pontos baixos. Alcançar essa meta requer o controle das emoções. E isso começa com o líder.

CULTIVE A OBSTINAÇÃO

A marca registrada de uma liderança de sucesso é o desempenho máximo constante. O emocionalismo deixa o líder vulnerável à inconstância. Busque a tensão conjuminada com a disciplina emocional. Demonstre esses comportamentos e depois exija-os daqueles a quem você lidera. Um líder com um temperamento instável é vulnerável e leva a equipe a ter esse mesmo comportamento.

O EMOCIONALISMO PODE CAUSAR DANOS

No início da carreira, eu deixava as emoções crescerem e afetar o meu julgamento de maneiras das quais ainda me envergonho. No Colégio South Bend Central, ocorreu um incidente que envolveu um dos nossos jogadores de basquetebol cujo pai era da diretoria da escola. Embora o garoto não tivesse se qualificado para uma indicação, a comissão de concessões atléticas concedia aos treinadores o poder de abrir exceções se a situação justificasse.

Esse rapaz, em particular, tinha se esforçado bastante, com uma louvável atitude positiva ao longo de toda a temporada e, embora lhe faltasse uma equipe adequada para jogar, eu estava considerando seriamente recomendá-lo para uma indicação em basquetebol. Naquela época, a recomendação de um treinador nunca era recusada pela comissão de concessões atléticas. No entanto, alguns dias antes de eu ter redigido a minha relação final de indicados, o pai do garoto apareceu de repente na minha sala. Sem nem mesmo me cumprimentar, ele exigiu saber se eu poria o nome do filho na lista.

— Não tomei a minha decisão final ainda — respondi. — Pode ser que o inclua, mas tecnicamente o seu filho não está habilitado.

O homem enfiou o dedo no meu peito e ameaçou:

— Wooden, é bom que ele seja indicado ou vou pedir o seu cargo.

Aquilo realmente me enfureceu. Respondi que ele poderia fazer o que quisesse com o meu cargo, e mais que isso:

— Para mim, está bem se quiser levar a nossa discussão lá fora para acertar os ponteiros.

Eu o chamei para uma briga. A emoção dominara o bom senso. Felizmente, o pai do garoto simplesmente virou-se e saiu intempestivamente da minha sala, mas não antes de repetir a exigência e a ameaça contra o meu cargo de treinador.

Não reconheci na época, mas o verdadeiro dano ainda estava por acontecer. Fiquei tão cheio de raiva — emocionalismo —, que decidi não recomendar o filho dele para a vaga, muito embora momentos antes estivesse 99% seguro de que o garoto estaria na minha lista final. Foi uma coisa horrível de se fazer. Na verdade, depois de entregar a lista dos estudantes-atletas que receberiam as vagas, caí em mim, esfriei e tentei conseguir que o nome do garoto fosse acrescentado. Mas era tarde demais.

O jovem foi terrivelmente prejudicado porque deixei que as minhas emoções dominassem o meu pensamento e interferissem no bom julgamento. Setenta anos depois, ainda me arrependo do que fiz. O que não lamento é que aquilo me proporcionou uma grande lição sobre os perigos de ser governado pelas emoções.

AS MUDANÇAS ACONTECEM DEVAGAR

Aquele incidente não foi o único em que deixei extravasar os meus sentimentos. Depois de um jogo contra um dos arquirrivais da South Bend Central, eu atravessei a quadra orgulhoso para oferecer as minhas condolências ao treinador derrotado. Eu mal sabia que ele estava extremamente aborrecido e sem a menor paciência de ouvir alguém cujos jogadores tinham acabado de derrotar a sua equipe pela segunda vez consecutiva naquele ano. Isso não tinha acontecido com eles em 13 temporadas.

Quando me aproximei, ele soltou uma fiada de imprecações que eu só viria a ouvir de novo quando entrei para a Marinha —, chamando-me de todos os nomes que se possa imaginar, bem ali na frente dos jogadores, torcedores e arbitragem. Chegou até a sugerir que eu corrompera os árbitros para obter decisões favoráveis.

Eu fiquei vermelho e, sem pensar, derrubei-o com um soco na quadra enquanto os jogadores e torcedores apressavam-se a nos separar. Essas ações foram inaceitáveis; a minha, indesculpável. Nós dois demonstramos que perder o controle de si mesmo pode ser destrutivo.

Ao longo dos anos, me aperfeiçoei bastante em manter minhas emoções sob controle. Isso não aconteceu da noite para o dia, mas o processo se acelerou graças aos incidentes que detalhei acima.

Alguns observadores posteriormente me caracterizaram como sendo "um peixe frio", como se eu não fosse mais do que um espectador distanciado durante os jogos de basquetebol da UCLA. Na verdade, numa certa altura, um comentarista das jogadas afirmou: "O treinador Wooden apenas ergue uma sobrancelha. Ele deve estar muito irritado com alguma coisa". Era um exagero, mas a opinião dele estava bem próxima da verdade. Eu tinha me tornado muito hábil em me controlar. E o porquê está claro. Para mim, ser chamado de "peixe frio" era um cumprimento — especialmente se ocorresse sob pressão. Eu tinha aprendido algumas duras lições no que dizia respeito a deixar que as minhas emoções me dominassem nos meus tempos de treinador do colegial.

O EXEMPLO DO LÍDER

O emocionalismo — altos e baixos no humor, exibições de temperamento — é quase sempre contraproducente e, às vezes, desastroso. Eu passei a entender que, se o meu comportamento fosse dominado pelo emocionalismo, estaria sancionando o mesmo nos outros. Como líder, o meu comportamento demarcava os limites do aceitável. E deixar as emoções extravasarem na quadra era simplesmente inaceitável.

A grande influência que o meu exemplo exercia foi outra razão inquestionável para me tornar vigilante no controle dos meus sentimentos e do meu comportamento. A mensagem que eu dava à equipe era simples: "Se vocês se deixarem dominar pelas emoções, jogarão pior do que o adversário".

É claro que, quando se joga pior, acaba-se marcando menos pontos. Para que eles entendessem plenamente essa lição sobre o controle emocional, porém, eu precisava ficar atento em controlar os meus sentimentos e o meu comportamento. Uma evidência do meu sucesso nessa área é que recebi uma única falta técnica durante a minha carreira como treinador.

As equipes de basquetebol da UCLA, sob a minha liderança, participaram de 10 jogos

"Se vocês se deixarem dominar pelas emoções, jogarão pior do que o adversário."

para determinar o campeão nacional. Naqueles jogos em que não se conhecia o vencedor minutos antes de terminar, eu lembrava aos nossos jogadores durante o pedido de tempo final: "Não façam papel ridículo quando a partida acabar". Pedia-lhes que se comportassem de um modo que não projetasse descrédito sobre nós.

Eu exigia o mesmo comedimento emocional se fôssemos o lado perdedor. E, acima de tudo, queria o controle emocional durante o desempenho antes que o ponto final fosse conhecido, quer dizer, ao longo do confronto em si. Eu insistia nesse mesmo controle e na tensão durante os treinos — *especialmente* nos treinos. Nas ocasiões em que não visse esse comportamento em um jogador ou na equipe, dava o treino por encerrado — ou ameaçava fazê-lo. Isso normalmente era o bastante para colocá-los de volta nos trilhos.

No meu ensino, eu enfatizava: "Quando perde a calma, o seu jogo piora, porque você comete erros desnecessários; o seu julgamento será prejudicado". Eu não me importava com um erro ocasional, a menos que fosse causado por perda do autocontrole.

Em consequência disso, nunca me critiquei quando uma decisão não funcionava, desde que a tomasse sem envolver a emoção. Não era um erro se tivesse feito um bom julgamento e usado as informações disponíveis. Tornava-se um erro, contudo, quando a decisão fosse tomada porque eu perdera o controle dos meus sentimentos, como aconteceu na época da South Bend, quando fui ameaçado pelo pai de um jogador. Esse foi um grande erro.

Eu me esforçava muito para eliminar os erros do meu comportamento. Os erros só diminuíram devido à minha profunda crença em que a obstinação, a perseverança e a fidelidade são necessárias aos resultados de alto nível de desempenho e à Grandeza Competitiva. E o emocionalismo acaba com tudo isso.

Um líder instável é como um frasco de nitroglicerina: o mais leve movimento, e ele explode. Os que estão próximos da nitroglicerina ou de um chefe temperamental passam todo o tempo caminhando nas pontas dos pés, para um lado e para o outro, em vez de fazer o seu trabalho. Esse não é um ambiente que leve a uma organização vitoriosa.

Esforce-se para proporcionar um modelo de liderança que seja confiável, seguro e produtivo no terreno das emoções.

Eis aqui alguns lembretes para você levar em conta e incluir no seu caderno de estratégias.

REGRAS PARA LIDERAR

Controle as emoções ou as emoções o controlarão
A tensão, aplicada e direcionada corretamente, produz aprimoramento e resultados constantes e positivos. As emoções descontroladas ou exibições intempestivas de temperamento corroem a estatura do líder, diminuem o respeito por parte dos outros e prejudicam os esforços da equipe. O líder que não sabe a diferença entre tensão e emocionalismo pode ter sucesso em uma ocasião, mas não será um sucesso frequente, confiável ou contínuo.

Evite os excessos. Tente alcançar a moderação
Na minha opinião, os líderes competentes entendem que o sucesso a longo prazo está ligado à moderação e ao equilíbrio. Os excessos de qualquer natureza têm o potencial de criar um desempenho inconstante. Comunique esse fato a todos os níveis da hierarquia, lembrando que o seu exemplo pode ser um recurso muito melhor do que a comunicação.

Infunda gradualmente a disciplina emocional
Grande parte do comportamento de pessoas extenuadas pelo excesso de trabalho que vemos nos esportes atualmente é o resultado de disciplina insuficiente. Por exemplo, um jogador de futebol americano que proporciona um grande espetáculo comemorativo depois de conter o ataque do adversário, quando o seu time está perdendo de 27 a 3 quase no final do jogo, demonstra uma deficiência de julgamento, má perspectiva e falta de disciplina emocional — características que não associo ao sucesso. Depende de você, o líder, insistir em que os que integram a sua organização demonstrem o mesmo controle emocional excelente que você. Você tem esse controle?

SOBRE WOODEN

Fred Slaughter: Equipe principal da UCLA, 1962-1964;
um campeonato nacional

UM LÍDER FRIO IMPEDE O SUPERAQUECIMENTO
Acho que houve quatro ou cinco jogos na minha carreira na UCLA em que começamos atrás com um placar tipo 18-2 — prestes a ser dizimados. Olhei para o treinador Wooden e lá estava ele, sentado no

banco, com o seu programa enrolado na mão — totalmente inalterado, quase como se estivéssemos em vantagem. Então, pensei comigo mesmo: "Ei, se ele não está preocupado, por que deveríamos nos preocupar? Vamos fazer o que o cara nos disse para fazer".

E quer saber de uma coisa? Vencemos todos aqueles jogos, exceto um, e mesmo nesse chegamos perto de vencer. É a experiência mais fantástica ver uma coisa dessas. Ele ficava frio quando era preciso; passava a sua confiança e a sua força para nós. Nos meus três anos na equipe principal da UCLA, nunca o vi perturbado.

O treinador Wooden só tratava do que era positivo. Não perdia tempo com o que era negativo — estava concentrado em seguir em frente com o que tínhamos aprendido para nos fazer melhorar.

Ele era capaz de sentir quando poderíamos estar pensando negativamente, nos deixando abater. Então, ele se mostrava totalmente positivo: "Isso é o que vocês devem fazer. Façam isso e dará tudo certo". Não procurava ameaçar ou assustar ninguém gritando. E, depois de um tempo, olhávamos para trás e, maravilha, estávamos ótimos. O treinador Wooden tinha o seu método, acreditava nele e nos ensinava a acreditar também.

Ele vivia nos dizendo: "Concentrem-se no que lhes ensinei. Não pensem no placar. Simplesmente, façam o que devem fazer e as coisas darão certo. Basta jogar como equipe e nos sairemos bem". Ele era sempre encorajador, mesmo quando estava corrigindo algo errado.

Mais do que tudo, ele nos ensinava a união e a identidade de propósito no que estávamos fazendo, ou seja, nos esforçar para fazer da melhor maneira possível, o que quer que fizéssemos — apresentar o nosso melhor desempenho na quadra.

E ele sabia como fazer você prestar atenção. Quando cheguei à UCLA, arremessava um tiro em suspensão a distância e convertia. Eu fazia isso no colégio e me tornei o jogador número um do colegial em Kansas. Mas o treinador Wooden não gostou. Ele me disse: "Fred, você sabe que o que eu quero é que conclua o arremesso quando estiver próximo da cesta. Precisamos de você no rebote. Agora, se você arremessar e se afastar, você sai da área do rebote".

Mas eu adorava aquele arremesso. Só desisti quando o ouvi dizer muito calmamente: "Fred, ou você faz da maneira como estou lhe dizendo ou vai assistir ao próximo jogo do sábado, ao meu lado, no banco. O seu substituto sabe como arremessar corretamente".

Minha nossa! Vou dizer uma coisa, você não é capaz de entender o impacto dessa declaração. E ele não precisava atirar uma cadeira no chão para fazer com que eu aceitasse o seu ponto de vista.

Perdemos para Cincinnati nas semifinais do campeonato nacional por causa de uma decisão contra nós no último minuto do jogo. Foi uma decisão sem sentido e custou o jogo à UCLA e talvez o campeonato nacional. A reação do treinador no vestiário foi a mesma como se tivéssemos vencido — fria. Não se queixou; ele nos disse para manter a cabeça erguida: "A adversidade nos faz mais fortes". E depois disse: "Lembrem-se, vocês ainda têm um ao outro".

Mas ele deveria ter acrescentado: "e vocês ainda têm a mim". Ele era um de nós. Estava lá na quadra conosco mesmo quando estava sentado no banco. E ele estava certo quanto à adversidade. Ela nos fez mais fortes. Dois anos depois, a UCLA venceu o seu primeiro campeonato nacional da NCAA.

8

SÃO NECESSÁRIAS 10 MÃOS PARA FAZER UMA CESTA

"A força da alcateia é o lobo,
e a força do lobo é a alcateia."
— Rudyard Kipling

Quando a equipe de basquetebol dos Estados Unidos deixou de ganhar a medalha de ouro nos Jogos Olímpicos de Atenas, muitos perguntaram: "Como isso pôde ter acontecido? Como pôde a equipe americana — com todos os melhores jogadores da NBA — perder para a Argentina, para a Lituânia e para Porto Rico?".

Era uma pergunta razoável. Muitos observadores americanos acharam que as equipes dos outros países tinham no máximo apenas dois ou três jogadores talentosos o bastante para participar da NBA. Todos os jogadores americanos já eram da NBA — na verdade, eles eram alguns dos melhores da Liga. Como foi possível as equipes dos outros países vencerem a equipe americana?

A resposta é simples: os americanos enviaram ótimos jogadores. Os outros países enviaram ótimas equipes. Isso não lança nenhuma culpa sobre Larry Brown, o treinador da equipe olímpica de basquete americana. Como treinador-chefe, ele conduziu os Pistons de Detroit à vitória, em 2004, na final contra Los Angeles, e a sua escalação de superestrelas que incluía Shaquille O'Neal, Kobe Bryant e Karl Malone. Detroit, sem uma única superestrela, aprendeu a fazer um ótimo jogo de equipe com o treinador Brown.

Os Pistons de Detroit não eram superestrelas, mas tornaram-se uma superequipe. Nos Jogos Olímpicos, o treinador Brown teve muito pouco tempo para ensinar aos talentosos jogadores americanos que "nós" é mais importante do que "eu" e muitos fizeram muito bem por ter assegurado uma medalha de bronze.

A natureza do basquetebol atualmente raramente tem a ver com o jogo em equipe; ao contrário, apresenta um espetacular desempenho *individual* — a enterrada de 360 graus, a condução da bola por toda a quadra com grande velocidade, dribles atordoantes e muito mais. Como entretenimento, é muito interessante de assistir, mas tem pouco a ver com criar a equipe mais eficaz, produtiva e bem-sucedida.

O entretenimento em si era de pouca importância para mim como treinador. Piggy Lambert, o meu treinador na Purdue, contudo, explicava a única vantagem de ter uma equipe que os torcedores achavam interessante de assistir como entretenimento: se você não vencesse muitos jogos, manteriam você no cargo por um pouco mais de tempo do que um treinador cuja equipe perdedora não tivesse a menor graça. No entanto, o entretenimento pelo entretenimento não era uma prioridade para mim.

ENTENDA O CONJUNTO COMO UM TODO

No primeiro dia de cada nova temporada — 15 de outubro — 15 jogadores, mais os treinadores-assistentes, o nosso ajudante, o treinador Ducky Drake e eu nos reuníamos para a fotografia oficial da equipe. A fotografia era um primor de igualdade. Nenhum indivíduo da equipe recebia tratamento especial ou mais espaço no enquadramento por causa de seu talento, antiguidade, contribuições passadas, destaque na imprensa, raça ou religião. Não daria para distinguir um dos melhores jogadores do país de um jogador que ocupava a extremidade distante do banco. O treinador-chefe não ocupava mais espaço do que um aluno-ajudante encarregado de distribuir as toalhas.

> Crie o mesmo senso de responsabilidade em cada um dos jogadores, independentemente da quantidade de tempo que ele jogue na quadra. A seleção da universidade é uma equipe, não um conjunto de titulares e substitutos.

Na nossa fotografia oficial, a estrela da equipe é a equipe. E era isso exatamente o que eu queria que os jogadores lembrassem depois que o fotógrafo tivesse ido embora e a bola estivesse em jogo. No entanto, esse não é um objetivo fácil de atingir.

Administrar egos — inchados para mais ou para menos, os poderosos e os frágeis — é um dos grandes desafios com que o líder se defronta. Essa é uma tarefa crucial, contudo, se é para o grupo ter uma chance de lutar pelo sucesso, para se tornar uma equipe de verdade em vez de um conjunto de indivíduos — lobos solitários —, cada um cuidando de si em vez de cuidar da "alcateia". A liderança deve conseguir que os indivíduos pensem em termos de nós em vez de mim. Isso só será possível se o próprio líder pensar assim.

> **"O líder deve realizar a difícil tarefa de conseguir que os integrantes da equipe acreditem que 'nós' se sobrepõem a 'mim'."**

POUCOS QUEREM COMPARTILHAR A BOLA

Ensinar os que estão sob a sua liderança a colocar o bem da equipe acima dos seus próprios desejos pessoais é difícil porque vai de encontro à natureza humana — o instinto natural de cuidar de si mesmo em primeiro lugar, a tomar em vez de dar, a reter em vez de compartilhar.

No basquetebol, é a bola em si que deve ser compartilhada, rápida e eficientemente, para que a equipe alcance o sucesso. Um armador que vê seu companheiro de equipe posicionar-se livre diante da cesta deve controlar a própria vontade de arremessar e, em vez disso, abrir mão — compartilhar — da bola em benefício da equipe. Um jogador que faz isso constantemente passou pela sempre difícil transição do "eu" para o "nós" e se tornou um verdadeiro jogador de equipe, o tipo de indivíduo que acrescenta muito ao grupo.

Nas empresas e em outras organizações, a "bola" que deve ser compartilhada é o conhecimento, a experiência, as informações, os contatos, novas ideias e muito mais. Todas essas coisas devem ser trocadas livremente com os outros que participam da organização se for para ela ser bem-sucedida — triunfar — nessa época extremamente competitiva.

Uma pessoa do tipo "eu primeiro" põe a equipe em segundo, coloca o ganho pessoal à frente do sucesso do grupo e prende mais do que divide a "bola". Essa atitude não é aceitável e eu não a tolerava.

Convencer o seu pessoal a pensar na "Equipe em Primeiro Lugar" é vital. Isso começa quando você ensina a cada integrante do grupo de que maneira ele contribui para a organização, quando você faz cada um se sentir ligado aos esforços, à produtividade e ao sucesso final da equipe.

Alguns indivíduos são mais difíceis de substituir do que outros, mas toda pessoa contribui para o sucesso global da organização.

ESPÍRITO DE EQUIPE

Não queremos jogadores "individualistas", não queremos "estrelas". Queremos uma equipe constituída por cinco garotos por vez, cada um deles sendo um ala, um armador e um pivô; em outras palavras, cada garoto deve ser capaz de marcar pontos, saltar mais e se desmarcar mais do que o adversário, ou impedir que a equipe adversária marque pontos, conforme a ocasião exigir.

Nenhuma corrente é mais forte do que o seu elo mais fraco, nenhuma equipe é mais forte do que o seu garoto mais fraco. Um garoto tentando "se exibir" pode afundar a melhor equipe. Devemos ser "um por todos" e "todos por um", com cada garoto dando o melhor de si a cada segundo do jogo. A equipe vem em primeiro lugar, o crédito individual em segundo. Não existe lugar para egoísmo, egolatria e inveja na nossa seleção.

Queremos uma equipe de lutadores que não temam nenhum clube, nenhum presunçoso, nenhum falastrão, uma equipe que jogue duro, jogue justamente, mas que jogue para   vencer - lembrando sempre que "uma equipe que não quer ser derrotada não é derrotada". Queremos que os nossos garotos acreditem que "um vencedor nunca desiste e quem desiste nunca vence". Conscientize-se antes do jogo de que não quer perder, de que você é capaz de ser mais inteligente e disposto a lutar do que a equipe adversária; em outras palavras, se tiver confiança na capacidade da sua equipe para vencer, você estará totalmente preparado para a luta.

Os outros podem ser mais rápidos do que você, maiores do que você e ter muito mais capacidade do que você - mas ninguém deve jamais superar você em espírito de equipe, disposição para lutar, determinação, ambição e caráter.

Cada indivíduo deveria se sentir valorizado, da secretária ao vendedor superestrela e ao gerente mais graduado. E, acima de tudo, cada pessoa deve compreender exatamente como o desempenho do seu trabalho está ligado ao bem-estar e à sobrevivência da equipe. Se conseguir isso, você terá feito cada um se sentir parte de algo muito maior do que o seu trabalho individual. Terá ampliado a percepção daquela pessoa sobre a ligação entre o seu papel na organização e a organização em si.

NÃO DEIXE QUE AS RODAS SE SOLTEM

Eu costumava usar a analogia de uma equipe de corrida de automóveis nas 500 Milhas de Indianápolis. O piloto recebe toda a atenção e o crédito como se ele sozinho vencesse a corrida. O piloto é muito parecido com o cestinha no basquetebol — Keith Wilkes ou Dave Meyers ou Bill Walton, ou talvez semelhante ao funcionário mais produtivo da sua organização, aquele assim chamado "pé-quente".

Entretanto, o piloto que segue pela pista a mais de 300 quilômetros por hora estará perdido sem o resto da equipe que ocupa os papéis "menores". Um homem é responsável por colocar combustível no carro durante a parada; outro é responsável por retirar e substituir os parafusos da roda; outro tira o pneu gasto; outro põe um novo pneu. O homem responsável por colocar combustível no carro de corrida deve fazê-lo sem cometer um erro ou outro integrante da equipe — o que não faz "nada" a não ser segurar o extintor de incêndio — será chamado para impedir o desastre total.

O sucesso da equipe — mesmo a vida do piloto — depende de cada integrante do grupo executar o seu trabalho correta e eficientemente, não importa quão grande ou pequena possa ser a tarefa em relação ao homem ou mulher por trás do volante. Do mesmo modo, a pessoa que atende ao telefone na sua empresa desempenha um papel importante no seu sucesso (ou na falta dele). Será que essa pessoa e as outras que executam as tarefas que fazem a sua organização realmente "roncar" compreendem a sua ligação e a sua contribuição? Você informa a essas pessoas, por exemplo, como é importante aquele primeiro contato com o cliente ou cliente potencial? Ou será que você as deixa atuando no vazio, desligadas de tudo ao seu redor?

A telefonista e todos os outros que possam executar tarefas menos "importantes" não se sentirão importantes a menos que você, o líder, diga-lhes que são valorizados e explique como a sua contribuição ajuda a empresa como um todo. As pessoas que acham que não importam vão executar o seu trabalho como se esse não fosse importante. O piloto do carro de corrida não quer que o companheiro responsável por colocar os parafusos da roda corretamente pense que o seu trabalho realmente não é importante.

Cada integrante da equipe está ali por uma razão que, de algum modo, contribui para o sucesso da equipe. Se não, por que motivo essas pessoas estão na sua equipe?

> ## EXPLIQUE PRECISAMENTE A CADA INTEGRANTE DA EQUIPE COMO AS SUAS CONTRIBUIÇÕES ESTÃO LIGADAS AO FORTALECIMENTO E AO SUCESSO DE TODA A ORGANIZAÇÃO
>
> Muitos gerentes e treinadores partem do princípio de que as pessoas com quem trabalham sabem como o seu empenho contribui para a organização. Nem sempre é o caso, especialmente entre os que ocupam funções de menor destaque. Faça o possível para que essas pessoas se sintam incluídas na produtividade que você almeja. Agradeça o empenho dedicado — se merecerem — e explique por que o trabalho delas é importante e como contribui para o fortalecimento do grupo. Você se surpreenderá ao ver como isso eleva o moral, o desempenho e a sensibilidade da equipe.

Eu usava a comparação com a corrida de automóveis para ensinar aos jogadores que todos os papéis são vitais para o sucesso, que todo mundo está ligado à missão de um modo importante. O homem sentado na extremidade distante do banco e a pessoa que aperta os parafusos da roda podem contribuir grandemente para o sucesso da equipe. Se o parafuso se soltar, o carro bate. Eu não queria que a UCLA batesse porque as pessoas não faziam o seu trabalho por achar que sua contribuição não era muito importante.

RECONHEÇA OS QUE NÃO SÃO RECONHECIDOS

Eu era rigoroso quanto a fazer com que os que tinham funções menos importantes se sentissem valorizados e apreciados. Eu escolhia os indivíduos que raramente ficavam em evidência — o jogador que fazia uma assistência em uma cesta importante, uma jogada defensiva fundamental, ou um lance livre em um momento crucial do jogo.

Também tinha o cuidado de dar o reconhecimento àqueles que não passavam muito tempo no jogo — os jogadores que trabalhavam duro nos treinos para aprimorar não só a si mesmos, mas também aos seus companheiros de equipe a quem era concedido mais tempo no jogo. A contribuição deles era importante e dava início às jogadas das estrelas, os melhores jogadores americanos como Bill Walton e Lewis Alcindor Jr. (depois passou a ser chamado Kareem Abdul-Jabbar) e outros.

Independentemente da minha ênfase nos colaboradores "silenciosos", os repórteres só queriam saber das estrelas: "Treinador Wooden, o que acha do fantástico desempenho de Bill Walton esta noite?". Eu rebatia a pergunta e chamava a atenção para as participações decisivas dos outros jogadores. As superestrelas recebiam atenção suficiente — atenção demais, na minha opinião.

Seja nos negócios, seja no basquetebol, nenhuma superestrela ou nenhum funcionário com a melhor capacidade de execução, não importa o seu nível de talento inato e a sua produtividade, faz isso sozinho. Cada cesta que Bill Walton fazia sempre utilizava as "10 mãos". Na verdade, ela envolvia mais do que 10 mãos — as mãos, cabeças e corações dos que não eram estrelas, os treinadores-assistentes, o instrutor, os ajudantes e, é claro, o treinador.

A explicação mais radical é a seguinte: sem o trabalho de equipe no basquetebol, o "afundaço" poderia se tornar extinto.

Em última análise, cada integrante da equipe de basquetebol dos Bruins da UCLA estava envolvido em todo ponto marcado e em todo o arremesso bloqueado. E, embora eu nem sempre fosse bem-sucedido, tentei ao máximo tornar esse fato compreendido e valorizado por todos do grupo. Comento mais sobre este assunto no Capítulo 12, "Torne a Grandeza Acessível a Todos".

Selecionando jogadores — rapidez acima do tamanho, espírito acima do temperamento, contribuição para a equipe acima do individualismo

A ideia das "10 mãos" é um dos conceitos — princípios — mais importantes que se pode ensinar a um jogador ou funcionário. Era também um que muitas vezes requeria um certo ensino diligente da minha parte.

Esse conceito começou com a minha forte crença de que um jogador que tornou a equipe grande é melhor do que um grande jogador.

Era importante que aqueles que ajudavam a superestrela se *tornassem* uma superestrela, compartilhassem dos elogios, se sentissem importantes e fortemente ligados ao bem-estar e ao sucesso da equipe. Caso contrário, o ciúme, a inveja, os comentários por trás e a displicência tornariam-se inevitáveis. Todos os integrantes da sua organização precisam sentir que o seu trabalho faz uma diferença e que está ligado ao sucesso da equipe.

Se houver alguém sob a sua liderança que faz pouco ou nada pela organização, então você deve se fazer algumas perguntas incômodas, mas necessárias:

Por que aquela pessoa está na nossa organização se ela não contribui com nada?

Qual é a influência de alguém com uma produção desprezível sobre os outros integrantes da equipe?

O que podemos fazer para aumentar a contribuição dessa pessoa?

Vamos mudar essa pessoa para outro "cargo", reestruturar o seu trabalho atual ou fazer outras mudanças fundamentais que amplifiquem as contribuições dessa pessoa?

Essa pessoa deve ser eliminada da equipe?

A pessoa com uma produção marginal que enseje essas perguntas, porém, normalmente é a exceção à regra. Em relação à maioria dos outros, aqueles que trabalham arduamente, quase no anonimato, eu fazia questão que tivessem reconhecimento tanto em público quanto durante os treinos.

A minha política de assegurar que os jogadores que não recebiam muita atenção fossem constantemente reconhecidos — para se sentirem valorizados — efetivamente foi tabulada durante um estudo independente, feito muitos anos atrás, que mediu a quantidade de elogios que eu fazia durante os treinos. O estudo mostrou que os indivíduos em papéis menores recebiam cumprimentos, apoio e reconhecimento — elogios — em uma taxa muito superior à dos assim chamados superestrelas. Essa era exatamente a minha intenção.

Os resultados provocaram alguma apreensão, porém, porque sugeriam que eu estaria ignorando as contribuições e a influência dos jogadores de maior desempenho, quase menosprezando os seus esforços. Isso não era verdade. O que o estudo deixou de registrar, porque não era evidente na quadra durante os treinos, foi o amplo elogio que eu dava aos melhores jogadores em particular, longe dos outros jogadores.

Não havia como eu deixar que Lewis Alcindor Jr. se sentisse menosprezado e negligenciado. Eu simplesmente considerava contraproducente somar os meus elogios aos que os outros já lhe faziam. Consequentemente, os meus cumprimentos e os comentários de apoio eram feitos na maioria das vezes em particular.

É claro que, com Alcindor e Walton, para citar apenas dois, eu tinha a sorte de ter indivíduos que acreditavam na filosofia da equipe em primeiro lugar. Por exemplo, Alcindor poderia ter sido o maior cestinha da história do basquetebol universitário, mas estava disposto a abrir mão dessa glória pessoal para fazer o melhor pela nossa equipe. Walton era igual. Esses foram duas superestrelas que genuinamente consideravam as suas menções na imprensa como secundárias em relação às da equipe. Quando os seus subordinados com melhor desempenho se comportam dessa maneira, o trabalho do líder fica muito mais fácil e a sua organização, muito mais forte. É claro que o oposto também é verdadeiro. A eficácia e a produtividade muito provavelmente diminuem quando você tem a infelicidade de contar com pessoas que consideram a equipe secundária em relação aos próprios interesses.

ELOGIOS EM PÚBLICO E EM PARTICULAR

O reconhecimento daqueles que apresentam as maiores produtividades nem sempre precisa ser feito publicamente. Muitas vezes, é mais eficaz para o líder elogiar o seu destacado desempenho quando os outros não estão por perto. Isso proporciona à "superestrela" o reconhecimento merecido sem criar inveja ou ressentimento. Por outro lado, o elogio para os que ocupam papéis de menor importância muitas vezes é maximizado quando os elogios são feitos mais publicamente.

BAJULE AQUELES QUE PRECISAM DISSO

É claro que os indivíduos talentosos muitas vezes requerem um pouco de treinamento — quer dizer, de bajulação — para realmente *fazer acontecer* quando se trata de jogar pela equipe de maneira abnegada. Por exemplo, um futuro melhor jogador do país, como Sidney Wicks, inicialmente ficava preocupado demais com as suas estatísticas pessoais. Eu observava que as estatísticas, contudo, mostravam que não importavam as diversas combinações de jogadores com quem Sidney jogava, os seus números pessoais permaneciam altos enquanto os dos outros tendiam a cair. Ele estava preocupado com o seu próprio bem — as estatísticas — acima do bem da equipe. Apesar do fato de que ele era mais talentoso do que aqueles com quem jogava, eu o mantive fora da escalação inicial como um incentivo para Sidney se tornar um completo jogador em equipe.

Quando ele veio a entender e aceitar a minha filosofia, de que os melhores jogadores não são necessariamente tudo nas melhores equipes e que as estatísticas pessoais só importam na medida em que aumentam o desempenho global da equipe, Sidney mudou radicalmente para melhor. Durante a segunda temporada de que participou na equipe principal da UCLA, ele se destacou como o melhor ala/pivô universitário dos Estados Unidos — um maravilhoso jogador de equipe que adotou a filosofia de que são necessárias 10 mãos para fazer uma cesta.

Uma última palavra para que fique registrada: por mais que Sidney quisesse fazer parte da formação que iniciava o jogo, ele não ficou amargurado por eu decidir o contrário. Em parte, porque eu impunha a minha decisão sem ataques pessoais, sem ridicularizar e sem animosidade. As minhas determinações e a disciplina que impunha eram colocadas de maneira profissional e impessoal.

Sidney, na verdade, também tinha um grande senso de humor e nunca o perdeu durante sua primeira temporada experimental no time principal da UCLA. Um dia, ele chegou ao treino com um presente muito bem embrulhado. Quando me entregou o presente, Sidney disse: "Treinador, isto é para a senhora Wooden. Acho que ela gostaria de colocar na sala". Fiquei emocionado com a consideração dele. Naquela noite, quando Nell abriu o presente de Sidney sobre a mesa de jantar, nós dois caímos na risada. Era uma grande fotografia de um dos principais revolucionários da contracultura da equipe.

Sidney era uma pessoa excepcional, mas, a exemplo do que acontece com todos nós, tinha as suas próprias peculiaridades. Fico feliz em saber que, durante a transição por que passou, do "eu primeiro" para "a Equipe em Primeiro Lugar", eu tenha conseguido manter o processo sob controle e produtivo. Teria sido uma pena perder Sidney por eu não ter a habilidade necessária para ensinar a minha filosofia e a minha metodologia a um rapaz tão talentoso. Isso se aplica à liderança em qualquer contexto.

O LOBO E A ALCATEIA

Eu buscava unicamente reunir a melhor *equipe* possível, o grupo de jogadores que atuasse melhor — desinteressadamente — como uma unidade. Não via jogadores negros e jogadores brancos. Não me importavam sua posição política ou sua religião.

"Todos por um e um por todos" não é um *slogan* vazio para mim. Não preciso de provas científicas para saber que Rudyard Kipling estava certo: "A força da alcateia é o lobo, e a força do lobo é a alcateia". Isso explica o relacionamento entre o indivíduo e a organização — o jogador e a equipe. No basquetebol, um arremesso de quadra normalmente só se converte depois que várias mãos tocaram a bola. Nenhum arremesso é bloqueado, nenhuma jogada é desenvolvida, nenhuma partida é vencida, a menos que todos estejam fazendo o seu trabalho — servindo à equipe com o melhor possível da sua capacidade. Nenhum jogador deve levar o crédito pelo esforço de todos os outros.

Essa é a razão primordial pela qual eu desencorajava fortemente o individualismo — o exibicionismo e a ostentação — no contexto do jogo em equipe. O exibicionismo ou fazer algo improvisado para chamar a atenção para si mesmo não só degrada esse indivíduo, mas demonstra desprezo pelos esforços de todos os outros integrantes da equipe.

Um jogador que bate no peito depois de fazer uma cesta está mostrando reconhecimento pela pessoa errada. Assim, eu insistia em que o jogador que marcasse um ponto inclinasse a cabeça ou mostrasse o polegar levantado para o companheiro de equipe que tivesse ajudado — aquele que lhe dera assistência. Desse modo, era mais provável que acontecesse outra vez.

Eu ensinava os nossos jogadores a pensar como um, uma unidade, e não apenas como um conjunto de participantes independentes no qual cada pessoa estava ali por si mesma. Insistindo em que aquele que marcasse pontos mostrasse o seu reconhecimento pelos outros, eu promovia o fortalecimento da ligação que aqueles "outros" sentiam em relação ao processo de produção.

Compartilhar o crédito é um modo mais do que certo de aprimorar os resultados de desempenho de qualquer organização. Todo mundo começa a ajudar todo mundo. Para confirmar que isso acontecia na UCLA, eu verificava periodicamente as estatísticas e procurava um equilíbrio no nosso ataque para assegurar que nenhuma posição nem jogador tivessem um papel desproporcional. Por exemplo, uma vez somei os números e descobri que, nas 20 temporadas anteriores, a nossa pontuação distribuía-se da seguinte maneira: das 39.135 cestas convertidas, os armadores tinham convertido 16.131 delas; os alas tinham convertido 15.355; os pivôs tinham convertido 7.649. Isso significava que, durante uma temporada típica, os nossos defensores tinham convertido apenas 1 ½ menos arremessos por jogo do que os atacantes. Essa era exatamente a minha meta, uma pontuação equilibrada, o que significava que nenhum adversário seria capaz de nos deter se defendendo apenas contra um jogador. E a única maneira de assegurar o equilíbrio na pontuação era envolver a todos no processo de produção. Isso acontece quando você é capaz de conseguir que os que estão sob a sua liderança pensem na "Equipe em Primeiro Lugar" em vez de "eu primeiro".

Uma organização que tem todos os integrantes preocupados em fazer o que beneficie o grupo é uma força a se reconhecer. Eu sei pessoalmente o que pode acontecer quando todos acreditam de verdade que são necessárias 10 mãos para fazer uma cesta. Isso aconteceu de maneira mais impressionante durante a minha 16ª temporada como treinador-chefe da UCLA.

UM ZELO ESPECIAL QUANTO AO ESPÍRITO DE EQUIPE
Em 1964, pela primeira vez em todos os tempos, a UCLA avançou para as finais do torneio nacional de basquetebol da NCAA. Apesar do fato de que estávamos invictos ao entrar no jogo pelo campeonato, a maioria dos críticos descontou as nossas chances e previu que iríamos perder. A universidade de Duke era mais alta e tinha um grande talento, mas os Bruins tinham uma virtude significativa. Um treinador estrangeiro em visita, que estivera analisando as equipes durante várias semanas, o reconheceu.

Na manhã do jogo pelo campeonato, aquele treinador, Aleksandar Nikolic, da Iugoslávia, anunciou destemidamente aos repórteres que a UCLA derrotaria a Duke. "Por quê?", perguntaram os jornalistas, surpresos. O treinador Nikolic ergueu a mão direita com os cinco dedos abertos. Depois, ele os dobrou num punho fechado: "A UCLA é uma equipe! A UCLA é uma equipe!", anunciou de maneira confiante.

Os jogadores da UCLA que enfrentariam a Duke nas finais, naquela noite, eram uma equipe — uma equipe de *verdade*, um grupo de indivíduos que entendiam que são necessárias 10 mãos para fazer uma cesta. Em função disso, a UCLA surpreendeu os especialistas e venceu o seu primeiro campeonato de basquetebol de todos os tempos.

O que fizemos naquele momento no basquetebol não é diferente do que qualquer organização pode fazer quando a liderança cria um verdadeiro espírito de compartilhamento e desinteresse direcionado para o que mais beneficia o grupo. Quando aqueles a quem você lidera acreditam que têm mais a ganhar quando colocam a equipe em primeiro lugar, os resultados geralmente serão o primeiro lugar para a equipe.

REGRAS PARA LIDERAR

A estrela da equipe é a equipe
Como líder, você deve ser constante e persistente em passar a mensagem de que a "Equipe vem em primeiro lugar". Os que têm os melhores desempenhos e apresentam maior produção devem compreender plenamente que os outros integrantes da organização "ajudam" — tornam possível — o seu sucesso. As recompensas e elogios individuais são ótimos, mas nunca devem encobrir a organização e a sua primazia. Lembre-se de Walton e de Alcindor: por mais talentosos que fossem — entre os melhores jogadores americanos —, eles colocaram o bem da equipe em primeiro lugar.

Insista em que os integrantes da sua equipe compartilhem a "bola" — informações, ideias e muito mais
Os líderes mais competentes compreendem a importância de assegurar que nenhum integrante da equipe guarde para si mesmo dados, informações, ideias e coisas parecidas. Nos negócios, é a troca de ideias e a disposição de colocá-las para funcionar que levam a uma postura de "o melhor procedimento".

Tome a iniciativa de elogiar os que trabalham "em silêncio" para fazer as coisas acontecerem
Em toda organização, existem aqueles indivíduos fundamentais que parecem conseguir resultados com pouco esforço e menos orientação. Na maioria dos casos, porém, os jogadores fundamentais trabalham muito duro para realizar o que fazem. Geralmente, os seus esforços não são percebidos pelo grupo. Essas são as pessoas que fazem os trens chegarem no horário e merecem a sua atenção.

Procure os jogadores que farão a melhor equipe em vez de os melhores jogadores
A liderança astuta compreende a química das equipes e das organizações. Geralmente, os indivíduos mais talentosos não serão os melhores para o seu grupo. Esteja atento ao impacto global — a química. Lembre-se do futuro melhor jogador americano, Sidney Wicks, que alcançou a grandeza pessoal pouco depois de começar a colocar a equipe em primeiro lugar.

SOBRE WOODEN

Gail Goodrich: Equipe principal da UCLA, 1963-1965; dois campeonatos nacionais

COMPARTILHE A BOLA; PENSE ALÉM DE SI MESMO

Saí do colegial — a Poly de Los Angeles — como um armador que sempre pensava em ficar com a bola. É assim que um armador pensa: "Me passe a bola para que eu possa arremessar".

O treinador Wooden queria que eu pensasse além de apenas ficar com a bola porque ele tinha decidido pela defesa pressão — atuar como defesa na quadra inteira. É claro que, quando você joga na defesa, não fica com a bola. O treinador estava tendo um pouco de problema em conseguir que eu mudasse a minha maneira de pensar, até que um dia disse: "Gail, o jogo dura 40 minutos. O adversário fica com a bola aproximadamente metade do tempo. Isso nos deixa 20 minutos com a bola de basquete. "Temos cinco jogadores. No meu método, o equilíbrio é importante, portanto, cada jogador deve ficar com a bola por mais ou menos a mesma quantidade de tempo. Isso significa que você ficará com a bola aproximadamente quatro minutos por jogo. Gail, o que você faz pela equipe durante aqueles *outros* 35 minutos, quando não está com a bola?".

Ele precisou de apenas 15 segundos, mas ampliou drasticamente a minha compreensão do papel que eu precisava desempenhar na equipe. O treinador usava diversas maneiras para ensinar o que queria. Às vezes, durante os treinos, ele queria que os armadores mudassem de posição com os alas — para que fizéssemos o trabalho do outro. Ele queria que todo mundo entendesse quais eram os requisitos para o jogador nas outras posições.

O treinador Wooden queria que os defensores conhecessem os desafios que os atacantes encontravam e os atacantes soubessem o que os defensores enfrentavam.

Ele se esforçava ao máximo para descobrir uma maneira de nos fazer pensar como equipe, para funcionar como uma unidade, não cada homem por si mesmo.

Escolhi a UCLA por causa do modo como ele conduzia os treinos (tinha assistido aos Bruins no Ginásio Masculino quando estava no colegial). Fiquei muito impressionado pelo controle que ele tinha do treino, totalmente no comando.

Wooden tinha os seus cartões 3 x 5 e os seus apontamentos e estava sempre olhando para o relógio para se manter no horário. Ele passava de um exercício para outro e depois para outro e assim por diante — uma organização total; nada de folga, nada de descanso. Era um mestre em usar o tempo com eficiência. O treinador nos dizia exatamente o que tinha feito na prática naquele mesmo dia dez anos antes às 16h35.

Ele acreditava que vencer é uma consequência do processo e era um mestre do processo de conseguir que nos concentrássemos no que estávamos fazendo em vez de pensar na pontuação final. Um dos exercícios era fazer uma jogada várias vezes a toda velocidade, mas sem arremessar a bola. Ele fazia com que nos concentrássemos no que acontecia antes do arremesso, na execução. Formava equipes que sabiam como executar.

Você sabia que estava encrencado quando o ouvia dizer: "Valha-me o Santo Deus!" Um problemão. Você sabia que o peso cairia em cima de você quando ouvia isso. O peso era o banco, ou pior, o chuveiro. Muitas vezes, ele não dizia exatamente o que era para não fazer, mas conduzia as coisas de tal maneira que era difícil fazer aquilo.

Todo ano, durante a temporada de futebol, acontecia o Cal Weekend, em Berkeley, quando os Bruins enfrentavam os Bears. O treinador não queria que os seus jogadores fossem lá porque era um fim de semana de grandes festas. Mas, em vez de dizer que não podíamos ir, ele simplesmente transferia o treino de sexta-feira para as 6 horas da tarde. Então, segurava a gente até tarde e fazia um treino tão rigoroso que ninguém tinha tempo nem energia para dirigir a noite inteira até lá.

Mas, um ano, eu e John Galbraith decidimos ir de avião para o Cal Weekend. Eu era da fraternidade Beta Theta Pi e tinha direito a algumas cervejas na festa da fraternidade na noite de sábado depois do jogo. De algum jeito, o treinador descobriu não só que eu tinha ido para Berkeley, mas também que tomara algumas cervejas.

Na segunda-feira de manhã, recebi um recado dizendo que ele queria me ver na sala dele.

— Divertiu-se bastante no fim de semana? — perguntou ele.

Eu inclinei a cabeça, concordando.

— Sabe, Gail, se alguma vez eu pegar você bebendo, você está fora.

Eu concordei, mas fiquei em estado de choque. "Como é que ele sabe? Como foi que descobriu?", estava pensando.

— Agora, você vai ter um ano muito bom pela frente. Não vai querer desperdiçar isso, não é? Não vai querer prejudicar a equipe, não é?

Eu respondi:

— Não, treinador. Não quero prejudicar a equipe.

— Ótimo. Vejo você no treino.

A questão era: ele não tentaria surpreender você fazendo algo errado, como tomar uma cerveja. Esse não era o estilo dele. Ele queria que você assumisse a responsabilidade pelos seus atos, que tivesse autocontrole. A intenção dele naquela conversa, na segunda-feira, era me fazer pensar nas minhas escolhas. E foi o que eu fiz.

Ele sempre falava sobre equilíbrio: equilíbrio corporal, equilíbrio na pontuação, equilíbrio da equipe e, mais que tudo, equilíbrio mental e emocional. Os seus pés deveriam estar em equilíbrio. O seu corpo precisava estar equilibrado sobre os seus pés. A sua cabeça precisava estar em equilíbrio com o seu corpo e os seus braços. Ele dizia que, se você não estivesse em equilíbrio, acabaria caindo, e ele se referia a muitos outros sentidos.

Eu cheguei a considerar o equilíbrio como o segredo para o sucesso, não só no basquetebol, mas na vida. Quando as coisas perdem o equilíbrio, geralmente não é nada bom. Tudo precisa de equilíbrio. Essa palavra que ele sempre nos repetia — equilíbrio — acompanhou-me para sempre, tornou-se importante na maneira como procuro fazer as coisas.

Ele nunca falava em vencer, mesmo no vestiário antes do primeiro jogo pelo campeonato nacional contra a Duke. Calmamente, ele repassou o nosso plano de jogo e disse que, se tivéssemos um bom jogo de 94 pés, referindo-se a executar a Pressão de uma extremidade da quadra à outra com um bom jogo por lá, seríamos capazes de voltar depois para o vestiário com a cabeça erguida. Nunca mencionava vencer um campeonato ou vencer o jogo.

Mas, logo depois, um pouco antes de entrarmos na quadra, ele perguntava a todos nós:

— Alguém aqui se lembra de quem foi o segundo colocado no campeonato nacional do último ano?

Ninguém levantava a mão. Isso era o mais próximo que ele chegava de um discurso instigador de última hora.

9

AS PEQUENAS COISAS FAZEM ACONTECER AS GRANDES

"Seja modesto. Trabalhe duro. Você consegue."

O desempenho e a produção em alto nível só são alcançados por meio da identificação e do aperfeiçoamento de detalhes pequenos, mas relevantes — pequenas coisas bem-feitas. O descuido na atenção aos detalhes é tão comum nos esportes quanto em outros tipos de organizações. Quando isso acontece, a culpa recai sobre você, o líder, não sobre a sua equipe. Os que estão sob a sua liderança devem aprender que as pequenas coisas fazem acontecer as grandes. Na verdade, eles devem aprender primeiro que não existem coisas grandes, apenas um acumulo lógico de pequenas coisas feitas de acordo com um padrão de desempenho muito elevado.

Eu sentia uma grande satisfação em identificar e aperfeiçoar aqueles detalhes "triviais" e incômodos, porque sabia, sem a menor dúvida, que cada um deles levava a UCLA um pouquinho mais perto da nossa meta: a grandeza competitiva. Se você economizar centavos suficientes, acabará ficando rico. Cada detalhe importante e aperfeiçoado era outro centavo no nosso banco.

Geralmente, colocamos tal ênfase em metas distantes (objetivos de vendas anuais numa empresa; um título ou campeonato nacional nos esportes), às quais damos uma atenção inadequada — os pormenores cotidianos de como se conduz o negócio. Na UCLA, eu procurava assegurar que, na condução do nosso negócio, o basquetebol, mantivéssemos padrões muito elevados nos detalhes. A minha norma era anormalmente alta.

> **Atenção aos Detalhes** – Não deixe nada ao acaso. A diferença entre ser campeão ou meramente uma boa equipe geralmente é a perfeição nos menores detalhes.

Muitos observadores consideravam que os inúmeros aspectos específicos que eu selecionava e aprimorava eram dignos de riso, mas eu não achava a menor graça. Sabia muito bem que aqueles detalhes relevantes, tratados corretamente, eram a base do sucesso da UCLA. O mesmo se aplica à sua organização. As pequenas coisas fazem toda a diferença no mundo.

O PONTO DE VISTA DELA ESTÁ CERTO

Madre Teresa disse uma vez: "Não existem coisas grandes. Apenas coisas pequenas feitas com amor". Isso resume tudo muito bem. Quando você ensina as pessoas a quem lidera a fazer o mesmo —, as coisas grandes acabam ficando mais claras. Isso é o que distingue as pessoas de grande sucesso dos perdedores, os ótimos dos bons, os fazedores dos sonhadores (É claro que muitas pessoas de sucesso são as *duas coisas*: fazedores e sonhadores. Essa é uma boa combinação, desde que você procure fazer as pequenas coisas "com amor".).

VISTA A CAMISA DO ADVERSÁRIO

Quando se tratava de aperfeiçoar os detalhes, eu considerava "os pés em primeiro lugar", de baixo para cima. Meias? Durante a nossa primeira reunião da equipe, eu mostrava pessoalmente como calçá-las corretamente. Calçados? Não perguntávamos aos jogadores qual era o número deles. Eu insistia para que o nosso orientador medisse os pés de cada estudante-atleta — o direito e *também* o esquerdo — para ter certeza de que os tênis novos servissem corretamente. Não queria nenhuma folga. Cadarços? Eu mostrava aos jogadores como amarrar os cadarços e depois dar o laço corretamente para evitar que se desfizesse durante os treinos ou no jogo.

A atenção a esses itens — meias, calçados e cadarços — poderia prevenir problemas durante o jogo. Eu aplicava essa mesma atenção meticulosa aos detalhes em muitos outros setores. Por exemplo, a única concessão de verdade que eu fazia na preparação para enfrentar um próximo adversário era comprar camisetas baratas com as mesmas cores do uniforme do time adversário. Para a Stanford, camisetas vermelhas; para a Cal (Universidade da Califórnia, Berkeley), camisetas azuis; para os Washington Huskies, camisetas roxas.

Nos treinos, antes do jogo, os nossos jogadores que começariam na partida enfrentavam os companheiros de equipe usando as camisetas da cor do uniforme do nosso próximo adversário. Será que esse detalhe das camisetas fazia alguma diferença? Será que usar o "uniforme" do adversário ajudava a preparar a nossa equipe de saída para o que encontraria na quadra durante o próximo jogo? Eu achava que poderia fazer uma diferença. E isso era tudo de que eu precisava para me convencer.

Além disso, eu insistia para que as camisas fossem sempre colocadas para dentro do calção, porque isso ajudava a criar uma sensação de identidade pessoal e unidade. Era um detalhe que ajudava a ensinar aos nossos jogadores que o desleixo não era tolerado — em nada. Eliminar o desleixo e criar a unidade eram coisas muito importantes para mim.

Quando cheguei à UCLA, os uniformes dos treinos estavam em péssimo estado e os jogadores traziam as suas camisetas de casa e usavam tênis da sua escolha. Acabei com isso imediatamente e pedi novos uniformes e tênis para os treinos. Não queria olhar para a quadra durante um treino e ver um conjunto de trajes esmolambados. Nem queria que os jogadores se vissem como um bando de desleixados. Os novos uniformes de treinos, bons tênis, as camisetas para dentro do calção — essas coisas fazem diferença.

No instante em que um Bruin da UCLA vestia um uniforme da UCLA — mesmo um uniforme de treinos —, eu queria que ele reconhecesse que, a partir daquele momento, ele fazia parte de algo especial, uma organização, uma equipe, um grupo que fazia as coisas de um modo diferente. E fazia coisas da maneira certa o tempo todo, de baixo para cima.

Em grande parte, pela mesma razão, eu queria que os jogadores parecessem "profissionais" quando viajassem em grupo — camisa e gravata, paletó e calças compridas. Eles não só estavam representando a universidade, mas o fato de usarem aquele traje indicava aos próprios jogadores que ser um Bruin era uma coisa especial e que deveriam se conduzir de acordo.

NÃO UM PERFECCIONISTA

No entanto, embora eu me esforçasse para obter a perfeição, "perfeccionista" não é a designação que eu escolheria para mim mesmo. A perfeição, como a entendo, não está ao alcance do homem mortal. Esforçar-se para alcançá-la, contudo, é possível. E eu me esforçava sem cessar.

> Diferentes exercícios destinam-se a ensinar a cada homem os fundamentos específicos que a sua posição requer, e depois mais outros exercícios são acrescentados para que duas posições atuem em conjunto, depois três, depois quatro e finalmente a unidade inteira dos cinco homens.

Não acho que identificar aquelas coisas que melhorariam o desempenho da equipe fosse coisa de perfeccionista. Se me ocorresse algo que pudesse nos ajudar, eu implementava. Era simples assim — um questão de bom senso. Faça algo vezes o bastante, da maneira necessária, e as boas coisas acontecerão.

Por exemplo, parei de oferecer pedaços de chocolate aos jogadores durante o intervalo do jogo porque descobri que o chocolate produzia muco na traqueia. Concluí que fatias de laranja proporcionavam a mesma descarga de energia sem criar muco. O muco, assim como um cadarço mal-amarrado, pode causar distração, que leva a erros que podem colocá-lo em condição inferior no jogo.

Eu também insistia em que os jogadores deixassem o bagaço das fatias de laranja em um cesto de lixo, e não simplesmente o atirassem descuidadamente no chão próximo ao cesto de lixo. A falta de cuidado, assim como o desleixo, não são uma característica vista em organizações de sucesso; tolerar uma coisa ou outra é a marca de um líder incompetente.

Eu acreditava, e ainda acredito, que ensinar um jogador a não ser descuidado e desleixado começa com coisas como colocar o bagaço de laranja no cesto de lixo. No entanto, sei que essa lógica podia ser vista por alguns como engraçada. Para mim, não era engraçada; era terrivelmente séria.

E havia muito mais coisas. Nas refeições da equipe, a água era servida à temperatura ambiente, sem gelo, para evitar a possibilidade de câimbras estomacais. Esse era apenas outro problema potencial facilmente prevenido. Tudo isso no fim se soma e faz a diferença: meias e cadarços, gelo e laranjas, asseio e uniformidade. Pequenas coisas que não são nem desimportantes nem incidentais. E, quando eu identificava um detalhe que parecesse relevante, cuidava dele, porque a nossa equipe seria beneficiada. Para mim, isso tinha menos a ver com ser perfeccionista e mais com ter uma determinação de buscar o aprimoramento constantemente, estar sempre procurando uma melhor maneira de fazer as coisas.

A natureza exata dos "detalhes relevantes" difere de esporte para esporte e de organização para organização. E é claro que alguns ajustes acontecem simplesmente porque os tempos mudam. No entanto, a base do sucesso na liderança não muda muito, especialmente quando se trata da relação entre a identificação e o aperfeiçoamento de pequenas coisas e a conquista das coisas grandes pelas quais nos esforçamos.

Um líder competente desenvolve a capacidade de identificar corretamente o detalhe ou detalhes pertinentes — incidentais num mercado, setor ou esporte, por exemplo, que poderiam criar uma vantagem crescente. Embora os aspectos específicos possam ser pequenos, essa não é uma tarefa menor. O sucesso, não o demônio, está nos detalhes.

Uma palavra de advertência: o equilíbrio é muito importante quando se trata de destinar o tempo para essas questões. Para manter o equilíbrio, o líder deve ser muito bem organizado, estabelecer prioridades produtivas e destinar a quantidade adequada de tempo e atenção a cada um dos muitos detalhes que sejam julgados relevantes.

É necessária uma delegação criteriosa, mas, em última análise, o líder é aquele a quem é delegada a responsabilidade pelo bem da equipe. O equilíbrio é decisivo nesse sentido. Alguns anos atrás, um destacado treinador de basquetebol concluiu que o lance livre — o seu arremesso — era o mais importante para vencer ou perder partidas. Assim, ele decidiu fazer com que os seus jogadores dominassem cada detalhe exigido para o arremesso de um lance livre. A equipe praticava lances livres de um modo que era desproporcional aos outros aspectos importantes do jogo.

O APERFEIÇOAMENTO DOS DETALHES NÃO DEVE ACONTECER À CUSTA DO EQUILÍBRIO

O equilíbrio e a moderação são os mais essenciais para o fortalecimento e a sobrevivência da sua organização. Os líderes mais competentes concentram-se nos detalhes certos de um modo equilibrado. Se você estiver às voltas com uma operação complexa, recorra à ajuda dos outros para assegurar que os detalhes sejam executados de maneira adequada (Lembre-se sempre deste detalhe: só porque você delegou algo não significa que será feito).

É claro que os jogadores tornaram-se muito hábeis no que dizia respeito a arremessar um lance livre. Lá pelo final da temporada, os jogadores eram talvez os melhores arremessadores de lances livres dos Estados Unidos. Infelizmente, eles tiveram dificuldade de vencer as partidas de basquetebol. No processo de aperfeiçoar os lances livres, perdeu-se o equilíbrio nas outras áreas importantes: os detalhes de jogar na defesa, arremessar, os ataques rápidos e tantas outras coisas. Tudo menos o arremesso de lances livres ficou prejudicado.

Quando perde o equilíbrio, a organização se enfraquece e torna-se vulnerável. Aquele treinador em particular buscara a perfeição de um único detalhe à custa de todo o resto. Os detalhes são fundamentalmente importantes, mas o equilíbrio, também. A exemplo de um homem caminhando sobre o gelo, o equilíbrio é mais difícil de recuperar depois que se começa a escorregar.

O REBITE E A ASA

Eu considero cada detalhe como um rebite na asa de um avião. Remova um rebite da asa e ela permanece intacta; remova um determinado número deles, porém, e a asa fica comprometida.

Eu não queria nada comprometido em se tratando da qualidade do desempenho da equipe de basquetebol dos Bruins da UCLA. Nos treinos ou em um jogo, eu me certificava de que todos os "rebites" relevantes estivessem no lugar e bem presos. No treinamento que ministrava, eu começava pelos pés (meias, tênis e cadarços), mas tratava de outras partes da anatomia também. Barba e cabelos compridos eram proibidos, porque eu sabia que durante a competição eles ficariam empapados de suor. Um jogador que toca a barba ou corre a mão pelo cabelo ficará com a mão e os dedos escorregadios, e isso leva a um volteio da bola, e um manuseio ruim da bola leva a arremessos defeituosos e outros erros. Assim, a solução era simples: cabelos curtos, nada de barba e nem mesmo costeletas.

Agora, antes de você concluir que eu estava preocupado com tudo, *exceto* com realmente jogar basquetebol — cabelos compridos, muco e todo o resto —, eu asseguro que minha atenção aos detalhes estendia-se ainda mais profunda, meticulosa e obrigatoriamente à mecânica propriamente dita e à execução do jogo em si. Para mim e para os treinadores-assistentes, as meias eram apenas um ponto de partida.

> "Os detalhes secundários — como centavos — se acumulam. Um bom banqueiro não se descuida dos seus centavos; um bom líder não é desleixado com os detalhes."

Manuseio da bola — próximo ao corpo. Faces elevadas, dedos só pressionando rapidez com a precisão, nada de fazer truques com a bola.

16. _Arremesso_ — pressão dos dedos que "tocam", próximo ao corpo, a cabeça acompanha.

17. _Recebendo_ — a mão visada aberta longe de perigo, bloqueia, e aberta.

18. _Driblando_ — rapidez da batida, cotovelo em contato com o corpo.

19. _Parar e virar_ — virada apenas para dentro.

20. _Olhos_ — no ataque — sempre na bola quando outra pessoa tem a bola; na defesa — sempre saber a localização da bola enquanto olha "através" do seu homem ou para o ponto médio entre o seu homem e a bola.

SEMPRE BUSCAR A MANEIRA CORRETA

Assim como existe uma maneira correta de amarrar os tênis, existe uma maneira correta de se executar praticamente tudo no basquetebol. Isso é muito parecido com o que acontece na sua organização. Para mim, não há uma maneira "aproximada" de arremessar um tiro em suspensão; existe um método preciso para fazê-lo — o que proporciona a possibilidade ideal de converter a cesta e marcar pontos.

Eu não estava tentando criar robôs que simplesmente seguissem as instruções, mas indivíduos que se baseassem _extremamente_ bem nos fundamentos, que tivessem bons hábitos de desempenho. A partir daí, os jogadores poderiam fazer alguns ajustes baseados em quaisquer pressões e obstáculos que a competição lhes impusesse. Um indivíduo que se baseie nos fundamentos tem, creio eu, uma probabilidade muito maior de sucesso quando se vê forçado a fazer uma mudança repentina.

Antes de fazer a mudança ou os ajustes, eu queria que cada jogador soubesse como fazer as coisas da maneira correta. Depois disso, eu tinha alguma flexibilidade quando se tratasse de permitir exceções em casos em que os resultados fossem, ou pudessem ser, significativamente acima da média. Por exemplo, Keith Wilkes arremessava os lances livres de trás da cabeça; quer dizer, quando ele se alinhava para arremessar, a sua cabeça estava entre a cesta e a bola. Não daria para dificultar mais o arremesso a menos que você estivesse vendado.

> O "treinamento em excesso" pode ser mais prejudicial do que o "treinamento insuficiente". Não exagere no que ensina e não acabe com a iniciativa deles.

No que dizia respeito aos lances livres, preferia esperar até que os arremessadores começassem a perder lances livres antes de ensinar-lhes como arremessar corretamente. Depois que começassem a errar, era mais fácil fazê-los mudar. No entanto, Keith nunca começou a errar. Na verdade, durante os meus 27 anos como treinador-chefe dos Bruins da UCLA, Keith obteve um recorde estelar numa única temporada, 87,2%. Durante aquela temporada em particular, ele fez 94 arremessos de lances livres, converteu 88 deles e errou apenas 12. Fui o treinador de jogadores que erraram mais de 12 arremessos de lances livres antes que a temporada tivesse completado duas semanas.

De vez em quando, eu achava melhor deixar os rapazes fazerem do seu próprio modo, quando era produtivo. Nesses casos, o estilo deles funcionava e eu não interferia. Esse foi o caso com o estilo nada ortodoxo de Keith Wilkes.

Um líder competente permite exceções à regra em troca de resultados excepcionais ou quando a circunstância exige. Nessas ocasiões, quando isso acontecia — e não influenciava negativamente o comportamento ou a atitude do resto do grupo —, eu permitia variações, métodos alternativos e a criatividade individual. Caso contrário, ensinava e insistia na minha maneira de fazer as coisas.

Isso se aplicava a todos os aspectos do jogo: passar, pivotar, preparar-se para o rebote, posição embaixo da cesta, equilíbrio de corpo, enganar, fintar, marcar, arremessar, estilos de corrida. Os pequenos detalhes ao executar essas tarefas eram, é claro, os que eu considerava extremamente relevantes ao nosso aprimoramento e sucesso final.

Lutar pelo rebote, por exemplo, incluía os seguintes aspectos específicos:

1. Presumir que todo arremesso será perdido e produzirá uma oportunidade em seguida de obter um rebote.

2. Imediatamente, leve as mãos à altura dos ombros, *não* acima da cabeça. Embora muitos treinadores instruíssem os jogadores a posicionar as duas mãos acima da cabeça, eu não fazia isso porque essa posição ignora o fato de que a bola sempre rebate na tabela ou na cesta em um ângulo menor. Eu queria que os jogadores estivessem prontos para um rebote ou acima ou abaixo. Um detalhe pequeno, talvez, mas ao longo dos anos observei que fazia uma diferença nos resultados do desempenho. Os jogadores da UCLA costumavam ser capazes de pegar mais rebotes do que adversários mais altos.

3. Depois das etapas 1 e 2, *vá pegar a bola*.

Havia muito mais que isso — por exemplo, como pivotar e bloquear um jogador adversário próximo à cesta —, mas essas três diretrizes talvez esclareçam o método que eu adotava para identificar e aperfeiçoar algumas das mecânicas específicas de lutar pelo rebote.

Tudo estava ligado a tudo; todos os detalhes ligados a outros detalhes como parte do todo. Por exemplo, as meias, calçadas corretamente, reduziam a possibilidade de bolhas, o que, por sua vez, assegurava que o jogador podia roubar o rebote — ou arremessar lances livres ou jogar na defesa — livre de dores e distrações. Do mesmo modo, a possibilidade de executar um ataque rápido bem-sucedido seria maior se o cadarço não desamarrasse.

A minha dedicação em identificar e aperfeiçoar detalhes relevantes, em todas as áreas, tinha como finalidade dar o tom tanto em matéria de estilo quanto de recursos pessoais sobre de que modo os Bruins da UCLA deveriam se conduzir durante os jogos. Os nossos padrões eram muito elevados quando se tratava da execução dos fundamentos. E os fundamentos, bem executados, são a base sólida sobre a qual os líderes competentes formam equipes altamente produtivas e organizações muito competitivas.

PERMITA EXCEÇÕES EM TROCA DE RESULTADOS EXCEPCIONAIS

Se você tem um funcionário na sua organização que faz acontecer grandes coisas de maneira não convencional, seja tolerante, desde que o caminho que ele escolha seja ético e não influencie negativamente o comportamento e a atitude dos demais. O líder precisa de bom julgamento nessas situações. Nos esportes, vemos treinadores constantemente avaliando os riscos e as recompensas de levar para a equipe jogadores que têm um talento extremo, mas que dançam conforme a própria música em matéria de estilo, recursos e moralidade pessoal. É fácil ser pego desprevenido pelo talento.

FAÇA DA EXCELÊNCIA UM HÁBITO

Os meus detalhes não são os seus detalhes. No entanto, identificar e aperfeiçoar aqueles que se aplicam à sua situação é uma responsabilidade confiada aos que se encontram na liderança. Ser negligente nessa área viola essa confiança.

"As pequenas coisas fazem acontecer as grandes" é a frase que usei ao indicar a importância das escolhas corretas e do aperfeiçoamento dos detalhes. É claro que reconheço que uma equipe também precisa do talento para fazer acontecerem as coisas importantes, mas o talento sozinho não ganha jogo. O talento deve ser cultivado em um ambiente que exija a execução correta de detalhes relevantes.

Embora nunca tenhamos alcançado a perfeição no basquetebol na UCLA, os nossos esforços eram incessantes para alcançá-la. Só assim existe alguma possibilidade de nos aproximarmos da perfeição.

A UCLA teve quatro supostas temporadas perfeitas (30-0) durante os meus anos como treinador-chefe, e ainda assim nunca praticamos um jogo perfeito. No entanto, nunca deixamos de nos esforçar para atingir a jogada perfeita, o passe perfeito, o jogo perfeito. E tudo começava, no meu ponto de vista, com ensinar àqueles sob a minha liderança como calçar as suas meias "perfeitamente".

DEFINA A MÉDIA COMO ACIMA DA MÉDIA

Não houve uma grande coisa isolada que tornasse as nossas equipes de basquetebol na UCLA eficazes, nem a prensa nem o ataque rápido, nem o tamanho, nem o condicionamento — nenhuma *grande* coisa. Em vez disso, houve centenas de pequenas coisas feitas da maneira certa, ou feitas constantemente.

O líder deve identificar cada um dos inúmeros detalhes que são os mais fundamentais para o sucesso da equipe e depois estabelecer, e ensinar, um padrão elevado de comportamento ou desempenho na execução desses detalhes. A maneira como você — o líder — define "média" é a maneira como a sua equipe a definirá. Alguns líderes definem média como média; alguns definem média como estar significativamente acima da média.

É fácil ser preguiçoso quando se trata de detalhes. A preguiça é um eufemismo para desleixo, e o desleixo impede qualquer organização de alcançar a grandeza competitiva e o sucesso. A sua capacidade como líder para estabelecer padrões elevados no âmbito dos detalhes — insistir que a média será bem acima da média — é um dos elementos que prenunciam exatamente até que ponto você será eficaz ou competente como líder, e até que ponto os que estão sob a sua supervisão serão produtivos como equipe.

Depois de reconhecer a ligação entre as meias e o sucesso, você terá adquirido um dos atributos mais valiosos para a liderança competente, ou seja, aquelas pequenas coisas, bem feitas, fazem as coisas grandes acontecerem para você e para a sua organização.

REGRAS PARA LIDERAR

Tudo começa com as meias
O sucesso começa de baixo para cima. Nunca me aborreceu que caçoassem de mim por causa do meu compromisso de fazer as pequenas coisas direito. Assegure-se de que você e a sua equipe calcem as suas "meias" da maneira correta.

Os rebites certos são essenciais
Não existem coisas grandes, só um acúmulo de muitas coisas pequenas. Remova o número certo de rebites e a asa cai. No entanto, depende de você, o líder, identificar os rebites certos e determinar quanta atenção cada um deles receberá. Faça isso corretamente e a sua organização sobreviverá, voando até mesmo através da tempestade competitiva mais turbulenta.

Cultive o talento em um ambiente de detalhes aperfeiçoados
Só então a sua equipe alcançará um sucesso constante. Lembre-se de que o talento sozinho não é suficiente. Todo ano nos esportes e nos negócios vemos equipes talentosas — e indivíduos talentosos — fracassarem por causa de detalhes negligenciados.

O desleixo multiplica o desleixo
Desde o primeiro momento do primeiro dia da temporada na UCLA, eu insistia em que fizéssemos as coisas da maneira certa — não quase certo, mas totalmente certo. Essa é uma atitude, uma maneira de conduzir os nossos interesses. Um tratamento casual ao executar os detalhes de um trabalho assegura que o trabalho será malfeito. E depois outro trabalho será malfeito. Isso cresce.

SOBRE WOODEN

Lynn Shackleford: Time principal da UCLA, 1967-1969; três campeonatos nacionais

DETALHES SOBRE O PRIMEIRO DIA

A primeira reunião da equipe de que eu participei na UCLA foi um choque. Sentado ao meu lado, estava outro calouro — o cara que fora o mais cobiçado jogador do colegial dos Estados Unidos, Kareem Abdul-Jabbar (Lewis Alcindor Jr.).

Espalhados ao nosso redor, outros calouros, nossos companheiros de equipe — alguns dos melhores do país —, além dos integrantes da equipe principal da UCLA, que retornavam depois de terem vencido o campeonato nacional da NCAA vários meses antes — Edgar Lacey, Kenny Washington, Doug McIntosh, Fred Goss, Mike Lynn e outros.

Havia muita energia e talento naquela sala esperando pela chegada do treinador Wooden com as suas palavras de sabedoria. Logo depois, ele entrou e foi diretamente para a frente da classe. Finalmente, o grande momento chegara, a minha primeira experiência como integrante da equipe da UCLA — soberanos campeões nacionais! — treinados pelo famoso John Wooden.

Ele olhou para nós por um momento e começou a fazer os seus comentários. E isso é que foi chocante: "Cavalheiros", disse ele, "sejam bem-vindos. Vamos direto ao que interessa. Quero lembrar a cada um de vocês algumas das regras importantes que temos aqui na UCLA. Número um: mantenham as unhas cortadas. Número dois: mantenham os cabelos curtos. Número três: mantenham a camisa para dentro do calção o tempo todo". Ele correu o olhar pela sala por um momento e depois acrescentou solenemente: "Fui claro?".

Pensei: "Será que ele está fazendo uma piada?". Mas ninguém riu, nem mesmo sorriu, entre todos os jogadores do time principal da universidade. Eles já sabiam. No entanto, eu não conseguia entender por que ele desperdiçava o seu tempo com um assunto daqueles.

À medida que passavam os meses — finalmente anos (e mais três campeonatos nacionais) —, eu entendi que "um assunto daqueles" fazia parte da genialidade da liderança dele. Havia lógica em cada movimento. Os detalhes das unhas, cabelos e camisetas levavam a detalhes sobre a execução de jogadas, controle da bola e tudo mais — centenas de coisinhas feitas da maneira certa.

Tudo estava relacionado a tudo mais; nada era deixado ao acaso; tudo tinha de ser bem feito. O desleixo não era permitido em nada: num passe de bola, arremesso, ou cortar as unhas e pôr a camisa para dentro do calção.

O treinador Wooden ensinava que as grandes coisas só podem ser executadas depois que as coisas pequenas foram feitas direito. Fazer as coisas da maneira certa tornou-se um hábito para nós.

Ele fazia tudo com a maior simplicidade. O que é mais simples do que cabelos curtos? O que é mais simples do que se preparar para um lançamento? Todas essas coisinhas simples se somavam — uma de cada vez — a uma enorme quantidade de informações que ele apresentava de uma maneira simples e direta, parte por parte. Por fim, ele e a equipe juntavam tudo nos treinos e depois nos jogos.

Para realizar isso, ele refletia sobre o seu plano de aula para cada dia de treino com grande precisão. Ele sabia o que queria realizar e como fazer para que acontecesse. Parte da sua eficácia podia vir do fato de que ele tinha o grau de mestre em inglês. Ele era capaz de dizer em uma frase curta o que os outros levariam muito tempo para explicar. Conseguia comunicar muita coisa bem depressa — não desperdiçava palavras, não ficava fazendo rodeios.

Os treinos de Wooden eram muito profissionais e a sua presença era muito forte. Havia momentos em que chegávamos a um nível de dureza misturada com alguma raiva que não havia nada que nos distraísse. Nunca se ouvia um grito ou uma reprimenda em voz mais alta, mas a intensidade dele era impressionante. Especialmente quando não achava que estivéssemos nos esforçando ao máximo — era preciso tomar cuidado nessas horas.

Durante um jogo contra a Cal (Universidade da Califórnia, Berkeley), fomos para o vestiário no intervalo com uma vantagem, mas ele estava muito insatisfeito. O placar não importava. Ele achava que não estávamos jogando com intensidade. E nos deu um sermão de que ainda me lembro bem. E falou sem aumentar o tom de voz nem gritar.

O fato de estarmos à frente era incidental. O que importava para ele era que não estávamos jogando com todo o nosso potencial. E acontecia o contrário também.

Se o placar estivesse contra nós, mas estivéssemos fazendo o nosso esforço máximo, ele não se incomodava. Ao contrário, o treinador nos instruía muito calmamente sobre as mudanças que deveríamos fazer.

Em 1968, a UCLA, que era a primeira colocada, enfrentou a segunda colocada, Houston, no Astrodome. Aquele foi chamado de o Jogo do Século. Os Cougars estavam invictos naquele ano e a UCLA vinha de um total de 47 vitórias consecutivas.

Era o primeiro jogo regulamentar da temporada a ser transmitido pela televisão, a primeira vez que era jogado no Astrodome e a primeira vez a ter um público de mais de 50 mil pessoas. Era uma coisa grande. Ninguém jamais tinha visto algo igual no basquetebol universitário.

A UCLA perdeu nos segundos finais, 71-69, e a nossa sequência de 47 vitórias chegou ao fim. Depois do jogo, no vestiário, todos os Bruins estavam muito interessados em ver a reação do treinador Wooden. Como jogadores da UCLA, nunca o víramos perder um único jogo. De repente, ele perdia, e era um grande jogo. Como ele reagiria?

Quando o treinador entrou no vestiário, depois de perder o Jogo do Século, estava muito calmo. Não se via nem uma ligeira menção de sorriso no seu rosto. Ele nos disse: "Não é o fim do mundo. Faremos melhor da próxima vez".

Ele estava satisfeito com o nosso esforço. O placar era secundário; ter perdido a nossa marca de vitórias não o preocupava. O nosso esforço na quadra fora total. Isso o deixava feliz.

Em 1967, a UCLA jogou nas finais do torneio da NCAA em Louisville. Não tínhamos perdido um jogo naquela temporada. Pouco antes de entrarmos na quadra para enfrentar o Dayton pelo campeonato nacional, toda a equipe estava sentada no vestiário para a palestra do treinador Wooden antes do jogo.

Quatro dos que entrariam na escalação inicial eram jogadores no primeiro ano na equipe principal da universidade, e estavam prestes a encarar o seu primeiro jogo pelo campeonato nacional em poucos minutos — Kareem, Lucius Allen, Kenny Heitz e eu.

O treinador Wooden encaminhou-se para o quadro-negro e começou a desenhar alguma coisa, talvez uma nova jogada ou tática defensiva. Mas não era. O treinador estava desenhando onde deveríamos ficar durante o hino nacional! Então, ele falou sobre a nossa conduta depois do jogo. No dia anterior, os jogadores da outra equipe tinham feito uma arruaça e ele nos advertiu contra o mau comportamento. Ele nunca mencionou nada sobre o adversário contra o qual jogaríamos pelo campeonato nacional; não falou nada de jogadas, nem de aspectos específicos do jogo. Nada disso.

O que isso queria dizer, é claro, é que ele acreditava que no momento do jogo o seu ensino estava completo; se não nos tivesse ensinado o que precisávamos saber ali, era tarde demais.

É claro que ele tinha nos ensinado o que precisávamos saber. E tudo começara no primeiro dia em que ele caminhou para a frente da classe e disse aos calouros e aos jogadores do time principal da universidade que retornavam: "Cavalheiros, vamos direto ao que interessa". E depois nos falou sobre unhas, cabelos curtos e pôr a camisa para dentro do calção.

Ainda acho um pouco chocante quando penso nisso.

10

FAÇA DE CADA DIA A SUA OBRA-PRIMA

"A atividade — para produzir resultados reais — deve ser organizada e executada meticulosamente. Caso contrário, não difere de crianças correndo pelo pátio no recreio."

Em um ambiente competitivo, nunca há tempo suficiente. Em vista disso, o líder deve ser habilidoso — um mestre — em usar o tempo produtivamente e ensinar os outros a fazer o mesmo. A sua habilidade em fazer isso influencia diretamente a capacidade da sua organização de competir — até mesmo de sobreviver.

O tempo, usado corretamente, é uma das maiores vantagens ao seu alcance. Para muitos líderes, porém, parece ser o contrário. Os meses, semanas e minutos são todos mal definidos e quase intangíveis no seu pensamento, evaporando sem deixar para trás nenhum vestígio de algo realizado.

Na mente dos líderes cuja organização consegue realizar as coisas, o tempo é tangível, uma mercadoria tão palpável quanto o ouro. Eles também compreendem que, ao contrário do ouro, o tempo não pode ser recuperado depois de perdido ou esbanjado. O bom líder compreende que, sem o tempo, fica-se sem praticamente nada.

A minha compreensão e valorização desse fato remonta a um dos refrões prediletos do meu pai: "Faça de cada dia a sua obra-prima". Esse axioma era a sua maneira de me lembrar a sempre usar o tempo com prudência — cada dia, cada hora, cada minuto.

Ele queria que eu entendesse a utilidade e o grande potencial que o tempo proporciona; ele queria que eu o usasse com sabedoria, não perdulariamente. É claro que papai estava falando sobre mais do que o tempo gasto no trabalho. Ele se referia a como eu deveria viver cada dia da minha vida, a como usar todo o tempo que o Nosso Senhor nos oferece de uma maneira frutífera e positiva. Tentei aplicar o conselho dele em todas as áreas, incluindo, mais particularmente, a minha profissão.

Só quando se compreende plenamente a magnitude do potencial que existe em cada minuto individual é que se começa a tratar o tempo com o grave respeito que ele merece. Ao longo de décadas, observei que a maioria dos líderes competentes não desrespeita o tempo, nem um minuto. Eles compreendem que, quando se trata do sucesso — a conquista de verdade —, o tempo é essencial. E a essência do sucesso é o tempo.

À medida que eu evoluía como treinador e líder, a minha valorização do tempo aumentou ao lado da minha habilidade de usá-lo cada vez mais eficazmente. Embora a perfeição não seja possível, eu tentei ao máximo na UCLA fazer de cada minuto do meu magistério o melhor possível — cada reunião, uma obra-prima, cada treino uma busca da perfeição. Havia um sentido de urgência em tudo o que fazíamos; nada de desperdício, nada de pressa, mas atividade.

FRACASSAR NA PREPARAÇÃO É PREPARAR-SE PARA FRACASSAR

Isso decorreu de eu ter me convencido de que o modo como se treina é o modo como se joga — nos esportes e em tudo mais. Eu estava motivado, em parte, por saber que tinha tão pouco tempo disponível para fazer o meu trabalho, ou seja, obter o máximo do que tínhamos como uma equipe.

Os treinos na UCLA duravam em média duas horas; cada semana de treinos tinha cinco dias; a temporada regulamentar de basquetebol durava 21 semanas. A multiplicação era simples e as contas, esclarecedoras. Em média, eu tinha 210 horas de tempo para os treinos para cumprir as minhas metas didáticas (105 treinos, cada um com duas horas de duração). Ou, como poderiam ter dito os jornalistas, torcedores e ex-alunos, "John Wooden tem 210 horas para vencer um campeonato nacional". Isso representa 12.600 minutos de treino de fato durante a temporada regulamentar. Esses minutos podem passar rapidamente — evaporar — se você descuidar deles. Contudo, a falta de cuidado não é algo de que eu possa ser acusado, de maneira alguma.

Considerava de grande importância *cada um* daqueles minutos — cada um deles, uma oportunidade para ensinar à nossa equipe o que ela precisava saber para se aprimorar, para alcançar a grandeza competitiva e, quem sabe, fazer mais pontos do que os adversários. Cada hora oferecia o potencial para nos ajudar a melhorar cada vez mais e chegar mais perto do nosso objetivo. Desperdiçar até mesmo um minuto era doloroso para mim — como atirar uma moeda de ouro no mar, que nunca mais seria recuperada.

VOCÊ NÃO PODE DAR 110%

Eu ensinava aos nossos jogadores, treinadores-assistentes e a todos os que estavam ligados à equipe a pensar da mesma maneira. Para atender às minhas expectativas, eu pedia para darem tudo o que tinham o tempo todo.

Uma das poucas regras que não alterei desde o meu primeiro dia de treinamento no Dayton, Kentucky, até o meu último dia na UCLA, foi a seguinte: Chegue no horário. Ponto final. Os jogadores — até mesmo os treinadores-assistentes — que desrespeitassem essa regra encaravam as consequências.

"Dê-me 100%. Você não pode substituir um esforço insuficiente hoje dando 110% amanhã. Você não tem 110%. Você só tem 100%, e isso é o que eu quero já."

Nunca pense nas suas contusões ou na fadiga.
Se estiver cansado, pense em como o seu adversário pode estar "acabado".
É o trabalho duro que você faz nos treinos, depois de estar "acabado", que melhora o seu condicionamento.
Force a si mesmo quando estiver cansado.

Atrasar-se mostrava desrespeito por mim, desrespeito pelos integrantes da equipe e, pior de tudo, desrespeito pelo tempo em si. Eu não tolerava uma atitude relaxada em relação ao bem mais valioso. E eu insistia na pontualidade e não dava trégua quando alguém violava essa determinação simples. Era uma regra e todos sob a minha liderança tinham que levá-la a sério.

Cada treinador do país tinha a mesma quantidade de tempo para ensinar a sua equipe sobre como vencer. Em certo sentido, era como os 100 metros livres — cada corredor tem exatamente a mesma distância a cobrir; cada passo tem uma grande consequência, e um passo em falso pode custar tudo.

Como líder, é importante reconhecer que você e os seus rivais estão basicamente na mesma nesse sentido. Portanto, a disputa pende para quem aproveita melhor o tempo que lhe é destinado — quem dá menos passos em falso quando se trata de desenvolver a produtividade em cada instante no tempo.

> "Fracassar na preparação é preparar-se para fracassar"
>
> "Não confunda atividade com realização"

Esse é o seu caso? Ou o do líder de um dos seus adversários? Mesmo que você trabalhe 24 horas por dia, sete dias por semana, a sua concorrência pode fazer o mesmo. Assim, o que acontece durante esse tempo — com que eficácia ele é usado — torna-se um fator determinante sobre quem irá prevalecer na disputa.

A BOA ADMINISTRAÇÃO DO RELÓGIO É TÃO IMPORTANTE NOS NEGÓCIOS QUANTO NO ESPORTE

O tempo é finito; o seu potencial, infinito. A qualidade da destinação e da execução do tempo determina o nível do seu sucesso. O grande poeta americano Carl Sandburg entendeu bem isso: "O tempo é a moeda da sua vida. É a única moeda que você tem, e só você determina como ela será gasta". Os líderes competentes gastam da maneira mais sensata.

Acredito que a organização — a administração do tempo — eficaz foi um dos meus atributos essenciais como treinador. Na verdade, a organização foi talvez o meu ponto mais forte. Eu sabia como usar o tempo nos seus fins mais produtivos. Gradualmente, aprendia a obter o máximo de cada minuto.

CONDUZINDO O TREINO

Os meus conhecimentos técnicos na área de conduzir o treino — a administração do relógio, como se poderia chamar — pode ter começado quando eu participava dos treinos conduzidos pelo meu treinador na faculdade, Ward Lambert. As aulas dele eram altamente organizadas e extremamente eficientes. Ele parecia correr a 100 quilômetros por hora. O treinador Lambert dava as instruções, as informações e as orientações sobre a corrida durante os treinos dos jogos e raramente parava o treino para se dirigir ao grupo como um todo. Em vez disso, ele chamava o jogador de lado brevemente para instruí-lo enquanto o resto de nós continuava treinando; não se desperdiçava nem um momento. Todo mundo estava fazendo algo produtivo durante cada minuto dos seus treinos.

Jamais ficamos parados chutando o vento. O único vento era produzido pelos Boilermakers da Purdue correndo para cima e para baixo na quadra — e o treinador Lambert correndo junto conosco, gritando instruções sobre o que precisávamos fazer para melhorar o nosso desempenho.

Também tive o privilégio de assistir ao lendário treinador de futebol da Notre Dame, Frank Leahy, conduzindo treinos enquanto eu era um treinador do colegial no South Bend, Indiana, próximo a Notre Dame. Ele permitia a presença de umas poucas pessoas de fora nos seus treinos, e eu tive a sorte de ser convidado. O que vi foi um líder que havia se tornado um mestre em organizar o tempo com eficiência. Ele também prestava atenção aos detalhes — muita atenção aos detalhes pertinentes. O treinador Leahy, assim como o treinador Lambert, não desperdiçava um segundo sequer, e isso me causou uma impressão muito forte e duradoura.

Esses dois treinadores criaram organizações que venceram campeonatos nacionais. E estava muito claro que uma das principais razões do sucesso deles era a sua alta eficiência no uso do tempo. Eu percebi uma ligação muito direta entre sucesso — conquista — e o uso inteligente do tempo.

Durante muitos anos, também fui forçado a aprimorar as minhas habilidades na "administração do relógio" quando dava aulas de inglês. Lembro-me bem do desafio de tentar ensinar gramática, Shakespeare, ortografia e poesia na breve hora de cada aula diária durante o semestre. Para ser eficaz, eu precisava ir para a sala de aula com um plano esboçado cuidadosamente a cada dia — um microcosmo de um currículo mais extenso e igualmente preciso. Aprendi muito sobre o uso eficaz do tempo quando recebi o desafio de ensinar Hamlet aos alunos do colegial. As minhas habilidades de administrar as aulas eram diretamente levadas para a quadra, à medida que incorporava as ideias e o estilo dos treinadores Leahy, Lambert e outros que observei ao longo dos anos.

NÃO CONFUNDA ATIVIDADE COM REALIZAÇÃO

Para alcançar o mesmo nível elevado de eficácia — produtividade — que eu tinha na sala de aula no ensino do basquetebol, comecei usando pequenos cartões indexados contendo uma programação detalhada de cada dia de treino. Na verdade, eu era chamado de "O Homem 3 x 5" na UCLA, porque sempre carregava comigo os cartões de apontamentos. Eu os usava para tomar nota do horário, minuto por minuto, para aquele dia de treino: quem, o quê, quando e onde (incluindo, por exemplo, quantas bolas de basquete deveriam estar em um determinado lugar da quadra em determinados momentos do treino).

Algum tempo depois do treino, eu jogava fora os meus cartões 3 x 5, depois de transferir as suas informações para o meu caderno de registros para consulta posterior. Na Terceira Parte deste livro, você verá exemplos de como registrava e computava cada minuto dos meus treinos na UCLA.

Embora não tenha mais os cartões 3 x 5 ou os cadernos de registro dos meus anos no South Bend Central, o método de organização do tempo durante os meus treinos no colegial era o mesmo. Eu não usava cartões 3 x 5 nas minhas aulas de inglês, mas a computação estrita dos minutos dentro da hora era semelhante. Na verdade, a formatação por escrito para ministrar o currículo de inglês serviu como protótipo para os treinos de basquetebol.

Eu tinha um fetiche quanto a usar o tempo eficientemente — não desperdiçá-lo. Os corpos em atividade fazendo ruídos podem ser enganadores. Isso não significa que se esteja realizando efetivamente alguma cosia. A atividade deve ser organizada com um propósito ou objetivo produtivo em mente; caso contrário, ela não será diferente do que se vê no pátio da escola — as crianças correndo por todo lado, muito movimento, mas poucos resultados práticos.

Eu observei centenas de treinos de outros treinadores ao longo dos anos. Com isso, era capaz de dizer em minutos se aquele treinador sabia ou não como controlar o tempo. Existe um sentido de ordem na maneira como as coisas são conduzidas — nada de moleza, relaxo ou ficar à toa. É como navegar em um veleiro cujas velas estejam bem esticadas no vento em vez de balançando na brisa. É o líder eficaz que cria esse sentido de ordem na organização.

Os treinadores-assistentes também carregavam os meus cartões 3 x 5 contendo as mesmas informações detalhadas. Nós nos certificávamos de nos ater ao horário preciso como se o nosso futuro dependesse disso (ele dependia). Cada um de nós sabia o que deveria fazer e exatamente quando estaríamos fazendo o quê. Essas instruções e orientações ditavam praticamente tudo o que acontecia durante o treino. Não havia um só minuto desperdiçado nem momentos de frivolidade. Não havia um único "intervalo" enquanto os jogadores esperavam o que os treinadores — seus líderes — pensavam no que aconteceria em seguida.

Antes que o primeiro apito do dia soasse — na verdade, horas antes que o primeiro jogador amarrasse os tênis —, eu tinha detalhado meticulosamente com os meus treinadores-assistentes o que faríamos e como. Os detalhes específicos nos meus apontamentos mudavam diariamente, mas, depois que tivesse anotado o planejamento da tarde, ele transcorria de maneira muito semelhante a um trem bem conduzido. E os jogadores lhe dirão ainda hoje que era um trem que corria muito rápido — e no horário.

PLANEJE CADA REUNIÃO COMO SE O SEU FUTURO DEPENDESSE DISSO (PORQUE DEPENDE)

Cada reunião com os seus gerentes e funcionários proporciona uma oportunidade única: uma chance para você e a sua equipe melhorarem em algum sentido, trocar informações vitais, incentivar o espírito de equipe e coisas do gênero. Não desperdice um momento dela; planeje cuidadosamente cada minuto.

Na manhã de cada treino, eu me reunia com os meus assistentes para discutir os planos para o dia. Durante a reunião, não havia absolutamente nenhuma distração ou intromissão — nada de telefonemas, de recados, visitantes, ou qualquer outra coisa que pudesse perturbar a reunião. Durante esse tempo, revíamos o treino do dia anterior e tomávamos decisões sobre o trabalho a ser feito à tarde — o que faríamos, quais resultados seriam conseguidos. Queríamos concentrar o máximo possível dentro dos 120 minutos de tempo de aula disponível naquele dia em especial.

COMO NÃO DESPERDIÇAR TEMPO

Até que ponto eu era uma pessoa detalhista? Antes da reunião diária dos treinadores, eu revia em particular o meu caderno de registros dos treinos do ano anterior sobre aquele exato dia, procurando ideias sobre o que fora eficaz e o que não funcionara bem. Na verdade, eu revia regularmente as notas dos dois ou três anos anteriores — às vezes, até mais. Essas notas me proporcionavam um registro exato das maneiras de não desperdiçar tempo. Na verdade, eu acabei voltando a 10, 15 e 25 anos antes para ver exatamente o que fizéramos no treino.

5ª Semana Seg. 10/11/69 — Sex. 14/11/69

Seg. 10/11 —	3:00–3:30 – Atenç. indiv. Lances livres. Passes pelas laterais
	3:30–3:35 – Verif. ritmo + dir. Bloq def. arrem. subida, pulo
	3:35–3:40 – Marcação +
	3:40–3:50 – 3 ou 2 condicionamentos
	3:50–4:00 – Arremessos — por posição
	4:00–4:10 – Marcação homem a homem: 3 x 3
	4:10–4:20 – Defesa reforçada nas laterais
	4:20–4:35 – Defesa da zona de ataque
	4:35–4:45 – " " (defesa seletiva)
	4:45–5:05 – " " " " mais pressão
	5:05–5:10 – Primeiro ataque rápido em equipe
	5:10–5:30 – Zona de defesa + ataque rápido

Atenção.
Fazer 10 arremes.
lance livre
cada

Eu usava esses registros detalhados para fazer comparações, e não onde um determinado exercício tinha funcionado bem com o grupo anterior ou quanto a um integrante isolado da equipe. Outros exercícios poderiam ser assinalados como precisando ser alterados ou eliminados. Eu coletava essas informações tanto dos meus cartões 3 x 5 quanto dos cadernos de anotações em que mantinha os registros das minhas observações sobre o treino de cada dia, as estatísticas de cada jogo e os resultados de cada temporada. Muitos registros eram abrangentes, mas na realidade não diferiam dos de um banqueiro que contabiliza cada centavo e pode lhe mostrar os registros de transações que remontam os anos anteriores.

Eu contabilizava os minutos como um banqueiro contabiliza o seu dinheiro. E, se precisasse fazer tudo de novo, creio que faria exatamente igual (quem sabe, com menos erros).

EXPANDINDO O TEMPO

Tudo isso foi resultado do grande respeito que eu tinha pelo tempo. Eu entendia que o sucesso da minha liderança estava ligado ao uso sensato do tempo. Os professores, líderes e treinadores competentes compreendem isso melhor do que os seus colegas que ficaram para trás e imaginam como a competição requer tanta coisa feita em tão pouco tempo.

Você "expande" o tempo com a organização e a execução adequadas — e as horas duram mais do que 60 minutos. O líder bem-organizado consegue fazer mais em duas horas do que um treinador mal-organizado consegue fazer em dois dias.

Com o tempo, esse esforço se transforma na diferença entre os que alcançam grandes coisas e os líderes que meramente sonham em fazê-las. Eu nunca fui o treinador com maior conhecimento dos detalhes técnicos dentre os que atuavam na época, mas estava entre os melhores na utilização do tempo. Respeite o tempo e ele o respeitará.

REGRAS PARA LIDERAR

Lembre-se de que um ótimo quarto de hora no basquetebol ou nos negócios começa com um ótimo minuto

Um líder bem-organizado já esvaziou a sua quarta xícara de café antes de um líder mal-organizado ter localizado a garrafa de café. Os seus primeiros minutos de trabalho com uma equipe ou num projeto vital podem determinar o seu sucesso final. Lidere com o conhecimento adquirido de que não tem um momento a perder.

Estabeleça o tom adequado utilizando uma técnica meticulosa de administração do tempo

Um líder que seja descuidado em relação ao tempo sanciona a mesma atitude por toda a organização. O tempo tem a ver com mais coisas do que o relógio; tem a ver com criar e fomentar um ambiente no qual a disciplina e a atividade dominam a falta de cuidado e a atitude displicente em relação ao tempo.

Documente os minutos, dias, semanas, meses e assim por diante

Ao rever os detalhes das programações de treinos da UCLA dos primeiros anos, eu procurava o que funcionara em intervalos precisos em toda a temporada. Isso me ajudava a manter a equipe avançando; eu aprendia com as lições do passado e as incorporava. Esses registros eram mais úteis para me mostrar como não desperdiçar o tempo. Mantenha registros confiáveis e significativos. Use-os para ajudá-lo a encontrar maneiras de se aprimorar.

SOBRE WOODEN

Eddie Powell: Time principal do Colégio South Bend Central; treinador-assistente, Faculdade Estadual Teachers de Indiana e UCLA

NÃO SE ATRASE

O ônibus da equipe estava programado para partir para o nosso jogo contra os Cavemen do Colégio Mishawaka, os nossos arquirrivais, exatamente às 18 horas.

Todos os jogadores estavam nos seus lugares e prontos para partir, a não ser por dois garotos.

Acontece que eles eram os co-capitães da nossa equipe, os Bears do South Bend Central.

— Motorista, a que horas eu disse que partiríamos para o jogo? — indagou o treinador Wooden quando embarcou no ônibus.

O motorista respondeu:

— Às 18 horas, treinador. Como sempre.

O treinador perguntou:

— Bem, que horas são?

O motorista do ônibus olhou para o seu relógio de pulso e disse:

— São exatamente 18 horas, treinador Wooden.

Sem a menor hesitação, o treinador replicou:

— Pois essa é exatamente a hora que o meu relógio está marcando.

Ele se voltou e olhou pelo corredor do ônibus — para aqueles dois assentos vazios — e disse ao motorista:

— Vamos indo.

O ônibus partiu sem os dois jogadores mais importantes da equipe.

A regra do treinador era para chegar no horário ou o ônibus partiria sem você. Muito embora aqueles dois jogadores fossem importantes, não houve acordo.

O nosso ônibus partiu para Mishawaka exatamente no horário.

Também não importava que um dos jogadores fosse o filho do vice-diretor do South Bend Central — o tipo de pessoa que poderia criar problemas para o cargo do treinador Wooden.

Com isso, aprendemos que o treinador não estava brincando: chegue no horário. Essa história foi contada durante anos aos jogadores recém-chegados. E era um recado. O treinador Wooden não estava de brincadeira. Ele levava a sério o que dizia.

Descobrimos depois que os co-capitães tinham faltado ao nosso jogo contra Mishawaka para ir a um baile.

11

A CENOURA É MAIS EFICAZ
DO QUE UMA VARA

*"A punição invoca o medo. Eu queria uma equipe
cujos integrantes fossem cheios de orgulho, não de medo."*

O senhor Earl Warriner, o diretor da escola que eu frequentava em Centerton, Indiana, usava um instrumento motivacional à moda antiga: uma chibata. Cortada de uma trepadeira que crescia sobre a parede do prédio da escola e com os espinhos aparados, era um forte motivador para os jovens alunos que saíssem da linha.

Uma manhã, antes da nossa canção diária, eu e mais quatro dos meus colegas de classe decidimos pregar uma peça no senhor Warriner, fingindo cantar — movendo os lábios, mas sem emitir nenhum som. É claro que, quando a cantoria — ou a falta dela — começou, ele percebeu o engodo e identificou os impostores. Os nossos risinhos nos denunciaram.

O senhor Warriner mandou que os alunos que estavam cantando se calassem e calmamente encaminhou-se para a sua mesa, de onde tirou a sua chibata. Depois, mandou que formássemos uma fila e foi perguntando de um em um, em voz baixa:

— Você vai cantar?

Eu era o quarto da fila.

O primeiro garoto fraquejou imediatamente, quase antes de o senhor Warriner ter terminado de fazer a pergunta.

— Vou cantar, sim, senhor Warriner — gaguejou.

O segundo garoto se segurou até que foi instruído a dar meia-volta e curvar-se. Foi o que bastou.

O terceiro garoto aguentou-se até experimentar a chibata — uma vez. Então, chegou a minha vez.

— E quanto a você, Johnny, vai cantar? — indagou o senhor Warriner.

— Não — retruquei.

Ele perguntou de novo:

— Tem certeza disso?

Abanei a cabeça de um lado para o outro. Parecia muito seguro. Recebi uma chibatada.

— Vai cantar agora, Johnny? — ele perguntou.

Balancei a cabeça de novo.

— Não!

Nova chibatada, e dessa vez ardeu; os meus olhos começaram a lacrimejar.

— Johnny, vai cantar agora? — perguntou o senhor Warriner, pacientemente. A minha determinação enfraquecera, mas não a minha atitude.

— Vou tentar — repliquei em voz sumida.

Não foi o bastante. Recebi nova chibatada.

— Está bem, está bem, vou cantar, senhor Warriner! — gritei no mesmo momento em que o próximo garoto da fila exclamava:

— Eu, também, senhor Warriner. Gosto de cantar!

Nunca a nossa canção matinal foi cantada com tanto gosto como naquele dia. Ainda agora sou capaz de ouvir nós cinco, altamente motivados, entoando vigorosamente a canção na classe.

O MELHOR MOTIVADOR?

Há ocasiões em que a ameaça de castigo é eficaz tanto para os escolares quanto para os adultos. Na maioria das vezes, porém, o líder recorre à punição porque lhe falta uma compreensão das suas limitações assim como das habilidades necessárias para criar a motivação com base no orgulho em vez do medo (O senhor Warriner era habilidoso em todas as modalidades de motivação.).

O líder possui uma missão simples: conseguir que todos aqueles que estejam sob a sua supervisão executem constantemente as suas tarefas no seu nível máximo, de maneira a beneficiar a equipe. As suas habilidades como motivador é que vão determinar se, e em que medida, isso acontecerá.

Cheguei à conclusão de que, ao escolher entre a cenoura e a vara como instrumento motivacional, a cenoura bem-escolhida era quase sempre mais eficaz e duradoura do que a vara. Na verdade, a simples retirada da cenoura bem-escolhida pode se tornar uma punição mais convincente e um motivador mais poderoso. A sua negação cria o desejo; a cenoura torna-se a vara.

Como Evitar Ressentimentos

1. Apresente todos os fatos. O que foi errado, não quem é o culpado.

2. Fiquem calmos. Encontrem a solução juntos. Não permita que a emoção atrcapalbe. Use a razão.

3. Critique em particular. ~~Crítica é certa, ajuda, melhora, impede etc. não punir.~~ Ouça se quiser ser ouvido. Discorde sem ser desagradável.

4. Elogie antes e talvez depois de criticar. Ajuda a manter as aparências.

5. Faça críticas construtivas. Cri. é correta, ajuda, melhora, impede — não punir.

Trate todas as pessoas com dignidade e respeito.

"Toda filosofia que possa ser incluída em um método faz parte dele."

Você não pode antagonizar e efetivamente influenciar ao mesmo tempo.

Entre as cenouras convencionais, incluem-se o dinheiro, é claro, assim como adiantamentos, prêmios, um escritório de canto, ou um papel de maior destaque na equipe ou na organização. As cenouras podem assumir várias formas. No entanto, acredito que os motivadores mais fortes e significativos não são necessariamente materialistas, mas intangíveis. Nesse sentido, talvez não exista cenoura melhor do que a aprovação de alguém a quem se respeita de verdade, de quem se busque o reconhecimento. O reconhecimento, um tapinha nas costas, uma piscadela, uma inclinação de cabeça em sinal de reconhecimento ou o elogio de alguém que você tem em alta estima são mais eficazes — as cenouras mais valiosas de todas. Pelo menos, percebi isso na minha experiência.

De modo importante, a aprovação sincera instila o orgulho. A punição invoca o medo. Eu queria uma equipe cujos integrantes fossem cheios de orgulho, não de medo. O orgulho na equipe e o comprometimento com a sua missão são componentes fundamentais da grandeza competitiva. O uso sensato da cenoura pode conduzir a isso, especialmente somado ao uso prudente da vara.

SE VOCÊ NÃO QUER DIZER ALGO, NÃO DIGA

Os reconhecimentos positivos causam impacto apenas quando manifestos por alguém que é estimado. Mesmo assim, porém, as palavras positivas tornam-se insignificantes quando pronunciadas habitualmente ou em excesso.

Os elogios frequentes e gratuitos neutralizam o grande valor do cumprimento sincero. Os líderes que os prodigalizam sem muita consideração sacrificam um aliado motivacional grandemente eficaz — o tapinha nas costas (É claro, uma vez ou outra, o tapinha deve ser um pouco mais embaixo e um pouco mais duro.) Se você não quiser dizer algo, não diga.

Por exemplo, eu evitava a frase: "Está ótimo!". Em vez dela, eu dizia: "Bom, muito bom. Está ficando melhor". Ou, "A ideia é essa. Agora, você está entendendo. Bom". Tinha em mente que o modo como transmitia as informações geralmente era tão importante quanto a informação em si. O meu tom era calculado e o meu comportamento, controlado. E eu era sincero.

No basquetebol, receber permissão para entrar no jogo é uma cenoura. Retirar tempo de jogo — "sentenciar" um jogador ao banco — torna-se uma vara temível. Nos negócios, o "banco" existe em várias formas — a negação de privilégios, mordomias e promoções (é claro, a demissão do grupo — o fim — representa a vara suprema e pode ter um efeito edificante sobre os que permanecem na equipe. Entretanto, demitir alguém também sugere um fracasso por parte do líder. Terá julgado originariamente mal o indivíduo? Faltaram-lhe habilidades para trabalhar com essa pessoa? A demissão de um indivíduo que você levou para o grupo sugere um fracasso da sua parte.).

Os ótimos líderes — que alcançam resultados constantes e a longo prazo — são especialistas no uso adequado da cenoura e da vara. E também entendem que você disciplina aqueles que estão sob a sua supervisão para corrigir, ajudar, melhorar — não para punir. Os treinadores e líderes com estilo ditatorial têm um jeito próprio (só vara, nada de cenouras) e também podem chegar a grandes alturas. Mas, para mim, o medo e os maus sentimentos que decorrem da intimidação, da punição e de palavras cruéis têm, de longe, menos eficácia do que o orgulho.

É muito difícil influenciar alguém de maneira positiva a longo prazo quando se antagoniza e se segrega essa pessoa. Além disso, depois de ter provocado a raiva em alguém e criado um sentimento de animosidade, você será forçado a desperdiçar ainda mais tempo recuando e tentando suavizar as coisas.

NÃO LIMITE AS SUAS OPÇÕES

Os elogios e as críticas existem, é claro, dentro de uma conjuntura de expectativas — regras de comportamento — por parte dos que se encontram sob a sua liderança.

Quando eu estava ainda começando, tinha uma porção de regras e poucas sugestões. As regras eram enunciadas em preto-e-branco, assim como as penalidades por desrespeitá-las. Quando um jogador desrespeitava uma das minhas regras, a punição era automática, imposta sem discussão. E geralmente era uma punição severa, rigorosa.

Fumar era motivo de demissão imediata — sem perguntas. No Colégio South Bend, eu demiti sumariamente de uma equipe um jogador do mais alto nível, por toda a temporada, por fumar. Eu tinha um regulamento. Ele o desrespeitou. Isso era tudo o que contava. Na época, eu pensava que essa era a liderança certa. Mas isso significava que eu estava ignorando circunstâncias e desdobramentos atenuantes. Posteriormente, o garoto deixou a escola por causa das minhas ações e perdeu uma bolsa de atletismo que o teria ajudado a fazer a faculdade. Privar um rapaz de fazer uma faculdade porque ele desrespeitou uma regra é simplesmente indesculpável. Eu era inexperiente demais para entender isso.

Finalmente, acabei reconhecendo que é necessário o bom senso para quando e como devem ser aplicadas as penalidades — quer dizer, a disciplina. Ao longo dos anos, fui deixando de ter uma porção de regras e poucas sugestões para ter uma porção de sugestões e menos regras. Substituí as regras e penalidades específicas por sugestões importantes. Isso me deu maior discernimento e deixou espaço para reações mais produtivas.

Um indivíduo que sabe exatamente qual é a punição para um determinado ato pode calcular subconscientemente o risco em relação à recompensa. Essa pessoa pode decidir se o risco vale a pena. Mantendo a punição desconhecida, posso ter permitido que alguns indivíduos fizessem uma escolha ruim. Eles não eram capazes de calcular se o risco valia a pena em face da recompensa porque não sabiam qual seria a penalidade.

PREFIRA SUGESTÕES FIRMES A REGRAS RIGOROSAS

Os líderes precisam de uma certa liberdade de ação ao lidar com pessoas e situações diferentes. Os que usam sugestões e ensinamentos em lugar de ficarem presos a uma longa lista de regras rígidas podem desenvolver relacionamentos muito mais produtivos com os integrantes da equipe.

NÃO SABER É PIOR DO QUE SABER

Eis aqui uma história — fictícia — que ilustra o que estou dizendo em relação a manter os aspectos específicos da penalidade desconhecidos: Um caubói amarra o cavalo à porta do bar local, entra e pede uma caneca de cerveja gelada. Quando termina de bebê-la, volta para fora, mas o cavalo que deveria estar ali à sua espera não era visto em lugar nenhum.

O caubói entra intempestivamente no bar, golpeia violentamente o balcão com os dois punhos fechados e grita: "Alguém aqui pegou o meu cavalo. Agora, vou pedir outra caneca de cerveja gelada. Quando acabar de beber, voltarei calmamente para fora. Sugiro que aquele que pegou o meu cavalo traga-o de volta e amarre-o no poste. Caso contrário, vou fazer o que fazia no Texas — exatamente a mesma coisa que fazia no Texas".

O caubói pede outra caneca de cerveja, bebe e vai para fora. Sem dúvida nenhuma, o seu cavalo está no poste de amarração. No momento em que ele monta e se prepara para partir, o dono do bar aparece correndo e pergunta: "Puxa, isso foi impressionante. Mas preciso lhe perguntar, 'O que você fazia no Texas quando pegavam o seu cavalo?'". O caubói olha para o dono do bar e diz: "Eu voltava a pé para casa".

Aqueles que se acham sob a sua liderança — como todos aqueles caubóis no bar — temem o desconhecido mais do que o conhecido. Quando amadureci na minha atividade como treinador, confiei cada vez mais em fortes sugestões com penalidades não especificadas vinculadas.

Na UCLA, especialmente nos anos 1970, quando havia tanto tumulto no campus e por todo o país, eu sugeria firmemente aos nossos jogadores que não fumassem nem bebessem. Entretanto, se bebessem e, como consequência disso, se comportassem de um modo que levasse o descrédito à equipe, seriam tomadas as medidas cabíveis.

No entanto, os aspectos específicos das medidas que tomaria geralmente não eram informados. Ao contrário do que fazia nos meus primeiros tempos como treinador, eu me reservava opções — a oportunidade de avaliar os desdobramentos e as circunstâncias atenuantes. Para ser eficaz, um líder deve preservar as suas opções.

Além do mais, quando surgem dificuldades e são necessárias medidas — ou palavras — enérgicas, adotei como política criticar em particular, não na frente dos outros. O sermão era passado sem rancor. Eu era duro, mas não levava para o lado pessoal — não insultava, não elevava a voz, não demonstrava raiva, nem emoção. Houve algumas ocasiões, é claro, em que desrespeitei essa regra. Às vezes, intencionalmente, deixava a emoção se insinuar, para impressionar. Outras vezes, fazia isso porque sou humano e os humanos cometem erros.

> Quando se comete erros, como perder um arremesso fácil, dar um passe errado, descuidar-se de um homem desmarcado, deixar o seu homem escapar, ou algo semelhante, eu insisto em que os garotos nunca se critiquem, mas encorajem aquele que errou para que aquilo não aconteça de novo.
> Depende de cada treinador fazer a crítica, e ela deve ser o mais construtiva possível.

O PROPÓSITO DA CRÍTICA

Depois que a discussão ou ação acabaram, tudo acaba. Passamos para outro assunto sem nos prender à raiva ou animosidade. Pelo menos, eu fazia todos os esforços para isso.

Nunca quis constranger ou humilhar. O propósito da crítica ou disciplina é corrigir, melhorar, educar, modificar comportamentos ou produzir uma mudança positiva. É preciso uma grande habilidade para fazer isso sem incorrer em maus sentimentos, animosidade, raiva ou mesmo rancor. O líder que não tem as habilidades necessárias nessa área muitas vezes verá a sua tentativa de fazer uma crítica construtiva reduzida a uma crítica destrutiva. Você prejudica a sua própria equipe tornando um ou mais dos seus integrantes menos eficaz.

Ao fazer uma crítica, você não deve abrir feridas que demoram para cicatrizar. Um indivíduo sujeito a insultos pessoais, especialmente na frente dos outros, é desnecessariamente diminuído.

A minha política de ter mais sugestões e menos regras funciona bem quando o líder tem a perspicácia de trazer gente boa para a organização, indivíduos que aspiram a — e vivem de acordo com — um sólido código de conduta.

A crítica é mais eficaz quando feita em um clima positivo, quando aconteceu algo bom — uma vitória, uma jogada bem executada na prática. Nesses momentos, a crítica pode ser feita e recebida com ótimos resultados. Do mesmo modo, usa-se o elogio com ótimos resultados quando um indivíduo, ou o grupo, sofreu um revés, quando está necessitando de um forte apoio.

Eu também tentava somar um cumprimento à crítica sempre que possível. A maioria das pessoas não gosta de críticas, ainda que seja para o seu próprio bem. Um reconhecimento — elogio — feito como parte da crítica reduz a resistência a ela; por exemplo: "Gosto da sua agressividade na defesa. Será que pode fazer o mesmo quando buscar a cesta?".

Uma declaração como esta é um método de oferecer sinceramente um tapinha nas costas e, ao mesmo tempo, apontar um problema e corrigi-lo. Os resultados normalmente são produtivos. Nos negócios, existem amplas oportunidades de somar cumprimentos à crítica. Por exemplo:

> Ótimo trimestre de vendas. Como podemos usar esse impulso para nos aproximar ainda mais do nosso orçamento anual de vendas?

Ou

> Sinto que tenha perdido o seu primeiro contrato depois de apenas seis meses no trabalho, mas achei que conduziu as coisas muito bem, muito profissionalmente.

SÓ O LÍDER FAZ AS CRÍTICAS

Eu deixava claro desde o início da temporada que apenas o líder faz as críticas. Insistia em que os jogadores nunca criticassem ou zombassem de um companheiro de equipe. As consequências das críticas — de jogador para jogador, de funcionário para funcionário — podem ser extremamente destrutivas para o grupo. Passei décadas imaginando como e quando aplicar elogios e críticas para alcançar os resultados ideais com um mínimo de danos. Não era algo que queria deixar ao acaso, não era algo que um jogador estivesse preparado para fazer. Eu não tolerava esse tipo de comportamento.

Nessas poucas ocasiões, quando um jogador ou dois começavam a perseguir alguém, eu esperava até voltarmos ao vestiário e então lembrava ao grupo sobre como o Império Romano desmoronou — não de fora para dentro, mas de dentro para fora: as lutas, as disputas, os banhos de sangue *internos*. O Império Romano, eu lhes dizia, ruiu por causa do que eles próprios fizeram a si mesmos: "Exatamente a mesma coisa pode acontecer conosco", eu advertia. "Uma equipe dividida contra si mesma não alcançará o sucesso". Os poucos que não captassem a minha mensagem recebiam posteriormente um tratamento em particular.

"Os adversários trabalham duro para nos derrotar. Não vamos fazer isso por eles, derrotando-nos por dentro."

Embora eu fosse intolerante em relação aos jogadores se criticarem mutuamente, instruía-os — insistia com eles — para que reconhecessem um companheiro de equipe que lhes prestasse assistência na conversão de uma cesta. Na verdade, posso ter sido um dos primeiros treinadores a implementar essa política.

Encorajando os homens do lado mais fraco e os protetores, e cumprimentando-os sempre que uma jogada que partisse deles culminasse em pontuação, eu tentava instilar um espírito de equipe mais integrado. O que marcasse os pontos devia sempre cumprimentar aquele que lhe fizera o passe e todos os garotos deviam cumprimentar o marcador, mais aquele que fizesse um bom trabalho defensivo, que afastasse a bola da tabela, interceptasse um passe ou fizesse alguma outra jogada de valor - não com uma demonstração efusiva, mas por um aceno de cabeça, um sorriso, ou uma palavra ou duas.

Elogios e críticas são forças voláteis *dentro* de uma organização, mas também podem vir de fora do grupo, de amigos, dos familiares e da mídia. Eu estava ciente do potencial de prejuízos que essa influência poderia ter e dizia aos integrantes da nossa equipe para ignorar o que os outros diziam ou escreviam. "Vocês vão gostar se for um cumprimento e se enfurecer se for uma crítica. Em qualquer circunstância — merecendo ou não, gostando ou não — ignorem, porque, se permitirem que isso os afete, os resultados serão prejudiciais para a equipe".

Os elogios e as críticas que eu queria que fossem importantes e exercessem uma influência eram os que partiam de mim e dos meus treinadores-assistentes. Nada mais — a revista *Sports Illustrated*, jornais, comentaristas de rádio e TV, amigos, familiares ou parentes — deveria importar no que dizia respeito ao basquetebol da UCLA.

Grande parte da minha compreensão e valorização do impacto que os elogios e as críticas poderiam causar dentro de uma organização provinha da minha própria experiência, do meu relacionamento com meu pai quando jovem. Meu pai não era avesso a dar uma boa surra em mim e nos meus irmãos se saíssemos da linha. Mas era o meu grande desejo de agradá-lo que me motivava. Não temia a punição física, mas o meu maior medo era que o meu pai se desapontasse comigo.

Mais tarde, os meus treinadores e mentores foram pessoas que eu respeitei muito. A aprovação deles — elogios, um tapinha nas costas — era como ouro para mim, mais precioso, na verdade. Passei a acreditar, como treinador e líder, que, se me conduzisse de maneira a conquistar o respeito dos que estavam sob a minha liderança, haveria essa mesma forte motivação. Se conseguisse isso, teria uma das ferramentas mais eficazes à disposição do líder: o respeito daqueles que eu liderava em uma competição.

Tentei ao máximo merecer esse respeito, sabendo que ele daria às minhas palavras um peso tremendo. Tornava os meus elogios e cumprimentos as maiores cenouras de todas. Do mesmo modo, você pode encontrar algum mérito nas diretrizes a seguir, uma vez que elas dizem respeito às suas próprias cenouras e varas.

SUGESTÕES PARA LIDERAR

É mais fácil instilar o orgulho com a cenoura
Os melhores líderes talvez entendam esse fato intuitivamente. Os integrantes de uma organização que estejam sempre temerosos de um castigo ou punição estão em grande desvantagem quando competirem contra uma equipe cheia de orgulho. Isso é mais notado ainda a longo prazo.

Certifique-se de que todos os elogios sejam verdadeiros e adequados
Tão prejudicial quanto fazer uma crítica pessoal é o cumprimento que não é verdadeiro. O seu elogio só causará impacto na medida em que seja dado sinceramente e de boa fé. Qualquer coisa diferente disso normalmente será percebido como tal, tornando-se contraproducente.

Não tolere lamentações e críticas internamente
Os líderes devem ser os únicos responsáveis por criticar os integrantes da equipe. O propósito da crítica é corrigir, melhorar e mudar. Não é humilhar, rebaixar ou punir. Essa é uma tarefa que requer grande habilidade e julgamento, e o melhor é deixá-la nas mãos dos administradores e instrutores capazes.

Não se prenda a penalidades rígidas
Os líderes de sucesso entendem que é importante ter opções. Isso permite que você adapte a reação a cada situação. Ainda assim, quando se trata de regras mais importantes, é sensato ter uma compreensão clara das penalidades vinculadas. O bom senso, porém, sempre deve ter um lugar certo nas suas decisões. O que é justo é mais importante do que o que é certo.

SOBRE WOODEN

Bill Hicks: Time principal da UCLA, 1960-1962

FLEXIBILIDADE NA IMPOSIÇÃO DAS REGRAS

Um dos nossos melhores jogadores — talvez o melhor de todos nós — aborreceu-se com alguma coisa durante um treino e teve uma explosão emocional na quadra. Isso colocou o treinador Wooden em uma posição estranha porque ele não queria perder o cara. Não tínhamos exatamente muitos talentos a desperdiçar.

O treinador resolveu o problema dizendo ao jogador que tivera a explosão e saíra da quadra que ele estava suspenso. No entanto, depois informou ao jogador suspenso que a equipe teria a autorização de votar se ele deveria retornar ou não. Isso permitiu que todo mundo salvasse as aparências. Também fortaleceu a equipe, porque ela sentiu que tivera participação na decisão. É claro que votamos para que ele voltasse.

O treinador resolveu o problema dele, disciplinando o jogador, e fortaleceu a nossa equipe, tudo isso ao mesmo tempo. Isso era típico da liderança dele — muito inovadora.

Ele tratava todos os jogadores igualmente, sem favoritismos, mas dizia que era apenas humano e provavelmente gostaria mais de alguns do que de outros. No entanto, ele prometia ser absolutamente justo na avaliação que faria a nosso respeito como jogadores. O treinador Wooden queria que soubéssemos que não haveria favoritismo da parte dele. Todos tínhamos chances iguais.

Wooden sempre teve uma paixão pelas coisas pequenas. Ele queria que amarrássemos os tênis da maneira certa, fizéssemos o pivô da maneira certa. Havia uma maneira certa para fazer tudo, e ele queria que soubéssemos como fazer.

Ele nos ensinava como fazer.

12

TORNE A GRANDEZA ACESSÍVEL A TODOS

"Cada integrante da sua equipe tem um potencial para a grandeza pessoal; o trabalho do líder é ajudar cada um a alcançá-la."

Michael Jordan é considerado o maior jogador da história da NBA pelos conhecedores e especialistas, aqueles que ganham a vida especulando: Quem é o número um? Quem é o melhor? Quem é o maior?

Enquanto eu ensinava basquetebol na UCLA, vários dos nossos jogadores, incluindo Bill Walton, Lewis Alcindor Jr. (Kareem Abdul-Jabbar), Keith Erickson, Sidney Wicks, Walt Hazard, Keith (Jamaal) Wilkes, Gail Goodrich e David Meyers, também receberam um grande número de elogios: troféus de MVP (de *Most Valuable Player*, ou de o jogador mais valioso na quadra), seleção para as equipes dos Melhores da Conferência, honras na mídia e prêmios de melhores jogadores de todo o país.

Assim, sempre me perguntavam: "Quem é o maior jogador que você já treinou?". Embora tenha escutado essa pergunta centenas de vezes, nunca a respondi — nunca escolhi o *maior* jogador — porque não gosto desse tipo de negócio de "quem é o número um?".

Especulações desse tipo podem ser uma diversão inofensiva para os que estão de fora, mas identificar um indivíduo sob a minha liderança como sendo melhor do que os outros — o "maior" — é contrário à minha crença básica sobre o sucesso. Acredito que a grandeza pessoal seja medida em relação ao potencial de cada um, não em relação ao de qualquer outra pessoa da equipe ou de fora dela.

GRANDEZA ALCANÇÁVEL

Eu queria que o meu pessoal — jogadores, treinadores assistentes, alunos-ajudantes, o orientador — soubesse que o tipo de grandeza que eu considerava estava disponível a cada um deles. Como? Executando a sua tarefa específica no mais alto nível da sua capacidade. Eu queria que cada indivíduo ligado à equipe compreendesse que, quando isso fosse realizado, ele teria alcançado o tipo de grandeza que eu mais valorizava.

Eu não pedia ao nosso aluno-ajudante, Les Friedman, para fazer o trabalho de Bill Walton, e não pedia a Bill Walton para fazer o meu trabalho. Cada um de nós precisava estar preocupado apenas em fazer a sua tarefa específica com o máximo da sua capacidade. Aí reside a nossa grandeza pessoal.

Como líder, o meu trabalho era fazer de tudo para ajudar aos integrantes da equipe a alcançar isso — era criar um ambiente e uma atitude que permitissem a expressão do que havia de melhor em cada um deles. A grandeza pessoal de qualquer líder é medida pela eficácia em permitir a expressão da grandeza entre aqueles a quem ele lidera. Assim, a grandeza pessoal está ao alcance de cada integrante de uma organização, independentemente da função e das responsabilidades — seja o CEO, uma secretária, o jogador que entra jogando e o que espera no banco, o gerente-chefe ou o treinador-chefe.

Não sou ingênuo. Eu sabia que os melhores jogadores do país como Bill Walton deviam causar um impacto muito maior do que o jogador sentado na extremidade do banco da UCLA. No entanto, a minha expectativa (*exigência* é uma palavra mais exata) era que todos os que estivessem sob a minha liderança buscassem a grandeza — a sua *própria*, não a de ninguém mais.

Eu também sabia que Bill Walton seria incapaz de alcançar a sua própria grandeza pessoal sem que os outros integrantes da equipe alcançassem a sua. Todo mundo precisava fazer o seu trabalho; todo mundo precisava buscar e alcançar o melhor de si para a equipe ser tão boa quanto poderia ser.

Quando os líderes instilam a crença genuína de que a oportunidade para fazer grandes coisas acontecerem é possível em todo trabalho, eles terão alcançado algo extraordinário. Terão uma organização que cria e fomenta realizadores, uma equipe superior, cheia de pessoas esforçando-se para alcançar 100% do seu potencial de maneira a servir a equipe. Isso se torna uma força com energia e produtividade exponenciais.

Alguns desses realizadores serão mais talentosos e inteligentes, marcarão mais pontos ou fecharão mais vendas do que os outros. No entanto, será um indivíduo em especial *maior* que todos os outros da equipe? Não.

Essa não é uma medida ou avaliação que me preocupe *basicamente*. Ao contrário, eu queria assegurar que todos os integrantes da equipe se comprometessem a fazer o seu trabalho com o máximo da sua capacidade — para alcançar a grandeza pessoal. De acordo com isso, eu evitava usar o termo *substitutos* para os que não integravam a equipe que entrava na partida jogando. *Substituto* é um termo pejorativo para alguém que esteja desempenhando plenamente a sua função na equipe. Um jogador começava jogando ou não começava, mas nunca era um substituto.

Assim, como você verá na Terceira Parte, os prêmios de pós-temporada que eu encorajava os ex-alunos e grupos da universidade a outorgar aos jogadores nunca reconheciam o que marcasse mais pontos. Em vez disso, características como "atitude mental", "jogador mais altruísta" e "aprimoramento" eram reconhecidas e recompensadas.

Destacar um indivíduo como o "maior de todos" — o que nos esportes "o artilheiro" sugere — desvaloriza as funções e as tarefas de todos os outros da equipe, torna-os cidadãos de segunda classe.

São necessárias 10 mãos para fazer uma cesta; eu acredito profundamente nesse princípio. Qualquer coisa que se interponha no caminho dessa atitude cooperativa é contraproducente e pode levar a um sistema de castas dentro da organização.

NENHUM INDIVÍDUO É DONO DO NÚMERO

É por isso que sempre fui sistematicamente contra aposentar o número de um jogador. Fazer isso, de fato, declara um determinado indivíduo como o maior — melhor do que outra pessoa na equipe.

Quando a UCLA decidiu aposentar os números de Bill Walton e Lewis Alcindor Jr. — respectivamente, os números 32 e 33 —, eu objetei fortemente e participei da cerimônia no Pavilhão Pauley apenas como cortesia em relação aos meus dois ex-jogadores. Seria um insulto para eles se eu não comparecesse. No entanto, fui contra. Os dois entenderam o porquê, em parte porque eram perfeitos jogadores de equipe.

Tanto Lewis quanto Bill sempre puseram a equipe à frente da glória pessoal. Certamente, não há dúvidas quanto à contribuição que cada um deles prestou na sua respectiva equipe.

Mas outros também usaram aqueles mesmos números e contribuíram para as suas próprias equipes, trabalhando duro para dar tudo o que tinham para o bem do basquetebol da UCLA. Outros alcançaram a grandeza pessoal usando os números 32 e 33. Todos aqueles outros jogadores, contribuindo com sua plena capacidade, alcançaram a grandeza pessoal e competitiva assim como Bill e Lewis.

Por exemplo, Steve Patterson jogou no centro da equipe em dois campeonatos nacionais obtidos pela UCLA, em 1970 e 1971.

Ele usava o número 32, imediatamente antes de Bill Walton receber aquele número como jogador da equipe principal da universidade em 1972. Como o número 32 poderia se tornar uma propriedade exclusiva de Bill?

Do mesmo modo, o número 33 de Lewis fora usado anteriormente por Willie Naulls, que foi um dos melhores jogadores americanos, e da UCLA, em 1956. Nolan Johnson não era um dos melhores jogadores americanos, mas usou o número 33 no ano seguinte.

O número em um uniforme pertence sempre à equipe, nunca ao indivíduo, assim como toda a glória pertence à equipe, não ao treinador nem ao jogador. Essa era a minha opinião.

Eu procurava formar uma equipe de indivíduos, cada um buscando a grandeza na sua própria função — grande ou pequena — da maneira que melhor pudesse servir à equipe.

Eu afirmava claramente no meu método de ensino como essa meta poderia ser alcançada: "Seja qual for a função que eu designe a você, aceite e execute as suas responsabilidades com o máximo da sua capacidade".

Fosse um jogador que atuasse como alguém que não começava jogando ou fosse uma estrela, eu pedia que buscasse realizar o seu próprio potencial.

Para uma organização ter sucesso, todos os integrantes devem ser grandes, cada um à sua maneira pessoal.

Todos os integrantes devem atender ao que é exigido da sua função, cada um se esforçando para aplicar no trabalho o melhor de si. É responsabilidade do líder ensinar e instilar esse desejo.

ESCOLHA AS SUAS PREMIAÇÕES COM CUIDADO

O reconhecimento pela produtividade individual certamente tem um lugar importante na sua lista de categorias potenciais de premiação. No entanto, a premiação deve ser valorizada igualmente com prêmios por "aprimoramento", "atitude", "contribuição com a equipe" e outras atividades que fortaleçam a organização. O "funcionário do mês" geralmente é mais eficaz como uma ferramenta de motivação quando reconhece o comportamento que, por sua vez, permite que o seu "artilheiro" alcance a excelência.

A GRANDEZA EM UMA FUNÇÃO DE APOIO

Swen Nater entendia que a sua grandeza acontecia nos treinos, e não nos jogos. Ele servia à equipe como um centro de reserva por trás das habilidades importantes de Bill Walton. Essa posição permitia ao Bill aguçar os seus recursos nos treinos contra um pivô, Swen, que também era alto e talentoso (Swen poderia ser um titular em praticamente qualquer outra equipe do país).

Antes de Swen juntar-se a nós, eu expliquei claramente a ele o papel específico que ele desempenharia na equipe e a importância desse papel. Ele assumiu a tarefa, aceitou o papel e ajudou a UCLA a vencer dois campeonatos nacionais.

Será que Bill Walton era melhor do que Swen Nater? Essa é uma pergunta de pouca importância para mim no contexto da liderança e da produtividade da equipe. Os dois homens atingiram a grandeza executando suas funções específicas e importantes para dar o melhor de si à equipe. Isso era o que mais me interessava.

> "A grandeza pessoal não é determinada pelo tamanho de uma tarefa, mas pelo tamanho do esforço que se aplica à tarefa. Isso se aplica a todos os integrantes da equipe."

É sua responsabilidade como líder ensinar aos que participam da organização que cada função oferece a oportunidade para alcançar a grandeza pessoal. Quando todos os integrantes da sua organização se esforçam para alcançar a grandeza pessoal — e se orgulham da sua contribuição em favor do grupo —, você desencadeia forças poderosas que tornam a sua unidade mais eficaz e, em última análise, mais competitiva.

ENCORAJE A AMBIÇÃO

Em todo ambiente competitivo, existem indivíduos ambiciosos e talentosos que podem ser ótimos integrantes da equipe, mas que também estão procurando meios de ampliar a sua atuação. Essa meta nem sempre pode ser alcançada imediatamente, mas você não deve acabar com o desejo ou diminuir a ambição dessas pessoas. A ambição, controlada e direcionada de maneira adequada, é vital.

Faça com que os indivíduos ambiciosos saibam que, antes de avançar, eles devem executar as suas funções determinadas com grande habilidade. Antes do cálculo, vem a geometria; antes da geometria, vêm a soma e a subtração. Cada nível deve ser dominado por sua vez antes que o indivíduo possa avançar para o nível seguinte. Antes que um jogador da nossa equipe passasse para uma função mais importante, ele devia ter demonstrado o domínio completo da função que lhe fora atribuída.

Lembre ao seu pessoal mais ambicioso que todos devem ter paciência. E, se a proficiência na sua função permanecer insuperável, as suas chances virão quando menos se espera. Eu advertia aos jogadores ambiciosos: "Esteja pronto para quando chegar a sua oportunidade, ou pode ser que ela não torne a acontecer".

ESCLAREÇA A TODOS QUE AS "PROMOÇÕES" DEPENDERÃO DO DOMÍNIO DE CADA UM SOBRE A SUA FUNÇÃO E SOBRE AS SUAS TAREFAS

Nunca desencoraje a ambição, mas faça com que as pessoas saibam que precisam ficar de olho na bola na sua função atual. A sua hora poderá chegar, mas só se tiverem paciência e demonstrarem um aprimoramento contínuo.

OS MEUS JOGADORES DE MAIOR SUCESSO

Conrad Burke prometia pouco como jogador quando chegou à UCLA. Quando o vi jogando pela primeira vez como calouro, abanei a cabeça e pensei: "Nossa, para esse, não há esperança. Para esse jovem integrar a equipe principal da universidade no segundo ano da faculdade, só se a universidade for bem ruim".

Imagine a minha surpresa e satisfação quando, na temporada seguinte, ele passou a integrar os cinco que entravam jogando na equipe principal da universidade, que poderia ser tudo, menos bem ruim. Vencemos o título da Conferência com um recorde de 16-0. Muito embora faltassem a Conrad as habilidades físicas que um treinador gosta de ver, ele se saía muito bem graças a uma grande sagacidade e muito esforço. Ele chegou extremamente perto de realizar todo o seu potencial, a sua própria grandeza.

Por exemplo, embora não fosse capaz de saltar muito bem e era relativamente baixo para um centro, ele aprendeu pela prática e observação constantes a se posicionar sob a cesta. É claro que se posicionar bem é vital para o rebote.

Conrad esforçava-se incansavelmente para produzir o máximo de que era capaz, e chegou bem perto disso. Ele descobriu como prestar uma contribuição à equipe — uma grande contribuição. A lição fundamental é que qualquer um com a ambição adequadamente canalizada e focada tem o potencial de alcançar mais do que alguém poderia imaginar. O segredo é os líderes ajudarem os indivíduos a conhecer os seus pontos fortes e fracos e melhorar os primeiros ao mesmo tempo em que encontram um meio de diminuir ou neutralizar os últimos.

Outro indivíduo que chegou perto de alcançar os 100% do seu potencial — a grandeza pessoal, segundo a minha definição — foi Doug McIntosh, que também prometia pouco na época de calouro. Quando ele jogou pela primeira vez no Ginásio Masculino, eu pensei: "Esse sujeito nunca jogará um minuto que seja na seleção universitária da UCLA".

De novo, subestimei o quanto um jogador pode se esforçar para dar o melhor de si para alcançar a grandeza pessoal. No ano seguinte, Doug saiu do banco e jogou 30 minutos decisivos que ajudaram a UCLA a derrotar a Duke e vencer o nosso primeiro campeonato.

Ao avaliar o potencial de Doug, eu não tinha percebido a sua determinação para se esforçar constantemente e apresentar o seu melhor desempenho. Foi essa determinação indomável que ajudou a nossa equipe a ganhar o título nacional. Um jogador pouco conhecido que alcançara a grandeza competitiva (Doug usava o número 32, assim como Bill Walton o fez oito anos depois. Você pode ver por que dar esse número a outra pessoa é inadequado no contexto da equipe.).

Nem Doug nem Conrad receberam muita atenção ou jogaram na NBA; nem foram declarados pelos entendidos como os maiores, os melhores, ou alguma coisa próxima a isso. Mas os dois, na minha opinião, foram tão bem-sucedidos quanto qualquer jogador que eu treinei na vida — o tipo de jogador que eu mais admirava.

Cada um deles chegou muito perto de realizar o seu pleno potencial através do trabalho duro e da força de vontade. A exemplo de todos os que treinei, os dois se preocupavam em ajudar da maneira que pudessem a equipe a vencer. A meu próprio crédito, tenho orgulho de, como seu líder, ter criado um ambiente que fomentou essa atitude.

O líder pode fazer com que o potencial invisível dos indivíduos floresça quando lidera a equipe *inteira*, e não apenas os jogadores que são estrelas. Esse tipo de líder cria um ambiente no qual todo trabalho importa e cada integrante da organização é importante. Nesse clima, todos sabem que o sucesso da equipe está, em parte, nos seus esforços em busca da grandeza pessoal.

Se Doug e Conrad foram tão grandes quanto Kareem Abdul-Jabbar, Bill Walton e outros não importa. O que importa é o conselho do meu pai: não se preocupe em ser melhor do que alguém, mas nunca deixe de tentar ser o melhor que puder. Doug e Conrad fizeram isso.

Cada jogador, no entanto, deve ter a perspectiva e a atitude mental adequadas. Deve ser desinteressado e, mais do que estar disposto, querer sacrificar a glória individual pelo bem da equipe. Deve ser esforçado e "borbulhar" de entusiasmo. Como afirmei antes, cada jogador deve sentir que, embora os outros possam ter mais capacidade, possam ser maiores, mais velozes, mais rápidos, capazes de saltar melhor etc., ninguém deve ser seu superior em espírito de equipe, lealdade, entusiasmo, cooperação, determinação, dedicação ao trabalho, luta e caráter.

Cada jogador deve ter um desejo intenso de melhorar. Deve estar sempre estudando e se esforçando para o seu desenvolvimento. Na maioria dos casos, a única diferença entre uma verdadeira estrela no desempenho e apenas um bom jogador é meramente a perfeição de alguns detalhes secundários ou dos fundamentos. Isso não acontece por acaso ou acidente, mas por estudo e muito esforço.

Não existe nada que substitua estar preparado e a preparação pode ser conseguida por estudo e muito esforço. Os que estão preparados nunca deixam de ter coragem e confiança, e isso é verdadeiro, não falso.

É mais valioso para o líder entender e ensinar que todos os que fazem parte da organização podem alcançar a grandeza. Quando você desencadeia o desejo de sua equipe de alcançar a própria grandeza pessoal — dia após dia, mês após mês —, descobre talentos inesperados brotando por toda a sua volta, assim como testemunhei em Conrad e Doug e inúmeros outros. Uma organização vitoriosa, uma equipe de sucesso é constituída de muitos indivíduos, cada um deles, à sua própria maneira, alcançando a sua grandeza pessoal.

Quem é o maior? é sempre a pergunta errada a ser feita. *Quantos dos que estão sob a minha liderança alcançaram a grandeza pessoal?* será sempre a pergunta certa. Isso é o que importa; é o que produz uma grande organização.

REGRAS PARA LIDERAR

Toda função é importante
Todos os papéis em uma equipe oferecem a oportunidade para a grandeza individual. Essa ideia só será entendida e aceita se o líder reforçá-la constantemente. Todos devem sentir que a sua contribuição é importante e influencia o sucesso, ou a falta deste, por parte da equipe.

Encoraje, mas controle a ambição
A ambição pode ser uma característica valiosa em um integrante da equipe. No entanto, os que aspiram ao progresso e a uma maior responsabilidade devem ser advertidos de que isso só acontecerá se dominarem a posição que ocupam no momento. Nenhum integrante da equipe deve pensar que as oportunidades futuras podem distraí-lo das responsabilidades atuais.

Ensine os seus jogadores a esperar uma oportunidade inesperada
A oportunidade imprevista pode surgir por muitas razões. No basquetebol, poderia ser porque um jogador entrou jogando e cometeu muitas faltas ou se contundiu. Nos negócios, pode acontecer quando a empresa conquista uma conta ou adquire uma empresa concorrente, ou porque um funcionário deixou a empresa. O segredo é assegurar que os que se encontram sob a sua supervisão estejam prontos, mental e fisicamente, quando a oportunidade surgir. Todos devem saber que o progresso sempre acontece de maneira imprevista ou quase imprevista. Eles devem estar preparados para aproveitar a oportunidade quando ela aparecer (ou ela pode não tornar a aparecer).

Acredite no potencial oculto de todos
Crie um ambiente que recompense o trabalho duro e o aprimoramento, e permita que os que você lidera mostrem o seu talento. Os funcionários — os integrantes da equipe — que acham que podem melhorar fazendo um ótimo trabalho e ajudando a equipe vão trabalhar dando o máximo de si. Geralmente, isso pode partir de um integrante da equipe que você menos espera. O seu trabalho como líder é obter o máximo de cada integrante da sua unidade, aproveitar esse reservatório oculto de talentos. O líder que aproveita efetivamente o potencial é poderoso.

SOBRE WOODEN

Doug McIntosh: Equipe principal da UCLA, 1964-1966;
dois campeonatos nacionais

O PODER DO POTENCIAL

"Você sempre pode fazer mais do que pensa que é capaz." Essa foi a coisa mais importante que guardei dos ensinamentos do treinador Wooden. Você sempre tem mais dentro de si quando está disposto a se esforçar o bastante para aplicá-lo.

A maior parte do tempo não reconhecemos que temos um grande potencial interior. O treinador conseguia fazer com que as pessoas expressassem o seu potencial. Ele ensinava a prontidão mental: "Esteja pronto e pode ser que surja a sua oportunidade. Se não estiver pronto, pode ser que não haja outra".

Assim, ele me fez ver que não existem pequenas oportunidades. Toda oportunidade é grande. Se você só joga por dois minutos, faça desses dois minutos os melhores possíveis. Essa é a sua oportunidade, seja no basquetebol, seja na vida. Esteja pronto; aproveite a oportunidade ao máximo. Pode ser que não haja outra.

Em 1964, fiquei no banco da UCLA desde o começo de 29 jogos consecutivos. O trigésimo jogo foi contra a Duke pelo campeonato nacional. Quando o jogo começou, eu estava no banco exatamente como nos 29 jogos anteriores. E estava pronto. Todo mundo no banco do treinador Wooden estava sempre pronto.

Transcorridos cinco minutos do jogo do campeonato, o treinador me deu uma oportunidade. Fui para o centro, substituindo Fred Slaughter, que saiu logo no começo. Fiquei na quadra até a decisão do jogo e a UCLA venceu o seu primeiro campeonato nacional.

No ano seguinte, 1965, a UCLA enfrentou Michigan no jogo pelo campeonato. Dessa vez, eu não estava no banco. Entrei no início da partida e joguei os melhores 10 minutos de basquetebol da minha vida — correndo para cima e para baixo na quadra, bloqueando arremessos e pegando rebotes. Então, o treinador me tirou para tomar um fôlego e colocou Mike Lyn.

Mike jogou tudo o que sabia — brilhantemente. Passei a maior parte do resto do jogo no banco. Mike estava pronto quando a oportunidade surgiu, assim como eu estivera no ano anterior. De qualquer modo, estava bom para mim se fosse bom para a equipe.

No ano anterior, Fred Slaughter encarara numa boa o fato de eu entrar no seu lugar. Fred também acreditava que o que era o melhor para a equipe era o melhor para ele.

Onde conseguimos esse conceito? Com o treinador Wooden. Ele ensinava isso imediatamente para todos. Sempre havia ressentimentos entre alguns caras que queriam jogar mais tempo, queriam um papel mais importante, mas o treinador era muito competente em fazer com que as pessoas entendessem que os interesses da equipe vinham em primeiro lugar, que fazer o que era melhor para a equipe — mesmo que significasse ficar sentado no banco — era melhor para nós. Bem, essa era uma lição difícil de ensinar. Mas ele conseguia.

Na UCLA, tínhamos cinco caras na quadra jogando basquetebol e sete caras nas laterais, formando uma seleção de torcedores. Quando eu estava no banco, era um líder de torcida, e achava importante; eu precisava ser um ótimo líder de torcida, porque aquilo poderia ajudar a nossa equipe.

Em 1966, depois que a UCLA venceu dois campeonatos nacionais consecutivos, muitos disseram que os Bruins venceriam o terceiro. Não conseguimos, principalmente por causa das lesões. O tempo todo, o treinador Wooden não pareceu nem um pouco diferente do ano anterior, quando a UCLA venceu o campeonato, e no ano anterior àquele, quando a UCLA obteve o seu primeiro título.

Ele não se transformou em um louco vociferante quando começamos a perder partidas. O comportamento era sempre o mesmo, fosse temporada de campeonato ou não. Ele não se queixava; nunca disse uma palavra sobre maus ataques rápidos ou sobre as lesões.

Ele formava ótimas equipes nos treinos. Era um "treinador de treinos", e conduzia os treinos em um nível muito alto. O que se joga no treino é o que se apresenta no jogo, era nisso que ele acreditava.

Ele era exigente, mas os jogadores não tinham medo dele. Nós sabíamos que não havia nada de pessoal nas críticas e nos comentários. O que ele fazia era sempre para o bem comum e o da equipe. Todos sabíamos disso e queríamos o mesmo.

Ele ensinava que a disciplina é a marca de uma boa equipe. E o treinador Wooden era disciplinado. Parte disso se devia a ele manter as emoções sob controle.

Não sei se havia um "segredo" por trás do sucesso dele. Só havia três coisas que ele enfatizava: fundamentos, condicionamento e espírito de equipe.

Os exercícios que ele passava na UCLA eram na maioria os mesmos que eu tinha feito no colegial — os mesmos exercícios. O treinador Wooden simplesmente os fazia mais repetidamente e com mais velocidade e precisão. Ele só exigia um nível superior de execução quando se tratava dos fundamentos. Não havia uma fórmula secreta.

Ele era muito intenso, mas não ao ponto de gritar ou arrancar os cabelos. O treinador tinha uma postura muito digna e não deixava que as suas emoções aparecessem muito. Mas todos sabíamos o que estava se passando na mente dele.

Ele mantinha as emoções sob controle, mas às vezes chegava à beira do limite. O máximo que vi nele quanto a isso foi contra Oregon State, quando eu subi para a cesta e obstruíram as minhas pernas. Bati no chão e fiquei inconsciente. Quando acordei, vi o treinador em pé ao meu lado, absolutamente pálido e exigindo que o árbitro expulsasse o jogador da Oregon State pelo golpe baixo.

E ele também não tolerava golpes baixos da nossa parte — nem jogo sujo. Se um dos seus jogadores agredisse com o cotovelo com raiva, ele mandava direto para o banco. Depois, quando convinha, ele fazia você pagar por isso.

Ele se aborrecia mais quando perdíamos a calma do que com qualquer outra coisa. Queria que mantivéssemos as emoções sob controle. Se você perdesse a calma, ele faria você pagar por isso. Ele sabia que, quando se perde a calma — quando se é dominado pelas emoções —, o desempenho piora, o seu potencial fica travado dentro de si. Ele queria que aplicássemos todo o nosso potencial para o bem da equipe.

13

BUSQUE AS MUDANÇAS IMPORTANTES

*"Incomode-se quando estiver acomodado,
descontente quando estiver contente."*

A temporada de 1961-1962 seria um momento da virada para o basquetebol da UCLA, uma temporada que finalmente produziria dez campeonatos da NCAA, incluindo sete em anos consecutivos e uma sequência de 88 vitórias seguidas. Eu não fazia ideia de que tudo isso estava prestes a acontecer.

No começo da temporada, eu estava treinando basquetebol na UCLA por 13 anos em condições que classificaria como muito sofridas, talvez tão ruins como em qualquer grande universidade do país. As instalações onde treinávamos, o Ginásio Masculino, eram acanhadas e mal ventiladas, e geralmente viviam congestionadas com estudantes-atletas que participavam de outras modalidades esportivas durante os nossos treinos de basquetebol. A agitação e as distrações eram constantes — aquele dificilmente seria um lugar para ensinar ou aprender os aspectos mais refinados do basquetebol.

Além disso, a área para os torcedores sentarem era tão limitada que fora declarada sujeita a incêndios e os jogos "em casa" passaram a ser jogados em outras escolas locais. As instalações também nos incomodavam quando se tratava de atrair jogadores com um talento excepcional. Muitos, sem dúvida, escolhiam programas que ofereciam instalações decentes.

Eu me deparei com essa situação imediatamente após a minha chegada à UCLA e logo concluí que era praticamente impossível cumprir as minhas metas de ensino em tais condições. Isso também influenciava significativamente a minha avaliação sobre a possibilidade de vencermos um campeonato nacional; mais especificamente, no fundo eu achava mesmo que não havia possibilidade de a UCLA algum dia ser capaz de chegar lá. Infelizmente, esse aspecto da minha atitude pode ter chegado a influenciar alguns daqueles que estavam sob a minha supervisão. A atitude do líder, consciente ou subconsciente, inevitavelmente torna-se a atitude daqueles a quem ele lidera. A determinação, a coragem e a ousadia de Winston Churchill sustentaram um país inteiro nos piores momentos; a atitude dele tornou-se a atitude daqueles a quem ele liderava. A mesma coisa acontece com os treinadores do basquetebol e com os líderes empresariais competentes.

Embora não gostasse das grandes desvantagens que nos eram impostas pelas nossas instalações de treinamento, eu admitia que era assim que as coisas tinham de ser. Poderíamos nos sair bastante bem de vez em quando, mas nunca seguiríamos subindo até chegar ao topo.

Como isso tudo influenciava o meu trabalho de treinador? Não tenho certeza, mas de uma coisa eu sei: os acontecimentos da temporada de 1961-1962 mudaram completamente a minha perspectiva, tiraram as vendas dos meus olhos e removeram a barreira que eu impusera a mim mesmo — que nunca deveria ter existido. O que aconteceu em seguida é uma boa lição de como podemos impor limites a nós mesmos e à nossa organização sem mesmo ter consciência disso — como podemos dizer "não" quando deveríamos perguntar "como?".

TÃO PERTO DE SER CAMPEÕES

Para grande surpresa de todos, a nossa equipe de basquetebol da UCLA, na temporada de 1961-1962, avançou inesperadamente por todas as etapas até as semifinais antes de perdermos por 72-70 para Cincinnati nos segundos finais do jogo. Foi a primeira vez na história que os Bruins chegavam às semifinais.

Os jogos decididos em uma cesta de último segundo obviamente podem ser vencidos por qualquer um dos lados e aquele jogo não foi uma exceção. Faltando 2:27 segundos no relógio, John Green arremessou dois lances livres para nós e empatou o jogo em 70-70. Então, a UCLA cometeu uma falta de ataque e deu a bola para Cincinnati. Os Bearcats pararam o relógio por 10 segundos e pediram tempo.

Quando a partida foi reiniciada, Tom Thacker, da equipe de Cincinnati, um jogador que não marcara um único ponto em toda a partida, deu um passe para Tom Sizer que, faltando três segundos para acabar o jogo, driblou pela direita, parou e, de 7,5 metros de distância, converteu a cesta final do jogo. A UCLA foi suplantada no placar por 72-70. Na noite seguinte, Cincinnati venceu o seu segundo campeonato nacional consecutivo.

Nós tínhamos chegado a um fio de cabelo de vencer. O fato de chegarmos tão perto da vitória foi uma revelação para mim.

Para minha surpresa, a UCLA quase vencera o campeonato de basquetebol de 1962 da NCAA. Subitamente — de maneira chocante — ficou claro que as nossas instalações de basquetebol insatisfatórias, o Ginásio Masculino, não significavam que não podíamos chegar ao título nacional. Walt Hazzard, Pete Blackman, Gary Cunningham, Billy Hicks, Fred Slaughter, Kim Stewart, Dave Waxman, John Green, Jim Milhorn e Jim Rosvall, mais os nossos treinadores-assistentes, os alunos-ajudantes e o nosso orientador Ducky Drake por pouco tinham deixado de chegar lá, apesar das grandes desvantagens que tínhamos com aquelas instalações para os treinos.

Se eu estivesse usando o Ginásio Masculino como uma desculpa para o mau desempenho nas nossas participações dos jogos de classificação da NCAA — perdêramos na primeira rodada três vezes consecutivas —, não poderia mais fazer aquilo. Fora eliminada uma barreira subconsciente; acendera-se uma luz.

Eu não poderia nunca mais dizer "não" a mim mesmo; nunca mais poderia ficar conformado com a situação. Agora, eu sabia o que devia ter compreendido havia muito tempo, ou seja, que a UCLA era capaz de ir para o topo, apesar do Ginásio Masculino. Dependia de mim descobrir como chegar lá.

ELIMINE AS DESCULPAS POR ESTAR SATISFEITO

Quando percebi que as nossas instalações para os treinos não eram um impedimento ao campeonato nacional, fui empurrado para longe daquele tipo de complacência ou desculpa inconsciente que dava a mim mesmo. É difícil explicar isso, a não ser admitindo que reconheci que aquelas questões fora do meu controle — o Ginásio Masculino e a situação a que nos víamos submetidos — tinham interferido nas coisas sobre as quais eu tinha controle, como a busca incessante e criativa de maneiras de nos aprimorar e subir de nível na competição.

Apoiando-me naquela espécie de muleta, posso ter me sentido acomodado na situação do jeito que estava — não satisfeito, mas acomodado. Nunca mais me permiti sentir-me satisfeito com a UCLA não dar o máximo que era capaz de dar, não se aprimorar o quanto poderia se aprimorar.

> Nunca se satisfaça. Trabalhe constantemente para se aprimorar. A perfeição é uma meta que nunca pode ser alcançada, mas deve ser o objetivo. A escalada para o alto é lenta, mas o caminho de descida é rápido.

Não haveria mais desculpas no futuro, só uma busca incessante por soluções. Depois desse surpreendente avanço em 1962, iniciei uma revisão profunda e abrangente do que estava fazendo e como poderia fazer melhor. Meticulosamente, comecei a buscar mudanças que permitissem à UCLA ser sistematicamente mais competitiva nos jogos da pós-temporada, com a crença segura de que as respostas nos levariam a um nível superior. Essas respostas vieram tanto do lado de dentro quanto do lado de fora.

Eu revi absolutamente tudo desde o meu primeiro dia na UCLA — os meus cadernos de registros, os meus cartões 3 x 5, estatísticas de treinos e jogos — numa tentativa de descobrir se havia coisas que eu tinha feito que estavam nos atrasando. E, logo, eu as encontrei.

NUNCA SUPONHA QUE A SUA EQUIPE ESTÁ TÃO BOA COMO PODERIA ESTAR

O velho Ginásio Masculino da UCLA me dava uma desculpa para aceitar os resultados do nosso desempenho. Pense no seu local de trabalho e nas pessoas sob a sua liderança. Você está prendendo a sua equipe com ideias mal-concebidas e limitações falsas? Identifique-as e depois elimine. Busque soluções em vez de desculpas.

AS MUDANÇAS QUE PODERIAM TER SIDO FEITAS MAIS CEDO

Ao longo de toda a minha carreira como treinador, sempre tentei agir de maneira democrática. Um jogador classificou-me como "igualitário". Ele estava certo no sentido de que eu não gostava de nada que destacasse um jogador para uma atenção especial, e isso incluía recompensar com tempo de jogo nas partidas. Em vez disso, eu tentava dividir a atenção de maneira democrática.

Nos treinos e em muitos jogos, os meus registros daqueles anos anteriores mostravam que eu tentava apaziguar os jogadores colocando todos no rodízio. É claro que os cinco que começavam na partida jogavam a maior parte do tempo, mas do sexto até o 12º jogador — quase 60% da equipe — eu tendia a experimentar e incluir cada jogador no rodízio igualmente, tanto nos treinos quanto nos jogos. Isso não era possível num sentido literal, é claro, mas eu tentava fazer com que todos tivessem o máximo possível no tempo de jogo.

Depois da revisão, porém, cheguei à conclusão de que, embora esse objetivo pudesse ter sido democrático, também prejudicava a equipe. Durante os jogos, quando chamava para o banco um jogador que iniciara a partida jogando em favor do sexto ou sétimo homem, a nossa coesão e qualidade de jogo caíam. Cometíamos mais erros e as coisas não corriam tão suavemente como deveriam.

A partir de 1962-1963, a minha nova política passou a ser jogar primordialmente com os sete jogadores principais — praticamente, os sete que entravam no início do jogo — tanto nos treinos quanto nos jogos. A minha meta anterior de distribuir o tempo de jogo de maneira democrática foi descartada. Mudei uma política fundamental minha.

Depois que decidi sobre esse novo plano, ele se refletiu na maneira como eu organizava os treinos. Eu tinha cinco jogadores que iniciavam a partida na quadra e fazia o rodízio com os reservas "extra" da defesa e do ataque depois que os jogadores que tinham entrado no início arremessavam um determinado número de lances livres. Eu obedecia a essa fórmula praticamente durante um terço do tempo dos treinos dedicado ao trabalho de cinco contra cinco. Os jogadores "do começo" que iam sendo substituídos saíam do jogo cinco contra cinco até que os substitutos, por sua vez, tivessem feito um número consecutivo de lances livres. Esse padrão continuava ao longo de todos os treinos.

Eu não pretendia ignorar do oitavo ao 12º jogadores, obviamente, mas os informava muito claramente sobre qual seria o seu papel no grupo e qual a finalidade. Mais importante ainda, tentava ao máximo fazê-los entender a grande importância do seu papel e como ele contribuiria para o bem global da equipe.

Em parte, isso significava que eles seriam a pedra que afiava a espada, quer dizer, o time que iniciava jogando. No entanto, isso também significava estar totalmente preparado para ocupar um papel mais importante se surgisse a oportunidade. É claro que esse plano só seria eficaz se os indivíduos pusessem o bem da equipe em primeiro lugar — se realmente existisse o espírito de equipe.

Uma profunda revisão do meu caderno de registros também revelou que, quando a UCLA se classificava para o torneio de pós-temporada da NCAA, eu intensificava os nossos treinamentos já extenuantes, exigindo ainda mais dos jogadores — com tal nível de exigência, na verdade, que na ocasião do torneio eles estavam física e mentalmente esgotados. Depois que percebi as evidências desse fato nos meus registros, fiquei muito mais prudente quanto à conservação da energia dos jogadores para todas as partidas de classificação.

Além disso, os meus apontamentos mostraram que, na preparação para o torneio da NCAA, eu acrescentava novas jogadas e aumentava o número de informações. Em vez de ficar com o que tinha funcionado durante a temporada regulamentar — uma estratégia precisa e descomplicada —, eu inadvertidamente complicava as coisas. Resolvi que, no futuro, simplificaria as coisas mantendo na pós-temporada as jogadas que haviam vigorado na temporada regulamentar.

Essas mudanças — concentrar-me nos "sete iniciais", não exagerar nos treinos dos jogadores antes do torneio e simplificar as coisas — surgiram das minhas observações e reflexões pessoais depois da revelação da temporada de 1962, o ano fatídico que quase produziu um campeonato nacional de surpresa para a UCLA.

As mudanças que comentei surgiram porque eu decidi parar de dar desculpas a mim mesmo para permanecer no mesmo nível. Mas as mudanças estavam apenas começando.

PROCURE HOMENS QUE DIGAM "SIM", MAS QUE SAIBAM DIZER "NÃO"

Acredito que um dos requisitos da boa liderança seja a capacidade de ouvir — ouvir de verdade — as pessoas da sua organização. Ser um bom ouvinte, porém, é só metade da equação. Como líder, você deve ser confiante o bastante para empregar as pessoas que não tenham medo de se expressar e dar a sua opinião. Estar disposto a ouvir não significa muito se ninguém tiver disposição de falar de maneira independente.

Também é importante que as pessoas sob a sua liderança adotem a sua filosofia como um todo, o seu método ou a sua maneira de fazer as coisas. Essa é uma das ra-

> **"Um líder competente é muito bom ouvinte. E é difícil ouvir quando você está falando."**

zões pelas quais busquei treinadores-assistentes que entendiam, acreditavam e concordavam com o meu estilo de jogo rápido no basquetebol. Por exemplo, quando Minnesota inicialmente insistiu em me dizer que Dave McMillan deveria ser o meu treinador-assistente, eu recusei, em parte porque queria trabalhar com alguém que aceitasse — concordasse — o meu método global (embora eu estivesse disposto a considerar mudanças no meu método). O método do treinador McMillan era mais vagaroso e voltado para o controle da bola — totalmente diferente do que eu ensinava, que era um estilo de basquetebol com um ataque rápido e furioso.

Eu queria um treinador-assistente que entendesse e adotasse o meu método — pessoas como Eddie Powell, Gary Cunningham, Jerry Norman e Denny Crum. Todos eles eram analistas astutos e não tinham medo de me dizer exatamente o que pensavam.

Todos esses que mencionei estavam muito familiarizados com o tipo de basquetebol que eu ensinava; todos eram ex-jogadores. Na verdade, Eddie Powell tinha jogado basquetebol na equipe do Colégio South Bend Central, que eu treinara lá em Indiana, e depois passara a ser o meu assistente na Faculdade Estadual Teachers de Indiana.

A contribuição deles era valiosa porque eles entendiam a minha filosofia geral no basquetebol e eram capazes de encontrar maneiras de melhorá-la enquanto trabalhássemos juntos.

BONS OUVIDOS FAZEM PARTE DA LIDERANÇA

Depois da presença nas semifinais de 1962 e da minha renovada determinação de rever tudo o que fazia, aconteceu de novo — a contribuição de um treinador-assistente provocou uma mudança que teria um impacto positivo sobre a sorte da UCLA nas 13 temporadas seguinte.

No avião, durante a viagem de volta depois do torneio em Louisville, o treinador-assistente Jerry Norman começou a apresentar a sua ideia de fazermos a defesa de quadra inteira — conhecida como a "Pressão" — na temporada seguinte e daí por diante. Esse sistema impunha uma defesa em profundidade sobre o adversário desde o momento em que tentasse pôr a bola em jogo no seu lado da quadra (Os sistemas defensivos convencionais eram de esperar até que o adversário chegasse ao meio da quadra. Na realidade, isso lhes permitia adiantar a bola sem interferência por quase 12 metros quadra acima.). A Pressão colocava os adversários sob uma pressão imediata, mas exigia um ótimo condicionamento, capacidade atlética, coordenação dos jogadores e inteligência.

O sistema que ele estava recomendando não era novo para mim. Eu o pusera em prática quase 25 anos antes, quando era treinador do Colégio South Bend, e usei-o posteriormente com bons resultados na Faculdade Estadual Teachers de Indiana. Na verdade, estava ansioso para usá-lo no meu primeiro dia como treinador-chefe da UCLA — e foi o que fiz (ou tentei). Entretanto, deixei-o de lado antes do primeiro jogo da temporada.

A Pressão é difícil e leva tempo para ser ensinada. O método tinha funcionado na Estadual de Indiana, mas só porque eu tinha treinado muitos dos jogadores antes, no South Bend. Eles conheciam o sistema e o meu estilo de treinamento. Na UCLA, não deu certo logo de cara — talvez por causa de todas as minhas limitações ao ensinar no meio de todas as outras distrações do Ginásio Masculino. Não importam as razões, eu simplesmente perdi a paciência e deixei o método de lado.

Assistente — evite os que só dizem "sim". trabalhe com eles. dê-lhes responsabilidade e autoridade. dê-lhes crédito. mas não culpe.

Durante o nosso voo de volta para a Califórnia, o treinador Norman apresentou uma argumentação muito convincente para experimentarmos a Pressão de novo. Ele me lembrou de dois novos jogadores que estavam chegando à equipe principal da universidade, cuja inteligência, capacidade atlética e competitividade estavam perfeitamente de acordo com as exigências desses estilos de defesa — Keith Erickson e Gail Goodrich. O meu treinador-assistente estava convencido de que aquele era o momento de implantar o método que eu tinha deixado de lado 14 anos antes.

Ouvi com atenção o que ele dizia, muito embora tivesse ouvido e ignorado o mesmo assunto antes vindo de outros. Dessa vez, por quase termos chegado à vitória contra Cincinnati e do efeito esclarecedor que aquilo tivera sobre o meu modo de pensar, eu disse sim em vez de não.

Assim que começaram os treinos, seis meses depois, eu comecei a ensinar a Pressão. Por fim, essa se tornou a marca registrada do basquetebol da UCLA e contribuiu para a nossa sequência de campeonatos. A Pressão não teria sido usada se Jerry Norman se contentasse em guardar as suas ideias para si mesmo.

Igualmente importante, ela não teria sido usada se a pessoa responsável por tomar a decisão final não fosse capaz de ouvir com a mente aberta. Essa pessoa, é claro, era eu.[1]

---

[1]Sempre pensei no que poderia ter acontecido se eu tivesse implantado a Pressão antes, por exemplo, quando o medalhista de ouro dos Jogos Olímpicos, Rafer Johnson, participou da nossa equipe em 1958-1959. Sua inteligência, competitividade e capacidade atlética tornavam-no um jogador perfeito para aplicar a Pressão. Não precisei pensar muito nisso. Sabia que já esperara demais.

CHEGOU A HORA DO NÍVEL SUPERIOR

Durante a temporada de 1962-1963, as mudanças sobre as quais comentei foram implementadas, e os resultados apareceram rapidamente. Empatamos em primeiro lugar na nossa Conferência e iniciamos a preparação para os jogos de classificação para a NCAA. Liderada por Gail Goodrich, a Pressão foi executada; o nosso método de "iniciar com sete homens" estava pronto; o meu novo plano para manter os jogadores descansados mental e fisicamente estava aplicado; e eu procurei simplificar as coisas — nenhuma jogada ou tática nova foi introduzida na preparação para o torneio.

Era chegado o momento de ver o resultado dessas importantes mudanças — todas elas provocadas pela revelação de que a UCLA era capaz de vencer um campeonato nacional apesar do Ginásio Masculino e do meu comprometimento subsequente em descobrir como conseguir isso.

Alguns dias depois, na primeira rodada para o torneio da NCAA em Provo, Utah, os Bruins da UCLA enfrentaram a Arizona State. Não passamos nem perto. Perdemos por 93-75. De qualquer maneira, eu tinha visto o bastante para saber que o futuro do basquetebol da UCLA nos torneios da NCAA seria muito bom. As mudanças que eu implementara tinham colocado a UCLA à beira de passar para o nível seguinte.

A derrota no torneio contra a Arizona State — muito forte no jogo contra nós — não mudaria aquilo em que eu viera a acreditar durante a temporada regulamentar de 1963. Eu sentia profundamente que no ano seguinte, 1964, a UCLA poderia ser uma candidata muito forte ao campeonato nacional da NCAA. E fomos. Um ano depois, em 21 de março de 1964, a UCLA passou à frente da Duke e conquistou o título nacional.

Tudo começara quando Walt Hazzard, Fred Slaughter, Billy Hicks e os seus companheiros de equipe forçaram-me a parar de dizer "não" e começar a perguntar "como?". Com essa nova postura mental, comecei a buscar uma mudança significativa e a pôr em ação novas ideias com os Bruins.

CERQUE-SE DE PESSOAS FORTES O BASTANTE PARA MUDAR O SEU MODO DE PENSAR

Acredito que você deva se cercar de pessoas a quem queira fazer perguntas e expressar opiniões, pessoas que procurem aprimorar a organização em vez de meramente ter a atenção do chefe. Procure essas pessoas ao fazer contratações e ao tomar decisões de promoção. Lembre-se: o fracasso não é fatal, mas o fracasso em mudar pode ser.

As mudanças foram diretamente responsáveis pelos campeonatos nacionais vencidos pela UCLA em 1964 e 1965. Por sua vez, esses dois títulos criaram condições que ajudaram a produzir oito campeonatos: o Pavilhão Pauley foi construído em substituição ao Ginásio Masculino; talentos do mais alto nível como Lewis Alcindor Jr. (Kareem Abdul-Jabbar) e outros começaram a entrar para a nossa equipe; e o mais importante, o basquetebol da UCLA ganhou a reputação de excelência — uma tradição vitoriosa.

Os acontecimentos daquela temporada de 1962 mudaram-me como líder — forçaram-me a ir mais fundo para encontrar maneiras de avançar para um nível competitivo superior. Algumas das mudanças resultaram das minhas próprias reflexões e pesquisas, mas mudanças importantes partiram da mente dos outros.

SEMPRE QUESTIONE, SEMPRE VERIFIQUE

Denny Crum, ex-jogador e treinador-assistente que venceu dois campeonatos nacionais como treinador-chefe de Louisville, fazia mais perguntas do que qualquer um que conheci. Quando trabalhou comigo, ele não se cansava de me perguntar o motivo das minhas escolhas.

No entanto, Denny fez aquilo de um modo adequado — sem buscar nem a controvérsia nem o confronto — e de maneira inteligente. Ele sempre quis conhecer a lógica por trás do que eu estava fazendo e nunca parou de interrogar. O tipo de perguntas que fazia e as recomendações que dava revelavam sistematicamente uma percepção aguçada e uma ótima compreensão do jogo. No processo de fazer todas as suas perguntas, ele me tornava um treinador e um professor melhor, porque me forçava a pensar mais intensamente sobre a lógica das decisões que estava tomando.

> Embora seja um sinal de fraqueza e insegurança estar constantemente mudando, é uma falha igual permanecer o mesmo e não progredir de acordo com o andamento das coisas. Você deve estar pronto para enfrentar todas as situações críticas e ser capaz de fazer as mudanças necessárias quando a ocasião pedir.

Tudo isso é só possível quando o líder — você — estiver disposto a ouvir atentamente e com a mente aberta. Na época, o treinador Crum me impressionava com a perspicácia das suas perguntas. Eu sabia que ele se sairia bastante bem se decidisse se tornar um treinador-chefe de basquetebol, e não estava enganado. Trabalhando em Louisville, Denny Crum apareceu nas semifinais seis vezes, venceu dois títulos nacionais e foi eleito para o *Naismith Basketball Hall of Fame*, em homenagem a James Naismith, inventor do basquetebol.

Pense em tudo o que eu perderia se tivesse sido limitado demais para ouvir e avaliar as opiniões de Denny Crum, Gary Cunningham, Jerry Norman e outros. Eles eram a minha equipe de liderança, e os integrantes da equipe devem não só trabalhar em conjunto, mas, certamente, também devem *ouvir* uns aos outros.

Na minha opinião, ser um líder competente — aquele que é capaz de formar uma organização vitoriosa — requer ser um ouvinte competente. Os líderes mais produtivos normalmente são aqueles sistematicamente dispostos a ouvir e aprender. Talvez isso seja uma decorrência da sua compreensão de que com maior frequência se alcança o sucesso perguntando "como?" do que dizendo "não".

REGRAS PARA LIDERAR

O sucesso gera o contentamento. O contentamento gera o fracasso
O líder deve estabelecer metas realistas, mas, depois de alcançá-las, não deve ficar satisfeito. A conquista continuará no mesmo nível ou até num nível maior se você não permitir que o sucesso contagie a você e à sua empresa. O sintoma desse contágio é chamado de complacência. O contentamento com os feitos passados ou a aceitação da situação vigente desencaminham uma organização rapidamente. Nos esportes ou nos negócios, é difícil chegar ao topo. Uma das razões pelas quais permanecer lá é tão raro é que acontece esse contágio.

Identifique e elimine as desculpas por não atingir o nível acima
Só quando percebi que era eu — e não o Ginásio Masculino — que estava prendendo a equipe é que fui capaz de elevar o nível dos nossos esforços em todos os setores. Qual é o seu "Ginásio Masculino"?

Pare de dizer "não" e comece a se perguntar "como?"
Pressuponha que o aprimoramento é sempre possível e faça um esforço — assim como os outros — para descobrir como. O líder que acredita que tem todas as respostas parou de fazer perguntas. Depois de ter perguntado: "Como posso ajudar a nossa equipe a melhorar?" mais de mil vezes, pergunte de novo.

Receba bem as ideias contrárias, mas não os contrariantes

As ideias e perspectivas novas, provenientes dos que se encontram sob a sua liderança, são essenciais para alcançar e manter a vantagem competitiva. Receba de bom grado as pessoas fortes o bastante para se expressar e apresentar alternativas e ideias. Tenha cuidado com as que fazem o mesmo de maneira exagerada, questionando a sua filosofia em geral ou a sua própria liderança. Procure líderes firmes como os treinadores Crum, Powell, Norman e Cunningham, que sabiam se envolver em uma intensa troca de ideias e opiniões, sem causar conflitos ou questionar a autoridade.

SOBRE WOODEN

Gary Cunningham: Equipe principal da UCLA, 1960-1962; treinador-assistente, 1966-1975; seis campeonatos nacionais

ESTAR DISPOSTO A MUDAR

O treinador Wooden opunha-se fortemente, a princípio, à defesa por zona em 3-2 — um sistema defensivo de pressão meia quadra. No entanto, Denny Crum e eu, treinadores-assistentes, pensamos que seria muito eficaz para os Bruins se a adotássemos. Então, recomendamos que ele fizesse essa mudança.

Veja bem, a essa altura, as equipes do treinador Wooden tinham acabado de vencer cinco campeonatos nacionais em seis anos. Ele poderia facilmente ter dito: "Em time que está ganhando, não se mexe". No entanto, o treinador estava sempre disposto a ouvir, a avaliar as novas ideias, a buscar maneiras de melhorar a nossa equipe. Ele nunca se satisfazia.

Então, apesar de a UCLA estar invicta naquela altura da temporada, 20-0, Denny e eu o convencemos a adotar a defesa por zona em 3-2 para uma série de jogos em Oregon.

A UCLA venceu o primeiro jogo contra a Universidade de Oregon, 75-58, mas, na noite seguinte, usando a mesma zona 3-2 contra a Oregon State, fomos derrotados, 78-65, e pareceu que a nova estratégia não era tudo o que pensávamos que fosse.

Essa foi a última vez que ele aplicou a defesa por zona 3-2.

No entanto, Wooden tinha nos ouvido, dado uma chance à estratégia e a nós. Ele não tinha medo de fazer mudanças. E, quando ela não funcionava, não havia recriminações. Ele seguia em frente, sem nos fazer sentir que o leváramos pelo caminho errado.

Ele não queria pessoas que só dissessem sim ao seu lado. Éramos encorajados a defender as nossas opiniões, sabendo que ele retrucaria fortemente com as opiniões dele. Essa era a maneira que ele tinha de testar até que ponto acreditávamos no que estávamos dizendo e até que ponto entendíamos do assunto.

Por exemplo, podíamos discutir sobre o pivô — qual seria a melhor maneira de atuar nessa posição — por 45 minutos durante uma reunião de manhã. Mas ele ouvia de mente aberta, deixava-nos dar a nossa opinião — insistia nisso. Durante essas reuniões, ele não ficava ali sentado, simplesmente tomando nota. Ele queria interação, ideias de um e de outro. E conseguia isso. É claro que nos ensinava a prestar atenção e ensinar os detalhes — as pequenas coisas, como a maneira correta de fazer o pivô.

Essas pequenas coisas que recebiam muita atenção são um dos segredos da sua grande força, ou seja, a organização. Planejávamos os treinos minuto a minuto. Ele fazia com que a gente se dirigisse à equipe antes dos jogos e exigia que os treinadores-assistentes conversassem com os jogadores todos juntos quando pedia tempo. Ele nos incluía em tudo e nos dava autoridade e respeito.

Quando errávamos, ele nunca nos criticava na frente da equipe, nem permitia que os jogadores nos questionassem. Ele insistia para que nos tratassem de treinador Cunningham ou treinador Crum em vez de algum apelido ou informalmente como Gary ou Denny.

No vestiário, ninguém gritava nem dava murros nas paredes. Tudo era muito dirigido e intenso, e no fim ele dizia: "Agora, vão lá e deem o melhor de si para poderem voltar aqui com a cabeça erguida. Tenho certeza de que conseguem isso".

Ele era muito eficiente no seu modo de ensinar e procurava simplificar as coisas — dividindo tudo em partes, ensinando cada parte, depois voltando a montar o conjunto. Ele usava sempre as leis do aprendizado: explicação, demonstração, imitação e repetição. Muita repetição. Não dá para acreditar na quantidade de repetições.

O treinador Wooden não acreditava em discussões prolongadas. Ele era muito sucinto, claro, consistente. Quando comecei a trabalhar com ele como assistente, se demorasse mais de 10 segundos para dizer alguma coisa durante um treino, ele dizia: "Ora, vamos. Ande logo com isso". Não era rude, mas demonstrava uma pressa justa.

Aprendi a ser breve e direto. Cada palavra era importante, porque ele acreditava que cada minuto era valioso.

A maneira como ele se conduzia incorporava a Pirâmide. Não demorei muito a perceber que ele ensinava a Pirâmide o tempo todo, com o seu comportamento como modelo.

O trabalho em equipe era importante. Ele costumava dizer que não interessava quem levaria o crédito. Se jogássemos juntos como equipe, cada jogador fazendo a sua parte, gostaríamos dos resultados. Todos levávamos o crédito.

Ele estava sempre preparado, e conseguia que estivéssemos preparados também. As pessoas percebem quando não se está preparado. A UCLA estava sempre preparada.

O treinador Wooden era um competidor intenso e adorava vencer. Mas, vencendo ou perdendo, ele era sempre o mesmo. Não queria que ficássemos empolgados demais para vencer, mesmo que fosse um campeonato nacional.

Ele era um enérgico disciplinador, mas exigia a disciplina num estilo muito controlado. "Valha-me, Deus!" era a mais pura raiva para ele. Ele era um mestre em analisar personalidades. O jogador A poderia apenas precisar de uma explicação. O jogador B poderia precisar de um aperto. Ele sabia do que todo mundo precisava para aprender as suas lições, e não deixava por menos.

Como o que aconteceu com Sidney Wicks. Sidney adorava os treinos, então a pior coisa que poderia acontecer ao Sidney era dizer: "Sidney, você está fora hoje. Vá para o chuveiro". Sem gritar, nem esbravejar. Era só isso: "Vá para o chuveiro".

Ele simplificava as coisas — mas de modo intenso; não emocional, só muito intenso.

14

NÃO OLHE PARA O PLACAR

*"As coisas são melhores para aqueles que aproveitam
ao máximo a maneira como as coisas são."*

Alguns poderiam achar que eu tinha hábitos como treinador um pouco incomuns. Por exemplo, eu guardava na minha sala na UCLA um envelope fechado contendo uma folha de papel com previsões anotadas. Ninguém tinha a permissão de ver essas previsões enquanto não terminasse a temporada regulamentar para os Bruins — e então só uns poucos escolhidos.

Todo ano, nas semanas que antecediam os inícios dos treinos, eu estudava a programação de basquetebol que estava para começar, avaliava as equipes, jogadores, treinadores, resultados anteriores e a arbitragem, em que lugares os jogos aconteceriam, o dia e a hora. Depois, eu pegava o meu lápis amarelo e fazia uma previsão calculada sobre o que a próxima temporada prometia para a equipe de basquetebol dos Bruins da UCLA, especificamente, em quais jogos marcaríamos mais pontos que os adversários e em quais jogos os adversários marcariam mais pontos que a UCLA.

Terminava as minhas previsões, guardava no envelope, fechava e colocava numa pasta até o término da temporada regulamentar. Na maioria das vezes, as minhas previsões aproximavam-se bastante do registro final de vitórias-derrotas da UCLA, embora de vez em quando eu errasse em um ou outro jogo.

Em 1959, quando todos os especialistas previram uma temporada em que os Bruins da UCLA seriam derrotados — e com bons motivos para isso —, eu discordava. O número que anotei e deixei guardado foi de 14-12. A minha previsão acabou se revelando correta no final.

Nas quatro temporadas em que a UCLA terminou sem ser derrotada, porém, eu previ apenas uma delas: 1973. Em cada uma das outras três, eu sempre encontrei um adversário que nos venceria por diversas razões (por exemplo, jogar contra a Notre Dame na Notre Dame é de fato uma razão muito boa).

Eu estava errado nas três ocasiões.

Esse ritual especial não tinha como objetivo me motivar nem estabelecer metas ou diretrizes como tal e qual deveria ser fácil vencer ou que um adversário em especial pedia uma preparação especial. A minha filosofia básica era me preparar para cada adversário com a mesma intensidade e o mesmo respeito, quer fosse um adversário invicto, quer não tivesse ganho nenhum jogo. Respeitar a todos; temer nenhum; concentrar-nos em nos aprimorar e pôr em prática o nosso método.

Portanto, nunca espionei as outras equipes. Seria melhor para nós, eu acreditava, deixar que se ajustassem a nós. A minha crença era que seríamos mais fortes pondo em prática o nosso sistema no nível mais alto possível do que tentando mudar a cada semana dependendo de qual fosse o nosso adversário (havia exceções a essa filosofia, é claro, mas não muitas).

ESQUEÇA O FUTURO, OLHE PARA A BOLA

As minhas previsões no início de cada temporada eram feitas basicamente por diversão. Algumas pessoas gostam de fazer palavras cruzadas; eu gostava de prever os resultados dos jogos da temporada. E, exatamente como em palavras cruzadas, eu me esquecia dessas previsões assim que terminava de fazê-las e depois as guardava.

Com poucas exceções, aquelas previsões, guardadas numa pasta do arquivo, eram o mais próximo que eu chegava de me preocupar com o que o placar mostraria quando soasse a sirene no fim de um jogo — se venceríamos uma outra equipe.

Eu queria que os nossos jogadores fizessem o mesmo — esquecessem o placar, as posições no campeonato e o que pudesse acontecer no futuro e simplesmente se concentrassem em fazer o seu trabalho com o melhor da sua habilidade, tanto nos treinos quanto nos jogos.

O sucesso não é o ponto de chegada, é a jornada.

"Se quiser aumentar uma série de vitórias — esqueça isso. Se quiser interromper uma série de derrotas — esqueça isso. Esqueça tudo a não ser concentrar-se no trabalho árduo e no planejamento inteligente."

Um bom líder resolve o que deve ocupar a atenção da equipe, em que deve trabalhar e com o que deve se preocupar. Esse processo começa com o que você, o líder, está preocupado.

O placar? Os campeonatos? Uma cota de vendas? O resultado financeiro final? Enquanto as metas, previsões, esperanças ou sonhos estiverem guardados e arquivados, ótimo. Mas, como uma preocupação diária, eles são um desperdício de tempo, roubando a atenção e os esforços do presente e esbanjando-o no futuro. Você controla o primeiro, mas não o último.

Uma organização — uma equipe — que está sempre olhando para o placar vai acabar perdendo a bola para um bom adversário bem debaixo do próprio nariz. Você deve manter o olhar na bola, não no placar ou em qualquer outro lugar no futuro distante. Essa tarefa, nem sempre é fácil de executar.

COMO NÃO VENCER 94 JOGOS SEGUIDOS

Certo dia, um comentarista esportivo do *Los Angeles Times* escreveu um artigo sobre os Bruins, especulando que, se os Bruins vencessem mais dois jogos naquela temporada e todos os 30 jogos de cada uma das duas temporadas seguintes, a UCLA ficaria com uma série de 94 vitórias, ultrapassando, assim, o recorde universitário nacional de 60 vitórias consecutivas obtido em 1954-55-56 pela equipe da Universidade de San Francisco, comandada por Bill Russel e K. C. Jones.

Esse artigo ilustra exatamente como as expectativas tinham saído do controle: os especialistas previam uma temporada perfeita depois de outra — considerando os anos seguintes — e esses prognósticos circulavam pela mídia nacional.

Diante desse pano de fundo, a maior tarefa com que me deparei foi permanecer concentrado no trabalho de ensinar a equipe a melhorar um pouco mais a cada dia e esquecer placares, previsões e as suposições dos outros. Essa tarefa já é bem difícil, mas eu também me deparava com o maior desafio de conseguir que aqueles a quem eu treinava fizessem o mesmo — ignorassem todo o "ruído" externo que tivesse o potencial de desviar a concentração da equipe durante a temporada.

A lição que aprendi foi inevitável: o caminho mais seguro para não vencer 94 jogos seguidos (ou até mesmo dois jogos seguidos) é começar a pensar nisso — ficar olhando para o placar e para o futuro.

LEMBRANDO A BROADWAY

A minha esperança pessoal — a minha meta — no início de cada temporada era conquistar o título da nossa Conferência, a Conferência Pac-10, como é chamada atualmente. Isso incluía equipes de Stanford, da Universidade do Sul da Califórnia (USC), de Washington e de Oregon.

Até mesmo durante os anos em que estivemos na NCAA nos defendendo como os campeões nacionais, a minha meta não era repetir o papel de campeões nacionais, mas de garantir o título da nossa Conferência. Para mim, esse era simplesmente um modo prático de considerar as coisas. Na época, só os campeões da Conferência tinham o direito de competir no torneio da NCAA — o *March Madness* (a Loucura de Março).

Conquistar o título da Conferência era uma tarefa formidável, mas representava uma grande quantidade de informações para mim antecipadamente. Em especial, eu conhecia a programação, quais equipes enfrentaríamos, os treinadores, os locais das partidas e até mesmo os árbitros. Sabia quando jogaríamos e onde seria o jogo. O panorama era completamente familiar.

Essa situação contrastava radicalmente com o torneio da NCAA. Eu não sabia nada sobre quais seriam os nossos adversários até o fim da temporada. Portanto, em vez de pensar nisso — me preocupar com isso —, eu tirava essas coisas do pensamento.

Mentalmente, eu trabalhava retrospectivamente a partir da minha meta de longo prazo — o campeonato da Conferência — até a meta de mais curto prazo, de tirar o máximo de proveito de cada treino. Para conseguir isso, eu me inspirava na minha formação como professor de inglês do colegial e comparava a temporada de basquete com uma peça de teatro, talvez uma história de Shakespeare. A época fora da temporada era para avaliar novos jogadores e conversar com eles, não muito diferente de reunir o elenco para uma peça de teatro. Na verdade, na tradição da língua inglesa, no teatro, os atores normalmente são relacionados no programa como "*the players*", "os jogadores" (o elenco).

A partir de 15 de outubro, quando começavam os nossos treinos, era como o início dos testes para os papéis em *Otelo* ou *Rei Lear*. A exemplo de qualquer diretor, eu precisava me decidir sobre quem interpretaria qual papel e que indivíduos funcionariam como substitutos dos intérpretes selecionados. Os treinos de basquetebol eram como os ensaios no teatro, com os jogadores/atores interpretando os diversos papéis nos quais se encaixassem melhor.

Os primeiros jogos, anteriores à temporada ou de fora da Conferência, eram como apresentações de ensaio fora da Broadway, em que avaliávamos as nossas escolhas para o elenco e fazíamos ajustes no seu desempenho — quem trabalhava bem junto, quem tentava roubar a cena às custas dos outros, quais integrantes do elenco apresentavam o melhor conjunto. Encontrar o melhor conjunto é a tarefa mais importante do diretor, do treinador-chefe ou do líder.

Eu nunca me esquecia de que nem sempre os melhores atores seriam capazes de criar o melhor espetáculo e os cinco melhores atletas não produziriam necessariamente a melhor equipe. Todos tinham de trabalhar bem em conjunto para que o espetáculo fosse um sucesso. Em outras palavras, a interação do "elenco", e entre os seus integrantes, era tão importante quanto o talento dos integrantes da equipe isoladamente.

A "peça" estreava em janeiro, com o início da temporada da nossa Conferência. Era quando todos os testes e a composição do elenco estariam terminados, assim como todas as apresentações de ensaio fora da Broadway.

> Esforce-se para alcançar o máximo de que é capaz. Nada menos do que o melhor de si será suficiente. Você pode enganar os outros, mas nunca enganará a si mesmo. A satisfação consigo mesmo virá depois de saber que fez tudo ao seu alcance num esforço de realizar tudo o que for possível diante das circunstâncias.

OS PEDIDOS DE BIS COMEÇAM COM UM BOM DIA DE ENSAIO

Eu explicava à equipe que se tratava de um processo cumulativo, em que a nossa atenção precisava se preocupar em produzir a melhor apresentação possível ao nos concentrarmos como um laser em cada dia de ensaio, as nossas sessões de treinos. Como diretor, eu tentava ensinar a todos como ter o melhor desempenho possível durante esses ensaios. Era nisso que nos esforçávamos — produzir a melhor apresentação da peça de que fôssemos capazes.

Será que o público aplaudiria? Será que conseguiríamos ser ovacionados e receber ótimas críticas? Eu dizia à nossa equipe que não tínhamos controle sobre isso — só sobre o esforço para apresentar um desempenho do mais alto nível de que fôssemos capazes. Se conseguíssemos isso, os nossos esforços poderiam merecer um bis.

> *Você não pode fazer nada quanto a ontem, e a única maneira de melhorar o amanhã é pelo que faz já.*

O bis no basquetebol são as eliminatórias do torneio da NCAA — a *March Madness* (a Loucura de Março). Eu lembrava aos jogadores que a melhor maneira de recebermos aquela oportunidade de bis seria trabalhar duro nos treinos desde aquele momento imediato. "Vamos trabalhar. Vamos fazer um bom treino, pessoal", dizia eu. Então, soprava o meu apito e começávamos.

CONCENTRAR-SE NAS "REPETIÇÕES"

A exemplo de todo diretor ou treinador esportivo experiente, o gerente precisa se assegurar de que a sua equipe esteja adequadamente preparada para a apresentação. Nos negócios, todo dia é um dia de apresentação. Assim, todo mundo precisa estar preparado. Isso significa que é preciso destinar o tempo necessário para o treinamento, o *brainstorming*, a troca de ideias e coisas semelhantes, em um esforço para produzir o "elenco de personagens" que esteja mais preparado.

Esqueça o bis, esqueça a Broadway, esqueça os ensaios, ignore as críticas e não sonhe em ser ovacionado. Esqueça a vitória e volte ao trabalho — já, neste instante. E era o que fazíamos.

Como líder, a minha tarefa era ajudá-los a atingir o objetivo de não pensar no futuro, as colocações e o que esperavam que aparecesse no placar ao fim do jogo.

Tudo o que temos é a oportunidade de nos preparar no presente. É impossível fazer isso quando e se estivermos pensando no futuro. O que fosse preciso pensar, eu faria pela equipe. E até mesmo isso era fortemente contido, fechado em um envelope e arquivado.

Só é possível alcançar o sucesso quando todo mundo está prestando atenção às suas tarefas. A melhor maneira de realizar os sonhos é ignorá-los. A melhor maneira de atingir metas a longo prazo é guardá-las dentro de um envelope. A minha primeira meta e prioridade, portanto, nunca era a longo prazo, era a muito curto prazo: ajudar a equipe a melhorar agora mesmo no treino.

Essa foi uma meta que eu nunca guardei dentro de um envelope e arquivei, que não tinha nada a ver com levantar os olhos para o placar, mas com manter a atenção na bola. Essa é uma das razões pelas quais nunca falei sobre vencer aos jogadores. Quando você começa a pensar em vencer, para de pensar em fazer o seu trabalho.

REGRAS PARA LIDERAR

Identifique as metas da equipe, depois arquive
Como líder, é mais difícil não se deixar distrair, e não deixar que a equipe se distraia pelos desafios, oportunidades, prêmios e consequências no futuro. Eu raramente mencionava o próximo adversário com a equipe durante a semana. O mesmo se aplicava à nossa colocação e possibilidades de eliminação. Tudo isso existia no futuro. As possibilidades de melhorar existem no presente, não no futuro.

Respeite totalmente todo competidor
Embora raramente mudasse os nossos treinos ou o nosso plano de jogo com base nos adversários, eu queria que os nossos jogadores tivessem respeito pela capacidade de todos os adversários. Nunca considerei um jogo ou adversário como vitória garantida. O mesmo deve ser aplicado nos negócios. Respeite a todos; não tema ninguém. Isso não é fácil de fazer. Quando se está por baixo e os outros lá em cima, o temor é natural. Quando se está por cima e os outros lá embaixo — liderando a competição —, é mais difícil ter respeito por todos.

O sucesso a longo prazo requer concentração a curto prazo
Isso está no centro da minha advertência para "não olhar o placar". É a chave da minha metodologia de liderança. Concentre-se em se aprimorar — agora. Não amanhã; não na semana que vem. É preciso fazer isso hoje.

SOBRE WOODEN

Dave Meyers: Equipe universitária principal da UCLA, 1973-1975; dois campeonatos nacionais

VENCER, VENCER, VENCER? NÃO, NÃO, NÃO.

Eu me aposentei como profissional quando tinha 26 anos, depois de ser escolhido pelo Los Angeles Lakers como parte de uma negociação que me mandou para Milwaukee Bucks. No primeiro dia de treino, cheguei a ouvir uns 150 palavrões. Que diferença do treinador Wooden. Mas essa não era a única diferença — só a mais inconsequente.

Como profissional, nada importava mais do que vencer. Se perdesse um arremesso ou cometesse um erro, você se sentia péssimo, porque todos os olhos estavam voltados para o placar. Vencer era tudo o que importava e tudo sobre o que se falava: "Precisamos vencer esse jogo", ou "Devemos vencer essa partida" ou "Como podemos vencer o próximo jogo?". Vencer, vencer, vencer.

O treinador Wooden não falava em vencer — nunca. O que ele queria é que apresentássemos o melhor jogo de que fôssemos capazes. "O objetivo é esse", ele nos dizia. "Façam isso e ficarão felizes. Se fizerem isso, a nossa equipe será um sucesso." Ele ensinava isso, acreditava nisso e me ensinou a acreditar.

Nunca se falava em vencer, nunca — só no esforço, na preparação, fazer o que fosse preciso para dar o máximo nos treinos e nos jogos. Deixe que a vitória se resolva sozinha.

Quando eu era um atacante dos mais antigos na UCLA, nenhum dos especialistas realmente pensava que conseguiríamos grande coisa. A turma de Walton — Bill Walton, Keith Wilkes e os outros — tinham acabado de se formar depois de vencer dois campeonatos nacionais e deixar uma série de 88 vitórias consecutivas antes de perder para Notre Dame. Eu era o único ala dos Bruins que entrava jogando, de 1974-1975.

O treinador exercitava a gente — os fundamentos, os exercícios, o trabalho em equipe, o sacrifício pessoal. Jogue duro, não se deixe abater, espere pela sua oportunidade, tente melhorar a cada dia. Não se preocupe com o placar. Nem uma única palavra sobre vencer. Conquistamos o campeonato nacional daquele ano.

Na época, eu não percebia, mas o comportamento dele era basicamente de acordo com a Pirâmide do Sucesso — trabalho duro, energia e entusiasmo, autocontrole e tudo mais. Ele era assim. E ensinava aquilo com o seu exemplo.

Na verdade, gosto de pensar nele como um professor. Quando ele me entrevistou e eu ainda estava no colegial em Sonora, Califórnia, lembro-me bem, a sala dele na UCLA era cheia de livros, objetos de recordação, documentos, placas, certificados, uma porção de coisas. Parecia a sala de um professor de inglês.

Na parede, ele tinha fotos dos treinadores dele — "Piggy" Lambert, da Purdue; Glenn Curtis, do Colégio Martinsville; e Earl Warriner, do seu tempo de primário em Centerton. Havia um grande desenho da sua Pirâmide do Sucesso ao lado.

Antes dos treinos, ele sempre nos encontrava: "Como vai a sua mãe, David? Tem telefonado para ela?" "Sarou daquele resfriado, Jim?" "Como vão as aulas de matemática?". Ele nos tratava como pessoas. Mostrava que se preocupava com a gente. E era claro que sabia ensinar — exatamente como um professor.

E de certo modo ele era um professor. O que nos ensinava era como vencer. E fazia isso sem falar em vencer uma única vez.

15

A ADVERSIDADE
É O SEU BEM

*"As coisas são melhores para aqueles que aproveitam
ao máximo a maneira como as coisas são."*

Pouco antes de eu embarcar no U.S.S. *Franklin*, durante a Segunda
Guerra Mundial, tive uma apendicite e fui levado às pressas ao hospital para uma cirurgia de emergência em Iowa City. Enquanto eu me recuperava da operação, o *Franklin* zarpou, deixando-me para trás. O
marinheiro que tomou o meu lugar a bordo era um amigo meu, Freddie
Stalcup, um irmão da fraternidade e ex-jogador de futebol em Purdue.

Semanas depois, chegou a notícia de que o *Franklin* sofrera um desastroso ataque de um *kamikaze* durante uma patrulha em algum ponto do
Pacífico Sul. O posto de combate de Freddie, no qual eu deveria estar se o
destino não tivesse me mandado para o hospital, foi destruído quando o
kamikaze chocou-se diretamente sobre ele. Freddie teve morte instantânea.

Uma tragédia assim faz a gente pensar. Por razões desconhecidas, o destino sorrira para mim, mas tirara a vida do meu amigo. Com a perda, veio a
mais perfeita compreensão de que na maioria das vezes o destino está fora
do nosso controle. E, embora não possamos controlar o destino, devemos
fazer todas as coisas possíveis para controlar as nossas reações a ele.

Essas reações são da maior importância porque o destino desempenha
um papel decisivo em praticamente tudo o que fazemos na vida e na liderança. As circunstâncias que não podemos prever, compreender ou desejar

podem ser — e são — impostas a nós sem aviso; os efeitos do acaso acontecem às pessoas e às organizações sem mais nem menos. Na minha própria vida, essa não é a exceção à regra, mas a regra.

Você deve ter notado que, quando a boa sorte bate inesperadamente à nossa porta, geralmente a aceitamos sem pensar, sem nem nos darmos conta disso. Em tempos de provação, porém, não demoramos para concluir que o destino atua direta e injustamente contra nós — para encontrar uma desculpa para amolecer, fraquejar e depois desistir.

George Moriarty caracteriza essa situação da seguinte maneira:

Às vezes penso que o destino deve sorrir
Quando o acusamos e insistimos,
A única razão por não podermos vencer
É porque o próprio destino falhou.*

No entanto, não foi o destino que "falhou", mas a coragem do líder quando diz "ai de mim" momentos antes de desistir diante do infortúnio. Não deixe que o "ai de mim" torne-se a sua canção-tema.

Shakespeare o expressou muito bem. Pouco antes de Hamlet encarar a morte provável em um duelo de espadas arranjado pelo homem que assassinou o seu pai, o seu amigo Horácio tenta dar-lhe uma desculpa para fugir, se esconder ou desistir. Hamlet recusa. Ele acredita que todas as coisas acontecem por uma razão e diz a Horácio: "Existe uma providência especial na queda de um pardal". Hamlet via um sentido e um cuidado divino em todos os acontecimentos — grandes e pequenos — e estava decidido a enfrentar o seu destino com coragem e inteligência.

> **"Embora não possa controlar o que o destino interpõe no seu caminho, você pode reagir e responder a ele. Pelo menos, você deveria ser capaz disso."**

Acredito no mesmo. Ensinaram-me a aproveitar ao máximo o que quer que o destino — a providência — trouxesse para a minha vida. Essa crença foi um grande benefício para mim, mais especialmente no que diz respeito a liderar os outros.

> "Quando as coisas ficam difíceis, o duro vai começar."
> Não se desculpe, não chore, não apresente um álibi,
> não se zangue nem perca o controle de si mesmo;
> mas mantenha a estabilidade, o condicionamento,
> a vigilância, a confiança, a dedicação ao trabalho,
> a capacidade de lutar e o desejo.

---

*No original: "*Sometimes I think the fates must grin / As we denounce the and insist,/ The only reason we can't win/ Is because the fates themselves have missed*". (N. T.)

A RESPOSTA DE MEU PAI TORNOU-SE O MEU MODELO

Quando o meu pai, Joshua, perdeu a nossa fazenda porque uma vacina contaminada para os porcos matou os animais, ele não culpou nem o destino nem o vendedor que lhe vendeu o soro. Muito embora ele tenha levado um duro golpe do destino, mostrou-se resoluto, otimista e não se queixou.

Por mais difícil que fosse a situação, ele deixou a terra que amava, mudou-se para Martinsville e conseguiu um emprego em um sanatório para sustentar a família. Nem uma única vez eu o ouvi expressar raiva, amargor ou desalento pelo seu infortúnio. Nunca invejou ninguém nem se comparou com os que pareciam ter tido um destino melhor na vida. Meu pai aceitou a vida que lhe cabia e procurou tirar o melhor que pôde dela. Esse foi um exemplo de grande profundidade para mim.

Quando as coisas vão mal por razões além do seu controle, é tentador primeiro culpar e depois adotar o destino como a causa do seu fracasso. Um líder competente ignora essa tentação — a desculpa fácil — de usar a má sorte para se sentir desencorajado, desiludido ou derrotista.

A adversidade pode nos tornar mais fortes, mais espertos, melhores e mais duros. Pôr a culpa dos seus problemas na má sorte torna você mais fraco. As coisas que mais valem a pena no mundo competitivo vêm envolvidas na adversidade. Os bons líderes compreendem isso e são inclinados a enxergar a verdade nestes versos:

Depois de tudo, agora me parece,
Maior pesar não sei se acontece.
Deixou-me, assim que a dor foi 'mbora,
Muito mais forte do que fui outrora.
— Anônimo*

Não controlamos as mudanças e as viradas imprevistas que fazem parte da nossa liderança. Nesses momentos difíceis, fui buscar a força no forte exemplo de meu pai tanto quanto na sua sugestão para me preocupar apenas com as coisas sobre as quais eu tivesse controle. Não podemos controlar o destino, só a nossa resposta a ele.

JOGUE COM AS CARTAS QUE RECEBEU

O destino pregou-me a peça mais cruel — não pela primeira vez nem pela última — tão logo entrei para as fileiras universitárias como treinador, em 1946, na Faculdade Estadual Teachers de Indiana. Durante a minha segunda

---

* No original: *"Looking back it seems to me, / All the grief that had to be. / Left me when the pain was o'er, / Stronger than I was before"*. — Anon. (N.T.)

temporada, o telefone começou a tocar com ofertas para o trabalho de treinador partindo de escolas como a UCLA e a Universidade de Minnesota.

Na época, UCLA eram apenas quatro letras do alfabeto que não significavam quase nada para mim. Minnesota era uma história completamente diferente, porque fazia parte da Conferência Big Ten.*

Além de ter livre acesso à Big Ten, por ter jogado basquetebol na Purdue, havia mais uma razão prática envolvida: eu conhecia muitos treinadores do colegial na região — e era também conhecido por eles. Todos eles — setecentos — seriam recrutadores potenciais para o meu programa. Nem é preciso dizer o quanto isso seria importante para desenvolver e manter um programa de basquetebol superior. Esse era um bem de valor quase incalculável para qualquer treinador. Eu queria muito isso.

Havia também a questão de minha família. Nell e as crianças não queriam se mudar para muito longe de Indiana e, na verdade, nem eu. Adorávamos tudo no Meio-Oeste, incluindo o clima no inverno. Por muitas razões, eu tinha o maior desejo de me tornar o treinador-chefe da equipe de basquetebol dos Gophers, de Minnesota, nas Twin Cities.**

Só visitei a UCLA como um favor a um ex-companheiro de equipe na Purdue, Dutch Fehring, que ingressara na carreira de treinador de futebol dos Bruins. Ele e um apresentador de rádio e TV locais, Bob Kelly, tinham me recomendado para a comissão de seleção que depois me convidou para fazer uma visita. O que vi não foi muito impressionante.

Assim que retornei a Indiana da minha viagem do Oeste, anunciei à Nell: "Vamos para Minnesota". Mas falei cedo demais. O destino era quem tinha a última palavra.

Os burocratas dos Gophers e eu tínhamos concordado com todos os termos do contrato, exceto um; especificamente, eles queriam que eu mantivesse o treinador-chefe a quem estava substituindo, Dave McMillan, que permaneceria no grupo como meu assistente. Eu não estava disposto a fazer isso, porque era injusto com nós dois; cada um tinha o seu próprio método e estilo de fazer as coisas. Eu não queria ser constantemente criticado por um ex-treinador-chefe que tinha uma filosofia diferente quanto a ensinar e jogar basquetebol.

Depois de várias semanas de telefonemas de ambos os lados, Minnesota informou-me que a sua decisão final seria tomada no sábado seguinte e que telefonariam com o resultado exatamente às 6h da tarde. Nesse meio-tempo, telefonei para a UCLA para informar que muito provavelmente eu

---

* A Big Ten Conference é a mais antiga conferência de atletismo universitário dos EUA, que engloba a maioria das modalidades esportivas além do basquetebol. Fundada em 1896, com dez universidades do Meio-Oeste, hoje conta com 11 filiadas e promete incluir a 12ª, a Universidade de Nebraska-Lincoln em 2011. (N.T.)

** Um exemplo típico de "cidades gêmeas" na geografia, assim é conhecida a área urbana de Minneapolis-Saint Paul, a mais populosa do estado de Minnesota, nos Estados Unidos, composta por 186 cidades e condados, respectivamente a maior cidade e a capital do estado. (N.T.)

declinaria a sua oferta porque esperava que o pessoal de Minnesota aceitasse o meu pedido e permitisse que eu escolhesse o meu próprio assistente. Na improvável eventualidade de que isso não se realizasse, eu disse à UCLA que estaria disposto a me tornar o treinador-chefe dos Bruins. O que não mencionei foi o quanto esperava que isso não acontecesse.

Na tarde de sábado, Nell e eu sentamo-nos na nossa sala de estar, em Terre Haute, esperando pelo telefonema de Minnesota. No entanto, não houve telefonema — não às 6 horas, nem às 6 e meia. Estávamos cada vez mais preocupados até que, finalmente, às 7 horas da noite, o telefone tocou. Ficamos os dois aliviados e muito ansiosos para ouvir a notícia que logo nos levaria para Minnesota.

Infelizmente, a ligação era da Califórnia. A voz do outro lado da linha era do diretor de atletismo da UCLA, Wilbur Johns:

— Treinador Wooden, qual é a sua decisão?

Foi difícil pronunciar as palavras, mas respondi:

— Minnesota não ligou, Wilbur. Acho que não cederam ao meu pedido afinal de contas. Aceito a sua oferta.

O que eu não sabia era que Minnesota tinha cedido e decidido, depois de longas discussões, permitir que eu escolhesse o meu próprio treinador-assistente e a arranjar um trabalho aceitável para Dave McMillan no departamento de atletismo.

Entretanto, quando os burocratas tentaram telefonar para mim exatamente às 6 horas da tarde, com a boa nova de que eu seria o próximo treinador-chefe dos Gophers de Minnesota, o telefone não dava linha.

Uma nevasca de primavera colocara o serviço telefônico fora do ar nas Twin Cities. No momento em que o serviço voltou a funcionar de novo e Minnesota foi capaz de me contatar — cerca de 7 e meia da noite — era tarde demais. O destino fizera a primeira e a última ligação. Eu já dera a minha palavra à UCLA de que seria o próximo treinador-chefe de basquetebol dos Bruins.

Por mais que eu quisesse que a conversa com Wilbur Jones não tivesse acontecido, não podia voltar atrás com a palavra empenhada. Se a sua palavra não vale nada, você não é melhor do que ela. Eu me lembrei do conselho simples de meu pai resumido no seu Dístico Tríplice: "Nunca minta; nunca trapaceie; nunca roube. Não se lamente; não se queixe; não dê desculpas".

Eu segui o conselho e o exemplo dele na noite em que uma nevasca fatídica empurrou-me em uma direção para onde não queria ir — a Califórnia. Eu sabia exatamente o que meu pai teria feito em uma circunstância semelhante. Eu vira quando ele perdera a fazenda, quando aceitou o destino e fez dele um amigo.

VOCÊ É A SUA PALAVRA

Quando disser que vai fazer, faça. Não dê a sua palavra se não quiser cumpri-la. O líder cuja promessa tem significado é alguém em quem se confia. A confiança é importante em tudo na liderança.

Como líder, você deve jogar com as cartas que recebeu, mesmo quando não gosta das cartas — mesmo quando o destino lhe faz uma carranca. Poucos meses depois daqueles telefonemas de sábado à noite, os Woodens estavam na Califórnia e eu conduzia os treinos como o treinador-chefe recém-chegado dos Bruins da UCLA. Mas o destino logo interveio de novo, desta vez, de maneira irônica — a boa sorte transformou-se em má sorte.

APROVEITE A SITUAÇÃO AO MÁXIMO

Quando as multidões começaram a comparecer em grandes levas para assistir aos jogos da UCLA e a se comprimir nos espaços apertados do terceiro andar das acanhadas arquibancadas do Ginásio Masculino, o corpo de bombeiros obrigou-nos a fazer as malas e a realizar os jogos em casa em outro lugar: Colégio Venice, Auditório Municipal de Long Beach, Faculdade Municipal de Long Beach, Auditório Pan Pacific, Faculdade Municipal de Santa Mônica e outros. Chegamos até a jogar uma partida em casa na Escola Ginasial de Bakersfield, a 160 quilômetros ao norte de Los Angeles.

Durante muitos anos, não tivemos uma quadra própria nem as vantagens que a acompanham. Tentei transformar a desvantagem a nosso favor, aproveitar ao máximo as circunstâncias que o destino — o corpo de bombeiros — tinha nos imposto.

Dizia aos nossos jogadores: "Isso vai deixá-los mais fortes para quando enfrentarem os adversários em sua própria quadra, porque estaremos acostumados à perturbação e às distrações da viagem". E foi o que aconteceu. Os jogadores fizeram do destino um amigo (Tinham me garantido, quando fui para a UCLA, que o minúsculo Ginásio Masculino seria logo substituído por instalações mais adequadas. Isso só viria a acontecer 17 anos depois.).

Posteriormente, o infortúnio abateu-se novamente sobre nós quando os Bruins começaram a treinar em 1965-1966 para defender o título de campeões nacionais. Achei que fôssemos começar o ano com uma equipe ainda mais forte do que a que acabara de conquistar o título da NCAA sete meses antes; eram numerosos os talentos experientes que retornavam para jogar mais um ano. Entretanto, embora o talento e a experiência sejam uma bagagem poderosa, não têm tanto poder quanto o destino.

Quase desde o início da temporada, lesões e doenças começaram a estropiar a nossa equipe. Tudo pareceu mudar da noite para o dia: Edgar Lacey fraturou a rótula; Freddie Goss deu baixa com uma gripe misteriosa; Kenny Washington distendeu um músculo da virilha, uma lesão da qual nunca mais se recuperou. Em questão de semanas, o destino distribuiu mais desventuras do que nos dois anos anteriores somados.

Não só não conseguimos manter o título de campeões nacionais, com um registro de 10-4, como sequer conquistamos o título da nossa Conferência. Tantas circunstâncias tinham atuado contra nós, que estavam além do nosso controle. No entanto, faz-se o melhor com o que se tem. Eu me lembrei de que, durante as duas temporadas anteriores, o destino sorrira para o nosso programa.

O DESTINO ELIMINA UMA ARMA

Quando os burocratas proibiram a enterrada em 1967, foi ostensivamente para impedir que os jogadores se pendurassem no aro e, de vez em quando, quebrassem a tabela. Entretanto, isso também teve uma consequência direta sobre Lewis Alcindor Jr.; especificamente, acabou com uma das suas mais fortes armas ofensivas. Seria fácil lamentar-se sobre o que aconteceu.

Embora eu apoiasse o banimento da enterrada por vários motivos, incluindo o fato de que ela se transformara num instrumento de exibicionismo, Lewis achou que a ação poderia ter sido dirigida especificamente contra ele. Eu lhe disse: "Lewis, isso fará de você um jogador melhor, porque você vai precisar desenvolver outros aspectos do seu jogo. E não se preocupe, quando for para a NBA, ainda vai se lembrar de como fazer uma enterrada". E eu estava certo.

Depois disso, ele desenvolveu possivelmente a maior arma ofensiva da NBA: o "gancho do Kareem". Transformou um aspecto negativo em positivo, uma desvantagem em uma grande vantagem (Alguns anos depois de Lewis e Bill Walton deixarem o basquetebol universitário, foi novamente permitida a volta da enterrada no jogo.).

A SUA PRÓPRIA PREVIDÊNCIA ESPECIAL

Menciono esses obstáculos e reveses não para sugerir que tenha enfrentado maiores e mais frequentes desafios do que os outros ou que o destino tenha sido duro demais comigo. Na verdade, é exatamente o contrário. Em qualquer contexto, a liderança é acompanhada de adversidades desse tipo. Às vezes, o destino parece escolher o líder para ser testado, como se quisesse saber se esse líder é forte o bastante, flexível o bastante para que lhe confiem a liderança.

Logo cedo, passei a acreditar que os acontecimentos na vida normalmente se dão como deveriam, por alguma razão, mesmo que essa razão não seja visível de imediato. Talvez tenha sido devido à minha fé, pelo exemplo dos meus pais, ou pelas minhas próprias experiências ao longo do tempo. Não sei exatamente por quê, mas comecei a aceitar o que o destino oferecia e tentava tirar o melhor da situação — seguir em frente com otimismo e a determinação de fazer o máximo com o que tinha nas mãos, fosse algo bom ou ruim.

Perder o emprego de treinador que eu tanto queria em Minnesota, ser forçado a jogar as partidas em casa da UCLA na estrada por muitos anos, esperar tanto tempo por um ginásio adequado, ver uma equipe com potencial para ser campeã nacional ser dizimada por lesões — todos esses reveses e mais do que isso são o que os treinadores e líderes enfrentam todos os dias. Somos pagos para enfrentar o destino.

Os que sobrevivem olham o destino nos olhos e dizem: "Seja bem-vindo", e depois vão em frente sem se queixar, se desculpar ou se lamentar. Embora não possamos controlar o destino, somos capazes — ou deveríamos ser — de controlar a nossa resposta a ele. Na liderança, a sua resposta torna-se decisivamente importante, porque em última análise é a resposta da sua organização.

> *"Você não é um fracasso até que começa a culpar alguém pela sua fraqueza ou pelos seus erros."*

Se você arranjar uma desculpa para se render ou desistir, a sua equipe fará o mesmo. Se você insistir com entusiasmo apesar das circunstâncias, a sua organização — se você escolheu boas pessoas e as ensinou bem — seguirá o seu exemplo enquanto continuar a lutar. Desistir ou lutar? É o líder quem decide pela organização.

Como treinador e líder, tentei ao máximo evitar que as coisas fora do meu controle influenciassem as coisas que eu podia controlar. Em mais de nove décadas, nunca consegui controlar o destino.

Prepare-se para aplicar a sua capacidade ao máximo; ensine a sua equipe a fazer o mesmo. Ignore o destino com a certeza de que a adversidade apenas tornará você e a sua equipe mais fortes se resistirem à autopiedade. Como você lida com a má sorte, com os reveses e as imprevisibilidades do ambiente competitivo é uma das principais diferenças entre o campeão e o segundo colocado. Seja um otimista realista e lembre-se de que as coisas são melhores para aqueles que aproveitam ao máximo a maneira como as coisas são.

REGRAS PARA LIDERAR

Aceite sempre a adversidade
Todos os líderes e organizações são surpreendidos pela má sorte e pelas desventuras de várias maneiras, em diversos momentos. Os melhores líderes entendem isso e raramente se desviam dos seus propósitos. Eles reconhecem a oportunidade que isso representa, ou seja, que a sua resposta pode separar você e a sua organização da concorrência daqueles líderes que se atordoam e se intimidam quando o destino os encara. Espere os maus momentos e deixe que eles o façam cada vez mais forte.

Não faça do "ai de mim" o seu brado de luta
Os líderes não podem se permitir ser mal-influenciados pela autopiedade. O sucesso está ligado à avaliação exata que você faz de si mesmo e da sua equipe. Essa atividade é impossível quando você está deprimido, sentindo pena de si mesmo e culpando a má sorte. Tire o máximo do que tem à sua disposição; jogue com as cartas que recebeu. Walt Disney uma vez disse: "Nada educa melhor do que a adversidade". No entanto, para obter essa educação, é preciso ser forte o bastante para vencer a adversidade em vez de permitir que a adversidade o vença.

Não culpe o destino pelo seu fracasso
Você pode tropeçar e cair, cometer erros e enganos, mas só será um fracasso quando começar a culpar os outros, incluindo o destino, pelos seus resultados. Acredite sempre que há algo positivo a se encontrar no negativo. As coisas normalmente acontecem por alguma razão, mesmo quando você é incapaz de discernir qual é essa razão. Lembre-se: "Existe uma providência mesmo na queda de um pardal".

SOBRE WOODEN

Ken Washington: Equipe principal da UCLA, 1964-1966; dois campeonatos nacionais

O DEDO CAPRICHOSO DO DESTINO

A grande lição que aprendi com o treinador Wooden é esta: a melhor coisa que você pode fazer na vida é dar o máximo de si mesmo. Você é um vencedor quando faz isso, mesmo que esteja do lado inferior do placar.

Muitos fatores podem influir nos resultados finais; o dedo caprichoso do destino pode se manifestar de repente. O melhor talento nem sempre vence, mas o indivíduo ou a equipe que vai lá e faz o melhor que pode é quem vence. Essa era a filosofia dele. Isso era o que ele ensinava.

Fizemos uma temporada perfeita e conquistamos o campeonato nacional em 1964. Voltamos a ser os campeões nacionais em 1965. Eu não tinha a menor dúvida de que, em 1966, poderíamos ser a primeira equipe da história do basquetebol universitário a vencer três campeonatos consecutivos. Então, o dedo caprichoso do destino apontou para nós.

Lesões, doenças e todo o tipo de coisa nos atingiram. Não vencemos o título da nossa Conferência em 1966 — conseguimos um registro de 10-4 e nem mesmo estivemos à altura de jogar no torneio da NCAA para defender o nosso título.

Ao longo de todas essas desgraças, nunca ouvi uma única queixa ou desculpa do treinador Wooden. Ele nunca parou de lutar e nos dizia para continuar fazendo o nosso trabalho, nunca desistir e nos aplicarmos o máximo possível. E fizemos isso apesar do caprichoso dedo do destino.

Fomos os vencedores em 1966 por causa disso.

Olhando em retrospectiva, acredito que foi provavelmente fantástico para mim, como pessoa, que não tenhamos vencido o terceiro campeonato nacional consecutivo. Isso me mostrou como a vida realmente é, o que o destino pode fazer — por que não podemos basear o nosso sucesso apenas nos resultados.

É claro que isso foi o que aprendi com o meu treinador. Mais do que qualquer outra pessoa que conheci, ele chegou o mais perto de praticar o que pregava. Ele era muito coerente com o que dizia e fazia tudo de acordo tanto com os princípios quanto com os padrões. Na verdade, comecei a achar que esse era o comportamento normal de um líder. Mas não é normal. Seguir padrões e princípios tão elevados é raro no nosso mundo.

No fim dos meus quatro anos na UCLA, eu ainda precisava de nota para passar. O treinador Wooden não se cansou de insistir comigo para voltar durante o quinto ano para conseguir me formar em Economia.

Embora eu não pudesse mais jogar pela UCLA, ele se preocupava bastante comigo. "Isso é muito importante para você, Kenneth. Consiga esse diploma." E continuou insistindo comigo durante todo o ano para ter certeza de que eu conseguiria. E eu consegui.

O treinador Wooden não ensinava a ter caráter; ele o cultivava. Ele escolhia as pessoas para fazer parte da equipe com base no talento, é claro, mas não só no talento. Queria um determinado tipo de pessoa — aquela que jogasse pela equipe, uma pessoa com integridade e valores.

Depois, cultivava esses valores assim como cultivava o nosso talento como atletas. Sinceramente, ser altruísta, se preocupar com os companheiros de equipe, praticar a ética, todas essas coisas eram ressaltadas constantemente.

Além isso, ele nunca diminuía, humilhava ou se aproveitava das pessoas, mesmo que tivesse o poder para isso. Afinal de contas, ele era o chefe. Mas mantinha o respeito mesmo quando a disciplina exigisse o contrário.

O treinador era um mestre em psicologia, entendia as diferenças entre as pessoas. Ele fazia questão de algumas coisas, como não falar palavrões, chegar no horário, não se exibir, tudo isso. Mas, quando se tratava de trabalhar com a gente, ele tratava todo mundo de maneira igual, sabia como fazer as coisas de acordo com cada um de sua equipe.

Jack Hirsch, por exemplo, era um cara livre, muito liberal, o único na equipe que tratava o treinador por John. O treinador entendia que isso não significava perder o respeito com ele e permitia. O treinador sabia que Jack não estava passando dos limites. Estava apenas sendo autêntico.

Quando alguém passasse dos limites, porém, pagava por isso. Um dia, estávamos jantando à mesa do espaço de treinamento e Jack levantou-se e disse: "Não consigo comer essa porcaria". O treinador, muito calmamente, mas com firmeza, colocou o Jack suspenso — disse-lhe para não voltar enquanto não pudesse se desculpar e comer o que todos os outros jogadores estavam comendo.

O treinador entendia o desrespeito contido nos comentários de Jack sobre a comida. O desrespeito de alguém por qualquer um não era jamais permitido.

Talvez para Jack a comida não fosse tão boa assim. Para mim, estava ótima. Para o treinador não era aceitável que Jack dissesse aquilo. Era um desrespeito. Jack continuou fora da equipe até mudar de atitude e se desculpar.

Duas semanas depois, Jack estava de volta à mesa de refeições, não exatamente com o maior apetite, mas sem se queixar.

O atletismo é como a vida. Às vezes, pode-se fazer tudo certo e ainda assim perder. É uma jornada. Você faz o melhor que pode e então precisa deixar para lá. Muita gente promete fazer assim, mas, quando as coisas apertam... epa, não é tão fácil de fazer. O treinador praticava o que prometia. Mesmo quando o dedo caprichoso do destino nos surpreendia.

TERCEIRA PARTE

LIÇÕES

DO MEU

CADERNO DE REGISTROS

INTRODUÇÃO

A seguir, serão apresentadas páginas ou excertos de páginas dos cadernos de registros que usei ao longo dos anos na minha atividade como treinador — notas, observações, lembretes, sugestões e listas de objetivos relevantes e de como atingi-los. Estão incluídos regras de comportamento, prioridades antes da temporada, programação dos treinos minuto por minuto, prêmios, capitães das equipes principais da universidade e muito mais. Tentei selecionar um material que possa ter aplicação na liderança, e não apenas no basquetebol ou nos esportes e também sugerir como esse material poderia ser aplicado a uma organização.

Não acredito que exista uma metodologia ou filosofia de "tamanho único" que sirva para todos os casos quando se trata da liderança eficaz, competente e de organizações vitoriosas. No entanto, ao divulgar as páginas dos meus cadernos de registros, juntamente com a Pirâmide do Sucesso e com as minhas Lições sobre Liderança, espero que você encontre algumas ideias que possam ser adotadas satisfatoriamente no seu método pessoal de formação de uma organização vitoriosa — uma equipe que saiba como ter sucesso em um ambiente competitivo.

O bom líder nunca para de aprender. Um ótimo líder nunca para de ensinar. Depois que você terminar de ler este livro, espero sinceramente que tenha encontrado informações que o ajudem a se tornar um professor e um líder ainda melhor, capaz de desenvolver uma organização que se caracterize pela Grandeza Competitiva.

O material apresentado em seguida é composto por algumas páginas e registros relevantes que guardei para me ajudar a alcançar as minhas metas com a equipe de basquetebol dos Bruins da UCLA.

DIAGRAMAS NÃO VENCEM CAMPEONATOS

Nos esportes, é fácil se deixar envolver por diagramas das jogadas, com os aspectos estratégicos detalhados, padrões e métodos de ataque e defesa. Em grande medida, isso envolve a mecânica de como as coisas podem ou devem ser feitas.

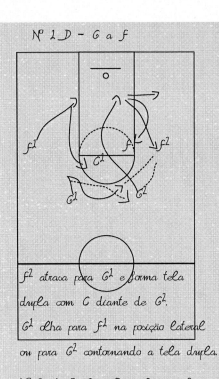

f² atrasa para G¹ e forma tela dupla com G diante de G².
G² olha para f¹ na posição lateral ou para G² contornando a tela dupla.

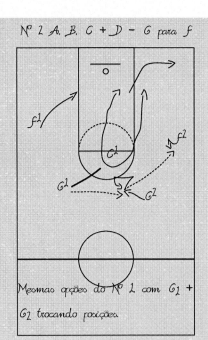

Mesmas opções do Nº 1 com G₁ + G₂ trocando posições.

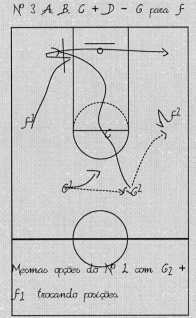

Mesmas opções do Nº 1 com G₂ + f₁ trocando posições.

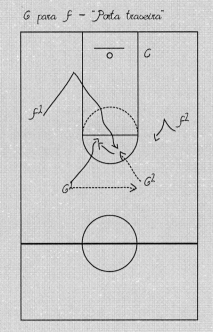

Acredito que o mesmo se aplique à maioria das organizações. Existe um determinado modo de acordo com o qual o líder quer e espera que as coisas sejam feitas, seja em vendas, produção, construção, projeto ou o que mais possa ser. De um modo ou de outro, você desenha os planos e a sua equipe os executa com graus variados de eficácia.

Eis aqui alguns dos planos que desenhei como treinador-chefe dos Bruins. Divulgo-os porque olhar para eles dispostos assim na página me traz uma sensação, talvez, de como são inúteis sem todos os elementos essenciais que entram na formação de uma equipe de sucesso.

Para qualquer líder, qualquer organização, os planos são um ponto de partida. É por isso que os coloco no início da Terceira Parte. Uma tarefa muito mais difícil para quem está em posição de liderança é criar um ambiente, um estilo de pensamento, um conjunto de crenças, que acabem por levar todos a trabalhar *ansiosamente* e dar o melhor das suas habilidades para fazer com que aqueles planos resultem em uma organização vitoriosa.

Desenhar planos como esses diagramas é a parte mais fácil. Fiz isso milhares de vezes. Criar uma organização de sucesso com pessoas que executem os planos no nível da Grandeza Competitiva — ora, esse é o desafio da liderança!

Para mim, ele começava, principalmente, na nossa primeira reunião de equipe.

A MINHA PRIMEIRA PALESTRA À EQUIPE: ESTABELECENDO O PADRÃO

Partir de um bom começo é importante porque estabelece o tom para a sua equipe de muitas maneiras — expectativas, valores, atitude, comportamento, regras, entre outras coisas. Isso se aplica especialmente aos indivíduos novos na organização, mas também aos outros sob a sua liderança que podem precisar de um lembrete, de tempos em tempos, de como se espera que as coisas sejam feitas.

Na UCLA, eu começava cada temporada com comentários introdutórios em uma sala que funcionava como "sala de aula". Durante essa reunião, eu tentava fazer com que todos os presentes tomassem conhecimento do que eu esperava deles e do que poderiam esperar de mim. Entre outras coisas, eu repassava a minha filosofia do sucesso e como adotá-la na prática.

Rafer Johnson, um dos jogadores que entravam já no início da partida na equipe principal da universidade, em 1959, e vencedor de uma medalha de ouro olímpica em 1960, dizia que os meus comentários iniciais davam-lhe a confiança de que conseguiria ter sucesso como um integrante dos Bruins. E ele conseguiu.

Embora as minhas palestras do início da temporada nunca fossem registradas por escrito, alguns anos atrás o Salão de Indiana me pediu para lembrar o que dizia, aproximadamente, para uma apresentação em vídeo 3-D nas suas excelentes instalações em New Castle.

O que escrevi e registrei para eles está incluído aqui. Obviamente, os meus comentários mudavam um pouco de ano para ano, mas este é um exemplo muito bom do tom básico e da filosofia que eu apresentava no início de uma nova temporada na UCLA.

Todos na organização devem estar cientes do que vai acontecer. O líder é quem decide isso. A seguir, apresento uma visão para os jogadores, no início de uma nova temporada, daquilo que eu esperava que acontecesse.

Por favor, deem-me a sua atenção, rapazes. Gostaria de dizer algumas palavras sobre essa próxima temporada. Todos nós queremos fazer muito sucesso, mas, para que o nosso sucesso se torne realidade, vocês devem primeiramente compreender o meu conceito do que é o sucesso de verdade. O verdadeiro sucesso no basquetebol não deve se basear em estatísticas individuais ou no percentual de vitórias, assim como o sucesso na vida não deve se basear em bens materiais ou posições de poder e prestígio. O sucesso deve se basear em até que ponto se chegou de alcançar o próprio nível pessoal de competência.

Fazer mais pontos do que o adversário é importante, e devemos fazer um esforço sincero para conseguir isso, mas vocês devem manter as coisas na perspectiva adequada. Os nossos esforços na quadra são os elementos básicos para alcançar o sucesso na vida e esse deve ser o seu principal propósito para estar aqui.

Muito embora nunca seja alcançada, a perfeição deve ser a nossa meta. Dar menos que o esforço máximo de que se é capaz para atingir a perfeição não é sucesso não importam quais sejam os percentuais de vitórias ou até que ponto os outros possam considerá-lo um sucesso.

Você não pode ser um sucesso de verdade sem a tranquilidade mental e essa só acontece por meio da satisfação pessoal que existe quando se sabe que se fez o esforço máximo para se tornar o melhor do que se é capaz de ser. Você e unicamente você sabe se fez isso ou não. Você pode enganar os outros, mas não pode enganar a si mesmo.

Não devemos nos preocupar demais com as coisas sobre as quais não tempos controle, mas devemos fazer todos os esforços para utilizar ao máximo a nossa capacidade nas coisas sobre as quais temos controle.

Todo mundo é diferente. Sempre haverá outros que são maiores ou mais fortes, ou mais rápidos, ou que saltam melhor, ou melhores em outras coisas, mas existem outras qualidades nas quais vocês não podem ficar atrás de ninguém.

Entre elas, estão: a dedicação ao desenvolvimento do seu próprio potencial, a dedicação ao trabalho, a sua condição física, a sua integridade, autocontrole, espírito de equipe e cooperação. Se você adquirir e mantiver essas características, eu garanto que será uma pessoa de sucesso, não só no basquetebol, mas na vida, o que é muito mais importante.

Agora, algumas considerações finais. Vocês estão aqui para obter uma educação que lhes dará o alicerce para uma vida produtiva e satisfatória nos anos futuros. A sua educação e o seu progresso acadêmico devem ser a sua prioridade. Ninguém mais pode fazer isso por vocês. A segunda prioridade é o basquetebol. E, aqui de novo, depende inteiramente de vocês sob a minha orientação, é claro fazer o esforço para atingir o seu potencial. Não tentem ser melhores do que o outro, mas façam todo o esforço para se tornarem os melhores de que são capazes. Como uma equipe, nos treinos ou nos jogos, a sua concentração deve estar completamente no basquetebol. No entanto, durante o resto do tempo, vocês não são jogadores de basquetebol, mas estudantes estudantes que não devem nem querer nem esperar de mim nenhum privilégio especial.

Alguma pergunta? Muito bom!

O ABECÊ DO SUCESSO

"Qual é o segredo do sucesso?" é uma pergunta que a maioria das pessoas entre nós já se fez num momento ou outro. A minha conclusão, mostrada aqui, pode desapontá-lo; quer dizer, não existe segredo. Em outras palavras, você e a sua equipe devem dominar o velho Abecê do Sucesso, seja para fazer cestas, seja para cumprir cotas de vendas. Para mim, é a execução, não algum segredo, que faz com que o trabalho seja realizado de maneira correta. A execução dos fundamentos pelos indivíduos que aplicam os seus talentos em uma unidade que funciona desembaraçadamente é o que mais importa.

Ao longo de décadas, observei que as equipes e os líderes que chegam aos melhores resultados têm uma coisa em comum: o Abecê do Sucesso.

A. Não existem segredos. Não é o que você faz, mas até que ponto consegue fazer bem-feito.

B. Nenhum método será bem-sucedido se os jogadores não estiverem bem situados em relação aos fundamentos.

C. O método ou jogo da equipe resulta da integração dos indivíduos depois que dominaram os fundamentos, em uma unidade de trabalho desembaraçada. Tanto do ponto de vista ofensivo quanto defensivo.

A LISTA DE APRIMORAMENTO PESSOAL DO LÍDER

Eu sou do tipo que gosta de fazer listas. Talvez isso venha da compreensão de que, quando se tem uma meta, faz sentido definir o que pode ajudar a chegar lá. Para mim, fazer uma lista das coisas foi uma maneira lógica de proceder. Assim, acumulei uma porção de listas no decorrer dos anos.

A lista que você vê aqui inclui traços secundárias que acredito serem valiosos para o líder ter (os traços básicos estão relacionados na Pirâmide do Sucesso). Alguns dos traços secundários são óbvios (embora muitas vezes as coisas mais óbvias sejam menosprezadas) e outros podem parecer triviais — por exemplo, "expressividade". No entanto, não presumo que nada seja óbvio ou que algo relevante seja trivial, especialmente quando se trata do aprimoramento pessoal do líder.

Eu adotava uma postura simples; quer dizer, se eu fosse capaz de pensar em algo que pudesse produzir um aprimoramento, colocava em prática. Esses traços acompanhantes são uma lista de coisas que acredito que possam me ajudar, ou a qualquer líder, a ser mais eficaz.

Traços Secundários

1. Afabilidade - Amigável, simpático, cordial.

2. Aparência - Asseado, bem-arrumado.

3. Expressividade - Uso adequado do tom e da altura da voz.

4. Adaptabilidade - Adaptar-se ao ambiente.

5. Cooperativismo - Trabalhar harmoniosamente com o quadro docente, a equipe e a comunidade.

6. Convencimento - Defender as suas ideias com firmeza, não como um "cabeça-dura".

   "Aquele que uma vez disse muito sabiamente:
   'Certifique-se de que está certo, então siga em frente',
   Poderia muito bem ter dado a seguinte pista:
   'Assegure-se de que está errado antes que desista'."

7. Precisão - Na escolha de homens, no julgamento, nas técnicas e na reação rápida a situações de emergência.

8. Vigilância - Estar alerta para observar os pontos fracos do adversário, da própria equipe, notar a fadiga etc., e ser rápido em fazer as correções necessárias.

9. Confiabilidade - Os garotos devem saber que podem contar com você.

10. Disposição cordial, otimista - Pense positivamente em vez de negativamente. O otimismo sincero contribui para aumentar a confiança e a coragem.

11. Engenhosidade - Cada indivíduo e cada equipe são um problema independente - mental, física, social e espiritualmente. Use o recurso certo para cada um.

12. Visão - Ofereça o incentivo, um quadro do possível.

Você também verá que o traço da "Vigilância" está incluído aqui, além de compor a segunda camada da Pirâmide. Talvez eu estivesse inconscientemente seguindo a quarta lei do aprendizado: a repetição.

APROVEITANDO MAIS DE CADA MINUTO

Como se pode ver nestas anotações, eu conduzia a prática do jogo de quadra inteira quase todos os dias nos treinos anteriores ao primeiro jogo da temporada (o último jogo de quadra inteira acontecia de fato uma semana antes da partida inaugural). Depois disso, nós os praticávamos com muito menos frequência.

> Jogos de quadra inteira — Pratique quase todos os dias antes da primeira partida e então:
> 1. De vez em quando, se necessário, para os primeiros sete ou oito homens.
> 2. Toda segunda-feira para os que não jogaram muito tempo nas partidas.

Nas semanas que levavam ao nosso primeiro jogo, os jogos de quadra inteira da UCLA serviam a três propósitos: 1) condicionamento físico; 2) preparação dos jogadores para o que encontrariam nos jogos, isto é, a dinâmica do basquetebol de quadra inteira; e 3) avaliar os jogadores.

Depois que a temporada começava, os jogos de quadra inteira eram praticados apenas ocasionalmente, porque o condicionamento físico era treinado por meio dos nossos exercícios intensos e constantes. Também não havia mais a necessidade de fazer com que a equipe se acostumasse com os jogos de quadra inteira, porque as partidas toda semana davam conta do recado. A minha avaliação dos jogadores continuava nos treinos e nas partidas ao longo de todo o ano. Todo esse esforço reduzia a necessidade de utilizar jogos de quadra inteira.

Eu parava de usar os jogos de quadra inteira regularmente, depois de começada a temporada, porque considerava esses jogos um formato ineficaz para ensinar bem. Por quê? Porque eu achava que eles desperdiçavam tempo. Embora os jogadores corressem de uma extremidade a outra da quadra, era um tempo desperdiçado.

O meu método de instrução preferido era o método todo-parte, que dividia o "todo", isto é, jogar basquetebol, em partes menores que poderiam ser trabalhadas seletivamente e aperfeiçoadas. Entre esses pedaços, estavam incluídos arremessar corretamente, movimento de olhos, colocação das mãos, passar, pivotar, receber a bola, correr rotas em jogadas, os aspectos específicos do rebote, métodos defensivos, entre outros.

Depois de praticar tudo isso individualmente, voltávamos a reunir as "partes" como um todo. Correr a quadra inteira desperdiçava o tempo que poderia ser gasto trabalhando nesses detalhes — as partes. Assim, embora o jogo de quadra inteira servisse a três propósitos específicos antes do início da temporada, ele servia a poucos propósitos depois disso. As nossas metas podiam ser cumpridas por meios mais eficientes: jogos de meia quadra e exercícios físicos.

O uso eficiente do tempo era extremamente importante para mim, como você leu no Capítulo 10, "Faça de cada dia a sua obra-prima". Eliminar os jogos de quadra inteira era um estratagema de usar o tempo com mais eficiência para aproveitar mais de cada minuto. Dei esse exemplo apenas porque poderia fazer você pensar em maneiras de conseguir com que a sua organização aproveite melhor o tempo.

DEFINA AS SUAS REGRAS CLARAMENTE

No Capítulo 11, "A cenoura é mais eficaz do que a vara", está a descrição de como eu evoluí ao longo dos anos, passando de muitas regras e poucas sugestões para muitas sugestões e menos regras. No entanto, ainda tinha um bom conjunto de regras, especialmente durante os treinos. Abaixo uma lista com algumas dessas regras. Eu as considerava "expectativas normais" a serem observadas por todos os jogadores.

É claro que é fundamental para o líder e para a equipe manter o equilíbrio em cada área. Encontrar o equilíbrio correto na área das regras é muito difícil. Até que ponto as listas sobre o que fazer e o que não fazer tornam-se tão extensas que sobrecarregam você e a sua organização? Igualmente importante: quais as regras que fazem uma diferença positiva? Quais são simplesmente um capricho? Não sei a resposta a essas perguntas. Cada treinador, cada líder, deve tentar descobrir o que funciona melhor na sua organização.

Durante vários anos, distribuí a cada jogador um volumoso livro de informações no início de cada temporada. Quando percebi que a imensa quantidade de material sobrecarregava os rapazes, comecei a distribuir em quantidades menores, dia após dia, tanto verbalmente quanto em páginas mimeografadas como as que você pode ver neste livro.

Esta página do meu caderno de registros pode dar uma ideia se há informações demais ou de menos; informações muito amplas ou muito detalhadas. Na minha opinião, cada líder deve encontrar o melhor equilíbrio e a oportunidade certa para distribuir as informações dentro da organização.

Treino

1. Apresente-se vestido, na quadra, e pronto para o treino no horário todos os dias. Nada substitui a dedicação ao trabalho e o entusiasmo.

2. Faça o aquecimento e depois exercite-se nos seus pontos fracos e arremesse alguns lances livres quando chegar à quadra e até o treino organizado começar.

3. Trabalhe duro para se aprimorar sem precisar ser forçado. Seja sério. Divirta-se sem palhaçada. Você só se desenvolve dando o máximo de si.

4. Não faça panelinhas, não se queixe, não critique, não sinta ciúme, não seja ególatra, não tenha inveja, não apresente desculpas. Conquiste o respeito de todos.

5. Nunca deixe a quadra sem permissão.

6. Quando o treinador soar o apito, todos devem dirigir-lhe a atenção exclusiva e responder imediatamente sem se desconcentrar de maneira nenhuma.

7. Adiante-se rapidamente para entrar em posição para iniciar um novo exercício.

8. Mantenha uma aparência arrumada com a camisa para dentro do calção, as meias puxadas, os cabelos cortados curtos, barba feita e unhas bem-cortadas.

9. Tome o máximo de cuidado com o seu equipamento e mantenha o armário arrumado e em ordem.

10. Registre o seu peso ao chegar e ao sair todos os dias.

11. Faça as coisas do modo que lhe instruíram e não precisará ser corrigido todos os dias. Os hábitos certos só se formam pela repetição continuada do modelo perfeito.

12. Seja ágil, e não espalhafatoso. O bom jogo, ágil, atrai elogios, ao passo que o jogo espalhafatoso provoca o ridículo e as críticas.

13. Quando a atividade de grupo é interrompida para a correção de um indivíduo, todos devem prestar a máxima atenção para não precisarem da mesma correção.

14. O condicionamento resulta do trabalho duro durante os treinos e da conduta mental e moral adequadas.

15. A estabilidade, a confiança e o autocontrole acontecem por estar preparado.

ENSINANDO OS OUTROS A RECEBER CRÍTICAS

Fazer críticas é uma tarefa essencial de ser um líder. Embora os cumprimentos, feitos corretamente, sejam uma força motivacional importante — talvez a força mais poderosa de todas quando feitos por alguém que se respeita e em quem se confia —, as críticas servem a um propósito semelhante, mas de modo diferente.

Re: Críticas

1. Se o treinador "gritar com você", considere isso um cumprimento. Ele está tentando ensinar e tocar um ponto em você. Se ele não estivesse interessado em você, não se incomodaria. Um jogador só é criticado para ser aprimorado, e não por alguma razão pessoal.

2. Interprete a crítica de maneira construtiva, sem dar desculpas nem se zangar. Se o treinador estiver errado, ele descobrirá isso no devido tempo.

3. Não censure nem zombe ou critique um companheiro de equipe em nenhum momento. Isso pode criar um mal-estar, que irá prejudicar a equipe. Devemos evitar a formação de panelinhas e todos devem trabalhar no máximo interesse da equipe.

Embora as críticas *devam* ter resultados produtivos, é muito fácil que aconteça exatamente o contrário. Assim, eu tentei ao máximo ser profissional ao fazer as críticas, evitando fazer comentários pessoais que pudessem causar embaraço ou produzir algum dano. Mas isso não é o bastante.

Acredito que as pessoas sob a sua liderança devem ser ensinadas a reagir de maneira adequada às suas críticas. Eu não presumia que, só porque não levava para o lado pessoal, o destinatário das minhas críticas as considerasse da maneira certa. Assim, dava as seguintes instruções, informando — ensinando — os jogadores de que maneira deveriam reagir quando criticados.

Como se pode notar, eu explicava muito claramente que, em nenhum momento, nenhum deles tinha permissão de fazer uma crítica a um companheiro de equipe.

Um líder competente obtém resultados positivos e produtivos com as suas críticas. O líder que é menos eficaz usa as críticas com um exagero forçado que só aprofunda o problema. Assim, o líder deve tanto saber fazer uma crítica como também ensinar os outros como receber uma crítica.

REGISTROS ANTERIORES AO PRIMEIRO CAMPEONATO NACIONAL DA UCLA

Antes do jogo inaugural da temporada de 1963-1964, quando a UCLA conquistou o seu primeiro campeonato nacional, eu percebi que tínhamos as potencialidades de uma equipe formidável. Todos os nossos jogadores principais estavam retornando e eram perfeitos para executar a Pressão, um método de jogar na defesa na quadra inteira que tínhamos implantado na temporada anterior. Juntamente com o rápido contra-ataque ofensivo da UCLA, eu achava que os nossos jogadores seriam fortes candidatos ao campeonato nacional.

Na verdade, até escrevi um poeminha sobre os meus sentimentos e o futuro da equipe:

Com o retorno dos nossos craques,
Sim, senhor, Walt e Gail mais Keith e Jack,
Além de Fred e Freddie* e outros cobrões
Em sessenta e quatro podemos ser campeões.

Entrando na temporada de 1963-1964, escrevi essas notas para mim mesmo como lembretes do que eu queria enfatizar e aprimorar. Por mais

---

*Walt Hazzard, Gail Goodrich, Keith Erickson, Jack Hirsch, Fred Salughter e Freddie Goss.
 (No original: *With every starter coming back,/ Yes, Walt and Gail and Keith and Jack/*
And Fred and Freddie and some more/ We could be champs in sixty-four.) (N.T.)

que acreditasse no potencial da nossa equipe, eu percebia que ele não se realizaria sem esforços continuados — e incessantes — para melhorar.

Programação dos Treinos
Para a
Temporada de 1963-1964

Sugestões

1. Encerrar cada treino com corridas de velocidade.

2. Conduzir partes especiais do nosso jogo ofensivo contra a defesa ativa depois de permitir o primeiro passe. Isso força os ajustes quando necessário.

3. Trabalhar muito na defesa sob pressão. Experimentar pressões por zona — 2-2-1, 2-1-2, 1-3-1, 1-2-1-1.

4. Trabalhar muito no ataque rápido da equipe: Vai. Vai. Vai!!!

5. Usar muito o condicionamento 3 contra 2 todos os dias.

6. Usar muito o trabalho pelas laterais sem um arremesso. Com outras disposições ofensivas.

7. Os treinadores fazem mais treinamento individual e em detalhes.

8. Jogar na defesa antecipando o passe. Enfatizar a defesa contra os atacantes sem a bola.

9. Sobre a pressão — quando marcar um homem, não permitir que ele drible ou faça um passe direto. Chegar em cima para forçar o adversário muito ou passar e ficar alerta para cobrir os seus potenciais passes de saída.

   Manter alguém entre a bola e o adversário que ataca depois que recebe a bola.

10. Enfatizar o brio pessoal — na defesa em especial.

11. Ensinar mais a falar na defesa e no ataque.

12. Buscar de verdade a supremacia no jogo em equipe.

Estas notas são uma lista de antes da temporada das coisas em que pretendia trabalhar e, se possível, aperfeiçoar. Entre elas, incluem-se "trabalhar muito" (número 3) nos diversos métodos de pressão por zona; "trabalhar muito no ataque rápido da equipe: Vai. Vai. Vai!!!" (número 4); e "buscar de verdade a supremacia no jogo em equipe" (número 12).

Esses elementos já tinham sido incutidos profundamente no jogo e nos treinos da nossa equipe. Eu os menciono para demonstrar o meu intenso desejo e a intenção de me concentrar em aspectos que podiam ser aprimorados mesmo quando o nível de execução já era bem alto.

Aceitar o *status quo* significa que o líder não sente a necessidade de mais aprimoramento. Eu nunca cheguei a um ponto, em 40 anos de ensino do basquetebol, em que achasse que não precisava fazer mais aprimoramentos. Em todos os aspectos do jogo, incluindo a minha própria liderança.

Gostaria de salientar dois outros itens da lista: o ponto número 1, que é "Encerrar cada treino com corridas de velocidade", nunca era usado. Eu não gostava de corridas de velocidade durante os treinos porque elas eram destinadas para o condicionamento. Eu poderia manter a equipe bem condicionada fazendo exercícios físicos em alta velocidade. Assim, obtínhamos duas coisas de uma vez. Esse item pode estar na lista porque eu pensava em experimentar. Em todo caso, nunca o implementei nos treinos.

No entanto, o ponto número 11, "Ensinar mais a *falar* na defesa e no ataque", era muito importante — um lembrete para mim de que a comunicação entre os jogadores é essencial. Durante um jogo, os companheiros de equipe devem estar constantemente falando entre si, trocando avisos, encorajando-se mutuamente em todos os aspectos do jogo. Eu até mesmo designava o jogador número 5 (um armador) como "o diretor", o indivíduo responsável por iniciar a comunicação sobre as jogadas, tanto de ataque quanto de defesa.

A comunicação é essencial nos esportes. O mesmo talvez se aplique à sua equipe. Você ressalta a importância e ensina a praticar a boa comunicação? É claro que isso começa a partir do líder. Você é um bom comunicador?

ALGUNS DETALHES DE UMA TEMPORADA MUITO BOA

Como mencionei no Capítulo 4, "Não olhe para o placar", no início de cada temporada eu anotava as minhas previsões sobre as futuras partidas da UCLA. Essas previsões baseavam-se em muitas coisas, incluindo a equipe que iniciava a partida, o dia e a data, o adversário, a pontuação final, o local e os nomes dos árbitros.

Temporada 1963-64
NCAA

Vitórias 30   **Conferência**
Derrotas 0   **(15 - 0)**
100%

Hora	Data	Adversário	Placar	Local	Arbitragem
08:00	Sexta 29/11	NCLA Freshman		SMCC	Perry Miletich
09:15	Sexta 06/12	Brigham Young	+113-71	LA Arena	Frivaldaky Hanley
07:00	Sábado 07/12	Butler	+80-65	LA Arena	Frivaldaky Filiberti
07:30	Sexta 13/12	Kansas State	+78-75	Lawrence Kansas	Aker Searge - Ken Prajon
07:30	Sábado 14/12	Kansas	+74-54	Manhattan Kansas	Tom Klemon - Pat Haggety
07:00	Sexta 20/12	Baylor	+112-61	Long Beach Arena	Doug Harvy - Jack Taylor
09:15	Sábado 21/12	Creighton	+95-79	Long Beach Arena	Jackie White - Jack Taylor
07:15	Quinta 26/12	Yale	+95-65	LA Arena	Bill Fonto - Jack Taylor
07:00	Domingo 29/12	Michigan	+98-80	LA Arena	Jim Trunny - Joe Weight
09:00	Sábado 28/12	Illinois	+83-79	LA Arena	Bill Fonto - Joe Weight
08:00	Sexta 03/01	Washington State	+88-83	Pullman Washington	Louie Soriano - Charles Moffett
08:00	Sábado 04/01	" "	+121-77	Pullman Washington	Bert Bruss - Charles Moffett
08:00	Sexta 10/01	Southern California	+79-59	LA Arena	Louie Soriano - Bill Fonto
08:00	Sábado 11/01	" "	+78-71	LA Arena	Louie Soriano - Bill Fonto
09:15	Sexta 17/01	Stanford	+84-71	LA Arena	Bill Bussemin - Joe Frivaldaky
08:00	Sábado 18/01	Stanford	+80-61	SMCC	Bill Bussemin - Joe Frivaldaky
08:00	Sexta 31/01	Santa Barbara	+107-76	Santa Barbara	Jackie White - Joe Frivaldaky
08:00	Sábado 01/02	Santa Barbara	+87-59	SMCC	Doug Harvy - Jim Trunny
08:00	Sexta 07/02	NCB	+87-67	Berkeley	Nell Ross - Jim Trunny
08:00	Sábado 08/02	NCB	+58-56	Berkeley	Nell Ross - Jim Trunny
07:00	Sexta 14/02	Washington	+73-58	LA Arena	Ernie Filiberti - Nell Ross
09:15	Sábado 15/02	Washington	+88-60	LA Arena	Ernie Filiberti - Jim Trunny
08:00	Sexta 22/02	Stanford	+100-88	Palo Alto	Ernie Filiberti - Jack Taylor
08:00	Segunda 24/02	Washington	+78-64	Seatle	Charles Moffett - Edgar Kendrick
08:00	Sábado 29/02	Washington State	+93-56	RA Arena	Bill Bussemin - Jim Trunny
07:00	Segunda 02/03	NCB	+87-57	" "	Ernie Filiberti - Jackie White
08:00	Sexta 06/03	Southern California	+91-81	" "	Louie Soriano - Joe Frivaldaky
09:30	Sexta 13/03	Seattle	+95-90	Corvallis Oregon	Alex Searge - Lloyd Mapenissen
09:00	Sábado 14/03	San Francisco	+76-72	" "	Tom Slemen - Dan Watson
09:30	Sexta 20/03	Kansas State	+90-84	Kansas City	Red Milholei - Hongs
09:00	Sábado 21/03	Duke	+98-83	" "	Red Milholei - Tom Slemen

Tudo isso e muito mais eu levava em conta antes de anotar o meu "palpite" sobre os resultados das partidas da UCLA para o ano seguinte. Depois, eu fechava as minhas previsões em um envelope e me esquecia delas até o final da temporada. Obviamente, eu não me esquecia *literalmente* de todas as informações que tinha analisado, porque algumas delas me ajudavam a lembrar de determinadas situações que poderíamos voltar a enfrentar. Por exemplo, alguns árbitros poderiam ser mais duros na marcação de faltas do que outros; eu queria saber se a UCLA tinha problemas com partidas jogadas fora de casa, ou à noite, ou em um determinado dia da semana — sexta-feira ou sábado.

Acho que a manutenção de registros detalhados é da maior importância para a liderança. Eu estava sempre procurando dicas que nos ajudassem a melhorar individualmente e como equipe. Para isso, eu também mantinha relatos extensos e detalhados dos treinos e partidas. Usava mais meu lápis amarelo n° 2 do que o próprio apito.

A página que você vê aqui é da temporada de 1963-1964, em que a UCLA conquistou o seu primeiro campeonato nacional de basquetebol e um registro de 30-0. O formato dessa página é semelhante ao das temporadas anteriores e mostra o tipo de fatos específicos que eu analisava no início de cada ano.

VACINANDO CONTRA A INFECÇÃO

A UCLA venceu o campeonato nacional da NCAA em 1964 e 1965. No início da temporada de 1966, escrevi esta nota breve para mim mesmo — um lembrete urgente para ensinar uma lição muito importante à seleção que retornava.

> Não ache que nada do que aconteceu no ano passado ou no ano anterior deva ter alguma influência neste ano! Você deve estabelecer a sua própria identidade. Treino de Basquetebol da Equipe Principal da Universidade 1965-1966

A minha mensagem soava como um alarme; especificamente: "Não pense que o sucesso do passado acontecerá de novo no futuro". Eu queria que cada jogador fosse bem consciente de que os dois recentes campeonatos nacionais da UCLA não lhes garantiriam *nada* na temporada seguinte.

Os campeonatos pertenciam às equipes anteriores — não a eles. Eles precisavam criar a sua própria identidade, trabalhar duro e quem sabe vencer os seus próprios campeonatos.

Essa mensagem — uma advertência — foi transmitida verbalmente em diversos momentos e de várias maneiras. Era a minha tentativa de ajudar os jogadores a evitar o excesso de confiança e a complacência — a infecção do sucesso. Essa é uma infecção que costuma ser fatal.

Eu sabia por experiência própria, como jogador, que chegar ao topo era difícil. Permanecer lá também era difícil, porque tendemos a nos acalmar, relaxar e descansar sobre os louros quando um pequeno sucesso cruza o nosso caminho.

As conquistas do passado para qualquer líder ou organização só ocorrerão de novo no futuro com igual ou maior esforço. O líder, cujas equipes alcançam o sucesso deve trabalhar duro para eliminar a complacência entre os que fazem parte da organização. Caso contrário, é improvável que o sucesso inicial se torne um sucesso de longo prazo. Essa nota — um lembrete da mensagem que eu repetiria vezes seguidas para a equipe — era uma tentativa de vaciná-la contra a infecção do sucesso.

DUAS LISTAS COM UM META: APRIMORAMENTO

As listas que criei ao longo dos anos tratavam de tudo, desde evitar bolhas até arremessos com pulo. Eu estava preocupado não só com a mecânica do jogo propriamente dita, mas também com as emoções e os componentes mentais dele.

Eis aqui duas listas, uma intitulada "Métodos de treinamento", e a outra chamada "Treinamento — Princípios importantes para se ter em mente". Nas duas listas, pode-se substituir a palavras *treinamento* por *liderança*. As 27 instruções, na minha opinião, têm uma aplicação quase direta na liderança competente em quase todas as organizações.

BASQUETEBOL DA UCLA

John Wooden, Treinador-Chefe

Métodos de Treinamento

1. Seja um professor. Siga as leis do aprendizado – explicação e demonstração, imitação, crítica da imitação, repetição até criar o hábito.
2. Use palestras, fotografias, filmes, diagramas, material mimeografado para complementar os treinos diários.
3. Insista na pontualidade e nos trajes adequados aos treinos.
4. Insista na atenção estrita.
5. Não permita gracejos pesados. O treino é preparação.
6. Mostre paciência.
7. Introduza as novidades logo no começo do período de treinos e depois repita diariamente até que sejam aprendidas.
8. Evite críticas ásperas e em público. Use tanto os elogios quanto a censura.
9. Encoraje o trabalho em equipe e o espírito altruísta.
10. Faça um considerável treinamento individual com todos.
11. Use grupos pequenos, cuidadosamente organizados.
12. Tenha um plano de treino definido – e siga-o.

```
            John Wooden, Treinador-Chefe

Treinamento
Princípios importantes para se ter em mente

1.  O basquetebol é um jogo de hábitos.
2.  Nunca sinta-se satisfeito.
3.  Não apresente coisas demais, mas ensine bem.
4.  Não os prenda muito rigidamente a ponto de
    perderem a iniciativa.
5.  Tenha um ataque que dê oportunidades a todos.
6.  Não subestime os pequenos detalhes. Você deve se
    preparar para vencer se quer ser um vencedor.
7.  Convença os seus jogadores da importância do
    condicionamento - mental, moral e físico.
8.  Nada é tão importante quanto a execução dos
    fundamentos de maneira adequada.
9.  A confiança acontece por estarmos preparados e
    com adequadas condições físicas.
10. O desenvolvimento do espírito de equipe é o que
    mais importa e o egoísmo, a inveja e a egolatria
    devem ser eliminados.
11. Tanto o treinador quanto os jogadores devem ser
    dedicados ao trabalho e entusiasmados para que o
    sucesso seja alcançado.
12. Ensine o respeito por todos e o temor por
    ninguém.
13. Use o estilo positivo e desenvolva o orgulho do
    próprio jogo.
14. Tenha uma equipe, não titulares e substitutos.
15. Dê publicamente o crédito aos seus jogadores que
    se destacam e também ao pessoal da defesa em
    todas as oportunidades.
```

BOAS INSTALAÇÕES MELHORAM A EFICIÊNCIA

Em 1967, fazia um ano que as modernas instalações da UCLA, o Pavilhão Pauley, já estavam sendo usadas, e isso permitiu que os meus treinos alcançassem um nível muito mais elevado de eficiência e eficácia.

É possível ver algumas evidências disso nessas sugestões — lembretes para mim mesmo — para a temporada de 1966-1967, especificamente, a de número 3: "Arremessar" (lances livres).

Antes, as nossas equipes treinavam no Ginásio Masculino, com suas limitações, incluindo apenas duas cestas. Com as instalações ampliadas do Pavilhão Pauley — incluindo seis cestas, eu podia conduzir exercícios e jogos e, ainda, ter pares de jogadores isolados, praticando lances livres.

Eu dobrava o número nas cestas e tinha um par de jogadores arremessando lances livres enquanto outro par praticava arremessos de fora do perímetro. Enquanto os jogadores arremessavam lances livres, um aluno-ajudante ia registrando o percentual de arremessos bem-sucedidos.

Mesmo com todas as tabelas e cestas disponíveis no Pavilhão Pauley, eu raramente designava um jogador para uma cesta. O basquetebol é um esporte de equipe não era sensato permitir que os jogadores praticassem sozinhos. Queria que interagissem com os companheiros de equipe.

Há também nos meus registros um lembrete para que os jogadores estivessem na quadra para os treinos nunca depois das 3h15 da tarde. Havia um aquecimento não-supervisionado entre as 3h e as 3h30 da tarde. Os jogadores tiravam vantagem dessa situação e chegavam cada vez mais tarde. Eu queria corrigir essa tendência na temporada seguinte.

Re: Treinos de Basquetebol da Universidade para 1966-67

1. Ser mais exigente quanto a chegar à quadra às 3h15 e praticar conscientemente até que os treinadores assumam.

2. Re: Lances livres
   a. Cada garoto deve arremessar e responder por 50 tentativas diárias. Um ajudante deve fazer o registro.
   b. Cada garoto deve fazer um arremesso com bola, recuperar, fazer um rápido arremesso de baixo, voltando para a linha de falta.

3. Arremessos
   a. Um par em cada bola — 2 pares numa cesta — Um par faz 10 lances livres cada (o outro par fica de fora), depois trocam.
   b. Alternar posições passando e cortando — a bola não deve tocar o chão depois do arremesso

4. Acrescentar jogo de ataque — Inverter opções

OITO MEDIDAS PARA AS BOAS RELAÇÕES

O relacionamento entre o líder e as pessoas da organização determina de muitas maneiras se vai acontecer o sucesso. É fácil se perder em análises complicadas em aspectos como os relacionamentos. Eu tentei evitar isso e procurava me ater ao bom senso.

Eis, na sequencia, oito medidas específicas, de acordo com o "bom senso", que tentei aplicar no meu trabalho como treinador para que o relacionamento que eu tinha com o pessoal da equipe fosse o mais produtivo possível.

Incluí as primeiras três medidas no Capítulo 5, "Use a mais poderosa palavra de quatro letras". Acredito que vale a pena repetir as oito medidas aqui, já que tudo se baseia no velho e comum bom senso.

John Wooden, Treinador-Chefe
— Relacionamento entre treinador e jogador

1. Tenha um relacionamento pessoal próximo com os jogadores, mas mantenha o seu respeito. Mostre-se sinceramente interessado pelos seus problemas pessoais e esteja sempre à disposição.
2. Mantenha a disciplina sem ser ditatorial. Seja justo e lidere em vez de conduzir.
3. Estude e respeite a individualidade de cada jogador e trate-o de acordo com isso. Trate cada homem como ele merece ser tratado.
4. Tente desenvolver o mesmo senso de responsabilidade em todos.
5. Analise a si mesmo assim como aos seus jogadores e se conduza de acordo com essa análise.
6. A aprovação é um grande motivador. Use o "tapinha nas costas", especialmente depois de uma crítica severa.
7. Se ensinar lealdade, honestidade e respeito pelos direitos dos outros, você dará um grande passo no sentido de uma equipe cooperativa com o espírito de equipe adequado. Ciúme, egolatria, inveja, críticas e censuras entre todos podem arruinar tudo isso.
8. Considere a equipe em primeiro lugar, mas não sacrifique um garoto só para provar um argumento.

UMA BOA MANUTENÇÃO DE REGISTROS

Apresento também a programação de um dia de treino para a segunda-feira, 15 de dezembro de 1969. Além de decompor o tempo nos nossos blocos comuns de 5, 10 e 15 minutos de instrução, é observada a ausência de um jogador, Steve Patterson. Incluí esta programação porque ela talvez mostre como acompanhávamos os diversos elementos da nossa programação de treino. Neste caso, Steve Patterson perdeu os 30 minutos daquele treino diário porque tinha um exame final.

Com a formatura de Lewis Alcindor Jr., Steve tornou-se o pivô titular da UCLA. Essas notas lembravam-me de que ele estava ausente, davam o motivo para a sua ausência e mostravam qual parte do treino ele perdera.

Para mim, era importante fazer o inventário dessas coisas — que eram onde, quando e por quanto tempo. Tudo e todos eram levados em conta.

EXPECTATIVAS NORMAIS

Quando estava treinando, tinha uma memória muito boa para fatos e números, nomes e rostos, e *também* para as regras de comportamento a serem seguidas. Eu mantinha tudo por escrito, incluindo listas de características pessoais que queria que os jogadores cultivassem — os ingredientes necessários para uma equipe de sucesso. Embora a minha memória fosse boa o bastante, eu não deixava brechas. O resultado era uma porção de listas.

A minha caracterização das listas dos jogadores caía sob o título de "Expectativas Normais". Eu não considerava as regras um sacrifício ou algo incomum. Segue a lista daquelas regras de conduta que os jogadores recebiam e deveriam observar. O líder de uma organização que tenha pessoas na equipe que adotem essas "Expectativas Normais" tem as potencialidades de uma equipe muito boa.

Expectativas Normais

As nossas chances de ter uma equipe de sucesso podem estar em proporção direta com a capacidade de cada jogador pôr em prática os seguintes conjuntos de sugestões:

1. Seja um cavalheiro em todos os momentos.

2. Seja sempre um jogador de equipe.

3. Seja pontual sempre que houver um horário estabelecido.

4. Seja um bom aluno em todos os sentidos – não só no basquetebol.

5. Seja entusiasmado, dedicado ao trabalho, confiável, leal e cooperador.

6. Mantenha o melhor condicionamento possível – físico, mental e moral.

7. Conquiste o direito de ser orgulhoso e confiante.

8. Mantenha as emoções sob controle sem perder a vontade de lutar e a agressividade.

9. Esforce-se constantemente para melhorar sem ficar nunca satisfeito.

10. Tenha a tranquilidade mental de tornar-se o melhor do que é capaz de ser.

* * *

1. Nunca critique, censure nem zombe de um companheiro de equipe.

2. Nunca falte ou se atrase a qualquer aula ou compromisso.

3. Nunca seja egoísta, ciumento ou invejoso.

4. Nunca espere favores.

5. Nunca desperdice tempo.

6. Nunca apresente justificativas nem desculpas.

7. Nunca provoque críticas repetidas pelos mesmos erros.

8. Nunca perca a fé ou a paciência.

9. Nunca se exiba, vadie, zangue ou se gabe.

10. Não tenha motivo para se arrepender mais tarde.

UMA LIÇÃO DO WILT

No final da década de 1960, Wilt Chamberlain foi vendido para os Lakers de Los Angeles. Na entrevista coletiva à imprensa, em que foi apresentado aos jornalistas e comentaristas das emissoras locais, um repórter perguntou: "Wilt, você acha que o treinador Van Breda Kolff dos Lakers conseguirá tratar com você? Dizem que você é difícil de tratar".

Eu estava na entrevista e a resposta do Wilt tocou-me profundamente. Ele disse ao repórter: "Você 'trata' com animais de criação. Com as pessoas, você trabalha. Eu sou uma pessoa. Posso trabalhar com qualquer um".

Ouvindo as palavras dele, lembrei-me de que o meu livro sobre o treinamento do basquetebol, *Practical Modern Basketball* [A Prática do Basquetebol Moderno], que fora publicado recentemente, incluía uma parte intitulada: "Tratando com os Jogadores".

Voltei correndo para casa, peguei as minhas anotações e mudei o título daquela parte para "*Trabalhando* com os Jogadores". Para mim, essa mudança de expressão era extremamente importante porque eu acredito que um líder competente trabalha com os indivíduos da equipe. Tratar sugere um relacionamento muito diferente e, na minha opinião, menos produtivo. Você vê evidências da minha mudança de expressão nesta página do meu caderno de notas. Esse é um detalhe muito pequeno, mas leva a algo muito grande, ou seja, a sua perspectiva sobre o relacionamento que tem com as pessoas que estão sob a sua liderança.

Trabalhando com

~~Tratando~~ com os jogadores - seja imparcial, mas lembre-se de que nem mesmo dois são parecidos e cada um deve receber o tratamento a que faz jus e merece; *lembre-se de que não pode hostilizar e influenciar ao mesmo tempo;* elogie tanto quanto censure - ninguém gosta verdadeiramente de ser criticado; esteja sempre disponível, mas mantenha o respeito; elogie publicamente os que fazem um bom jogo, bons rebotes e uma defesa importante; não permita censuras e críticas entre os jogadores; os jogadores devem agradecer e elogiar uns aos outros; tenha uma equipe - não titulares e substitutos; tente passar a ideia de que, fazendo o melhor possível, trarão resultados desejáveis de todas as maneiras; não faça sermões depois dos jogos, mas aprenda e aprimore; faça o trabalho do momento uma vez que não podemos fazer nada para mudar o passado, mas podemos nos preparar para o futuro.

A ERVA-DOS-GATOS E A BOLA IMAGINÁRIA

O treino — quer dizer, o processo da sua preparação — é a oportunidade em que vencem os campeões em qualquer sentido. O modo como você treina é como você "joga".

Um dos desafios que eu enfrentava com os Bruins, durante os treinos, era lidar com a distração causada pelo instinto e pelo desejo naturais do jogador de marcar cestas e pegar o rebote. Ambos atraíam como um canto da sereia tão poderoso que era difícil fazê-los prestar atenção e aprender os fundamentos "idiotas" que asseguram o sucesso na pontuação e no rebote — coisas como pivotar, mão e braço em movimento e as rotas nas jogadas.

O mesmo talvez se aplique à sua equipe. É apenas natural para os que estão sob a sua liderança — talvez até mesmo para você — concentrar-se nos resultados finais em vez de aprender a fazer o que é preciso para chegar lá.

Eu tentava resolver esse problema, em particular na UCLA, eliminando de vez em quando o canto da sereia; especificamente, fazia-os praticar e jogar basquetebol sem a bola. Sem a bola de basquete, o jogador não pode nem fazer cestas nem pegar rebotes. Sem essas distrações, ele se tornava mais capaz de se concentrar inteiramente no que eu estava ensinando.

Fiz notas para mim mesmo sobre "Rebotes", relacionei coisas como exercícios de três contra três, os movimentos de passar e seguir com os três homens, as corridas de ida e vinda da cesta com cinco homens e outros exercícios.

Também relacionei no número 8: "Bola imaginária", o exercício que tirava o canto da sereia e fazia os jogadores se concentrarem nos fundamentos de marcar pontos e pegar o rebote.

Incluí uma lista de Exercícios Práticos: os "arremessos com pulo" (número 7) e as "investidas de ataque e rebotes de defesa" (número 8) eram feitos com uma bola de basquete imaginária. Nesses casos, praticávamos os fundamentos de arremessos com pulo e rebotes, sem a distração da bola.

Para um jogador, o basquetebol é como a erva-dos-gatos para os gatos — irresistível. Portanto, de vez em quando, eu tirava a "erva-dos-gatos" durante o treino. Na verdade, às vezes, eu iniciava o treino sem nenhuma bola na quadra. Os jogadores praticavam padrões e executavam movimentos sem ter de se preocupar com a bola. Forçá-los a fazer passes imaginários ajudava a incutir bons hábitos e a melhorar a sincronia, o trabalho com os pés, a posição dos cotovelos e das mãos e o equilíbrio.

Rebote — praticar alguns todos os dias

1. Cinco homens no rebote e passando

2. Cinco homens de um lado para outro junto à cesta.

3. Três homens passam e se deslocam.

4. Deslocamento em linha reta para sincronia.

5. 3 contra 3 dentro e com arremessadores de fora.

6. 5 contra 5 em equipe completa fazendo diversos arremessos.

7. 1 contra 1, 2 contra 2 e 3 contra 3

8. Bola imaginária.

9. Investida individual — três e para dentro

10. Alas abrindo arremessos contra a tabela

Exercícios para os Treinos

Começar o treino organizado todos os dias dedicando 10 minutos a alguma combinação dos seguintes exercícios

1. Corrida leve + alongamento

2. Mudança de direção

3. Abdominais (5)

4. Movimentações defensivas — Sistemas defensivos

5. 1 contra 1 (intercepção da bola)

6. 1 contra 1 (Driblador)

7. Arremessos com saltos imaginários

8. Investidas não imaginárias. Def. Reb.

9. Defesa do passe + corte da bola

10. Movimentação da equipe depois do sinal da jogada

11. 5 homens movimentando

12. Voltar para dentro da quadra

13. Inversão do jogador sem a bola

14. Inversão com a bola

15. Recuperação de bola solta (2 linhas, um torna-se homem da defesa)

16. Cinco homens ret. + passes Cortar

17. Ataque sem arremesso

18. Inverter, parar e voltar

19. Driblar na direção da cesta e arremessar

20. Saltar

Suponho que isso se assemelhe a um treino de boxe com um adversário imaginário, em que o lutador se concentra nos movimentos, e não no alvo. Sem os movimentos certos, é difícil atingir o seu alvo. O mesmo se aplica às equipes do basquetebol e à maioria das organizações. Imaginar os "movimentos certos" e ensiná-los é da competência do líder. Talvez exista uma versão da "bola imaginária" que possa ser útil na sua busca do aprimoramento da equipe.

CAPITÃO DA EQUIPE?
SEM DISPUTAS DE POPULARIDADE

Eu não gostava da ideia de indicar um capitão da equipe para toda uma temporada, nem permitia que os jogadores elegessem alguém. Parte do raciocínio remontava a algo que aconteceu durante o meu primeiro ano como treinador-chefe no Colégio South Bend Central, em Indiana. Antes da minha chegada, o costume na equipe era o seguinte: no fim de cada temporada, os jogadores elegiam o seu capitão para o ano seguinte — com quase oito meses de antecedência.

Quando comecei a treinar a equipe, Sebastian Nowicki já estava colocado como capitão dos Bears — eleito antes de eu ter chegado ao South Bend. Infelizmente, o Sebastian não fez jus a entrar jogando no início da partida na equipe dos Bears durante o meu primeiro ano como treinador. Ficou estranho ele ser o representante dos Bears, como capitão da equipe nas obrigações anteriores aos jogos, e depois ficar sentado no banco durante o jogo em si.

Esse fato reforçou a minha opinião de que eleger um capitão poderia ser mais uma disputa por popularidade, sem ter nada a ver com a capacidade de liderança do jogador. Embora o Sebastian aceitasse esse papel de bom grado, percebi aí um potencial para problemas no futuro. Eleger um capitão com base na popularidade não parecia ser um exercício produtivo em se tratando de criar uma equipe de sucesso.

Eu poderia resolver o problema indicando um capitão para o ano e não deixando isso a critério dos jogadores. Na verdade, foi o que comecei a fazer — com uma mudança importante: o capitão da equipe era escolhido por mim, mas para cada jogo, em vez de para o ano inteiro.

Embora tenha havido quatro notáveis exceções a essa política na UCLA, reconheci o grande benefício de aprovar um capitão de equipe "honorário" para cada jogo. Essa era uma "cenoura" muito boa, que eu podia usar para premiar os jogadores por diversas contribuições produtivas e louváveis à equipe — por exemplo, a intensidade do esforço e manejo de corpo durante os treinos, uma boa atitude e outras ações menos glamorosas, mas importantes.

Muito embora os deveres anteriores ao jogo fossem insignificantes, todo jogador tinha orgulho ao ser escolhido para aparecer e representar a equipe como o seu capitão. A recompensa de ser escolhido capitão para um jogo, pelo treinador-chefe, era uma grande ferramenta motivacional.

No encerramento da minha primeira temporada no South Bend Central, os jogadores foram informados de que não haveria eleição para capitão da equipe para o ano seguinte. Comecei a indicar pessoalmente o jogador que atuaria como o capitão de cada jogo e a anunciar a escolha no vestiário pouco antes do aviso do início da partida.

Quando cheguei à UCLA, existia a mesma situação — um capitão da equipe, Ron Pearson, fora eleito pelos jogadores no encerramento da temporada anterior. No encerramento do meu primeiro ano como treinador dos Bruins, instituí a minha política do South Bend — o capitão da equipe seria escolhido por *mim* antes de cada jogo.

Houve quatro exceções a essa regra nas 26 temporadas seguintes da UCLA. Quatro vezes, eu achei que seria produtivo indicar um capitão de equipe para toda a temporada devido a circunstâncias especiais. Em 1950, escolhi Eddie Sheldrake porque ele era o único a entrar jogando que retornava e também tinha as qualificações adicionais de manejo do corpo e de bom exemplo. Em 1966-1967, indiquei Mike Warren para atuar como capitão da equipe durante a temporada porque, de novo, ele era o único a entrar jogando que retornava, mostrava uma grande inteligência na quadra e manejo de corpo, e dava um bom exemplo.

Entre os companheiros de equipe mais novos de Mike Warren, incluíam-se Lewis Alcindor Jr. (Kareem Abdul-Jabbar), Lynn Shackeleford, Lucius Allen e Ken Heitz, um grupo extremamente talentoso, mas inexperiente. Achei que Mike seria uma influência estabilizadora para eles. Quando ele e os companheiros de equipe venceram o campeonato nacional da NCAA daquele ano, não vi motivos para mudar: Mike Warren foi renomeado capitão dos Bruins para a temporada de 1967-1968, e de novo eles venceram o campeonato nacional.

A quarta vez que indiquei um jogador como capitão para toda a temporada foi no meu último ano como treinador, 1974-1975. De novo, só havia um jogador que começava na partida retornando, Dave Meyers, e, a exemplo de Mike Warren e Eddie Sheldrake, possuía as outras qualificações importantes, a saber, manejo de corpo e bom exemplo.

Na lista a seguir, intitulada "Capitães da Universidade", cada temporada tem um nome relacionado para um determinado ano. A lista é enganadora quando sugere que tínhamos um "capitão" que atuasse durante todo o ano. Na verdade, o jogador era eleito por voto popular apenas *depois* que a temporada era encerrada. Àquela altura, eu não me preocupava com a disputa por popularidade.

Capitães da Universidade

1949 — Ronnie Pearson
1950 — Alan Sawyer
1951 — Eddie Sheldrake
1952 — Don Johnson * — Jerry Norman
1953 — Barry Porter
1954 — Ron Livongston
1955 — John Moore — Don Bragg
1956 — William Naulls
1957 — Dick Banton
1958 — Ben Rogers
1959 — Walt Lorrence
1960 — Clifford Brandon
1961 — John Berherick — Bill Ellis
1962 — Gary Cunningham — John Treen
1963 — Jim Milhorn
1964 — Walt Hazzard — Jack Hirsch
1965 — Keith Erickson — Tril Soodrick
1966 — freddie Toss
1967 — Mike Warren
1968 — Mike Warren
1969 — Lewis Alcindor — Lynn Shackleford
1970 — John Vallelly
1971 — Steve Patterson, Curtis Rawr, Sidney Wicks
1972 — Henry Bibb
1973 — Larry farmer
1974 — Bill Walton * Keith Wilkes
1975 — David Myers

RECOMPENSE AS QUALIDADES QUE IMPORTAM

Sempre acreditei que a glória pertence ao grupo, e não a um determinado indivíduo. No entanto, é importante reconhecer as contribuições que os integrantes da organização prestam para o bem da equipe. Normalmente, esse reconhecimento vai para aquele que mais se destaca em termos de produção — por exemplo, aquele que marca mais pontos no basquetebol ou um vendedor do mais alto nível nos negócios.

Enquanto fui o treinador da UCLA, numerosos prêmios foram entregues aos jogadores por grupos de ex-alunos e incentivadores locais por diversos feitos. Embora não pudesse controlar os prêmios escolhidos, eu os encorajava a homenagear as qualidades e características pessoais, além das contribuições menos destacadas do que a marcação de pontos.

Marcar pontos é importante, mas o reconhecimento vai automaticamente para os que mais produzem nesse aspecto. Eu queria que o reconhecimento prestado aos que mais se destacavam em marcação de pontos fosse feito em outros aspectos importantes, ainda que menos evidentes.

Os nomes dos premiados que incluí aqui são menos importantes do que as categorias que eles representam: o Glendale Bruin Club Award ("serviços prestados à equipe e à universidade"); o Bruin Bench Award ("atitude mental"); o Bruin Hoopster Award ("o jogador mais altruísta da equipe"); o Armand Award ("resultados acadêmicos"); e o "Caddy" Works Award ("espírito competitivo").

Em toda organização, os indivíduos que possuem qualidades como altruísmo, espírito competitivo e outras que mencionei são os mais valiosos para a equipe. Os grupos de ex-alunos da UCLA e os clubes de incentivadores prestavam um grande serviço aos Bruins ao reconhecer os jogadores que apresentassem os melhores desempenhos nessas áreas. Na sua organização, faça todos os esforços possíveis para assegurar que os indivíduos que contribuem com grandes coisas de maneira modesta obtenham o reconhecimento que merecem.

Como observei no Capítulo 8, "São necessárias 10 mãos para fazer uma cesta", não recompense apenas as duas mãos que marcam os pontos. Reconheça as mãos adicionais que possibilitam a marcação de pontos. Elas são a base decisiva de uma organização vitoriosa.

Lições do meu Caderno de Registros 233

Glendale Bruin Club Award

Prêmio anual a integrantes da equipe de basquetebol da UCLA por uma atuação destacada junto à equipe e à universidade.

Troféu perpétuo na Sala de Troféus do Kerckhoff Hall. O pequeno troféu para o condecorado é encomendado pelo Clube.

Apresentação feita no banquete ao basquetebol pelo presidente do Glendale Bruin Club.

Bruin Bench Award

Atribuído anualmente a um jogador da equipe universitária principal da UCLA que tenha mostrado o melhor aprimoramento no jogo em geral e atitude mental no ano anterior na universidade.

1954 – Ronald Bane
1955 – Morris Taft
1956 – Conrad Burke
1957 – Jim Halsten
1958 – Roland Underhill
1959 – Denny Crum
1960 – Clifford Brandon
1961 – John Berberick
1962 – John Green
1963 – Jin Milhan * Dave Wyman
1964 – Tril Toadrick * Keith Erickson
1965 – Keith Erickson
1966 – Mike Lynn
1967 – Lynn Shackleford * Bill Sweek
1968 – Jim Nielsen

1969 – Bill Sweek
1970 – Sidney Wicks
1972 – Larry Farmer
1973 – Larry Hollyfield
1974 – David Meyers

Bruin Hoopster Award

Criado para a temporada de 1960-1961

Prêmio anual para o integrante da equipe principal de basquetebol universitário da UCLA considerado o jogador mais altruísta da equipe.

O vencedor será escolhido por uma comissão da Hoopster indicada pelo presidente.

A apresentação será feita no banquete anual do basquetebol por alguém indicado pela Hoopster.

1961 – Bill Ellis	1971 – Steve Patterson
1962 – Pate Blackman	1972 – Keith Wilkes
1963 – Fred Slamyter	1973 – Jommy Curtis
1964 – Jack Hirack * Fred	1974 – Ralph Drollinger
Slaughter	1975 – Ralph Drollinger
1965 – Kenny Washington * Freddie	
Toss	
1966 – Doug McIntosh * Edgar Lacy	
1967 – Mike Warren	
1968 – Mike Warren	
1969 – Lynn Shackleford	
1970 – Steve Patterson	

Armand Arvard (criado em 1956)

Para o jogador de basquetebol calouro com alto desempenho em tempo de jogo e em resultados acadêmicos até aquele momento

1956 – Robert Archer

1957 – Brian Kniff

1958 – Kent Miller

1959 – Gerry Cunningham +

    *Pete Blackan

1960 – Ronnie Laeson

1961 – Fred Slaughter

1962 – Tail Toodrick + Fred Toss

1963 – Doug Mc Antosh +*Ken Washngton

1964 – Edgar Lacey +* Mike Lynn

1965 – Mike Warren

1966 – Lew Alcindor

1967 – Steve Patterson

1968 – Curtis Lave

1969 – Henry Bibti + Andy Hill

1970 – Rarry Farmer

1971 – Bill Walton

1972 – David Meyer

1973 – Ralph Drallinger

1974 – Marques Johson

1975 – Rg Lawrence + Brett Uromm

"Caddy" Works Award

Atribuído anualmente a um integrante da equipe de basquetebol da UCLA pelo seu espírito competitivo, inspiração e contribuição desinteressada à equipe.

O premiado é escolhido pelo treinador de basquetebol + Dir. de Atl

A apresentação é feita no banquete do basquetebol pelo detentor do prêmio no ano anterior.

1945 – Dick Hough	1958 – Jim Halsten
1946 –	1959 – Walt Torrence
1947 – John Stanich	1960 – Pate Blackman
1948 – Dave Minor	1961 – John Berberich
1949 – Tearge Stanich	1962 – Gary Cunningham
1950 – Carl Kraushaar	1963 – Walt Hazzard
1951 – Ed Sheldrake	1964 – Walter Hazzard
1952 – Don Johnson	1965 – Tail Toodrick
1953 – John Moore	1966 – Freddie Mass
1954 – Don Bragg	1967 – Discontinued
1955 – John Moore	
1956 – Allen Herring	
1957 – Dick Banton	

MAUS HÁBITOS SÃO DIFÍCEIS DE MUDAR

O Bob "Ace" Calkins Memorial Award era atribuído ao jogador de basquetebol dos Bruins que apresentasse o maior percentual de lances livres convertidos em cada temporada. Os lances livres eram, e são, um elemento importante da pontuação global e, em momentos decisivos do jogo, convertê-los ou perdê-los geralmente causa um impacto de grandes proporções.

Assim, eu prestava muita atenção à prática dos lances livres (como está registrado em outros apontamentos apresentados aqui). No entanto, observar as estatísticas dos vencedores do Ace Calkins Award me faz lembrar de um fato surpreendente: como equipe, os jogadores que eu treinei no Colégio South Bend Central geralmente eram melhores arremessadores de lances livres do que os que treinei na UCLA. Esse fato pode surpreendê-lo, mas a razão é bastante simples.

No South Bend, eu ensinava o método de arremesso do lance livre, ou seja, o estilo de duas mãos, uma por baixo da outra. Atualmente, ninguém mais usa esse método, mas ainda acho que é o mais perfeito estruturalmente.

Também consegui convencer os treinadores do ginásio de South Bend a ensinar o mesmo método aos seus jogadores. Assim, quando o rapaz chegasse ao Colégio South Bend, ele já teria aprendido o método em que eu acreditava. Na verdade, o jogador do colegial não tinha maus hábitos ou um estilo já desenvolvido que eu precisasse corrigir. O meu trabalho era simplesmente ajudá-lo a refinar o método que já tinha aprendido — um que eu considerava mais produtivo.

Na UCLA, a situação era exatamente o oposto. Na época, o arremesso dos lances livres era praticado de muitas maneiras e cada jogador desenvolvia o seu próprio estilo ao passar pelos cursos do ginasial e do colegial. Quando chegavam à UCLA, era uma tarefa difícil fazer mudanças. Os hábitos — geralmente os maus hábitos — estavam profundamente arraigados.

Os maus hábitos são difíceis de mudar quanto aos lances livres. Eles são ainda mais difíceis de mudar quando se trata de questões de caráter, como aquelas que coloquei na Pirâmide do Sucesso e discuti no Capítulo 4, "Bons valores atraem boas pessoas". Eu não me enganava pensando que, só porque um jogador tinha um grande talento atlético, eu seria capaz de mudar os maus hábitos naquelas áreas mais importantes.

Acredito que a liderança competente é muito cautelosa quanto a trazer jogadores com maus hábitos para dentro do grupo. Na maioria das vezes, antes de se conseguir mudar esses maus hábitos, eles terão ensinado os maus hábitos para os outros integrantes da equipe.

Ace Calkins Award

Fraternidade Sigma Pi — Troféu de Lances Livres

Atribuído ao jogador da universidade que tenha o maior percentual de lances livres convertidos. O vencedor deve ter em média, no mínimo, um arremesso por jogo.

A apresentação é feita no banquete do basquetebol por um representante da Sigma Pi.

Ano	Jogador	Conversões	%
1949	Paul Saunders	27 out of 36 =	75%
1950	Jerry Norman	30 out of 37 =	81,1%
1951	Richard Ridgway	153 out of 188 =	81,4%
1952	Ronnie Livingston	85 out of 102 =	83,3%
1953	Richard Ridgway	42 out of 53 =	79,24%
1954	Eddie White	27 out of 30 =	90%
1955	Eddie White	55 out of 69 =	79,7%
	Dave Hall	22 out of 25 =	88%
1956	Willian Naulls	185 out of 236 =	78,4%
1957	Ben Rogers	109 out of 134 =	81,3%
1958	Ben Rogers	74 out of 99 =	74,7%
1959	Walt Torrence	165 out of 218 =	75,7%
1960	Gary Cunningham	45 out of 54 =	83,3%
1961	Gary Cunningham	70 out of 86 =	81,4%
1962	Gary Cunningham	86 out of 104 =	82,7%
1963	Jack Hirsch	69 out of 95 =	72,6%
1964	Walter Hazzard	150 out of 209 =	71,8%
1965	Doug McIntosh	56 out of 76 =	73,9%
1966	Kenny Washington	78 out of 104 =	75%
1967	Lynn Shackleford	55 out of 67 =	82,1%

MAIS VALIOSO? QUE A EQUIPE DECIDA

Como mencionei no Capítulo 12, "Torne a grandeza acessível a todos", eu era contra indicar um jogador como "o melhor". Ainda hoje, não quero indicar o melhor jogador que já treinei. Na verdade, reluto em admitir que haja essa coisa de *melhor* jogador ou *melhor* equipe.

Por razões já apresentadas anteriormente, eu nunca aposentaria o número de um jogador, porque isso sugere que um único indivíduo seja melhor que todos os outros. Aposentar o número no nome dele deprecia o grande esforço e as contribuições de todos os outros que usaram o mesmo número. Esse enfoque é errado. No entanto, existe uma grande pressão para destacar indivíduos dentro de equipes e organizações como os melhores.

Na UCLA, eu tratava a situação da seguinte maneira: no encerramento da temporada, toda a equipe podia votar em favor do jogador que cada um considerasse mais valioso. Como poderão ver nos meus apontamentos, o prêmio começou a ser atribuído em 1967 (em substituição ao "Caddy" Works Award) e foi dado a Lewis Alcindor Jr. (Kareem Abdul-Jabbar), depois a Sidney Wicks, Bill Walton e David Meyers — todos eles boas escolhas.

Com isso, o integrante da equipe que apresentasse a maior produção — um dos melhores jogadores do país — podia ser reconhecido de um modo que envolvesse os seus companheiros de equipe. Eles tomavam a decisão quanto ao "mais valioso" e anunciavam a escolha em público. Considerei que fazer dessa maneira reduziria a inveja ou até mesmo o ciúme dentro da equipe. Eu dava a toda a equipe o poder de identificar e escolher o jogador que fosse, no entender *de cada um deles*, o "mais valioso".

Recentemente, uma gerente de uma grande empresa do setor de navegação expressou a sua preocupação de que "apesar de fazer tudo que devemos, ainda falta uma verdadeira relação ou comprometimento entre a maioria dos nossos funcionários com a organização". Ela se referia à falta de Lealdade dentro da empresa e queria saber como corrigir essa falha.

Bem, essa gerente não está sozinha nesse problema — conseguir que todos os que integram a organização pensem como "nós" em vez de "eu", não é um problema fácil de resolver. Na verdade, muitas vezes esse é o maior desafio que se apresenta à liderança.

A lealdade é algo da maior importância e eu achei que uma das maneiras mais simples de cultivá-la era permitindo que os integrantes da equipe escolhessem a pessoa que considerassem como a mais valiosa do grupo.

Imagine como seria se fosse o treinador-chefe, ou o chefe, quem escolhesse e anunciasse o indivíduo mais valioso. Muito embora a equipe pudesse concordar com a escolha, fazer isso certamente geraria irritação em algumas pessoas.

Toda boa organização tem os que produzem mais entre o seu pessoal. O desafio do líder é encontrar o equilíbrio, atribuindo a esse indivíduo o reconhecimento merecido sem despertar a má vontade entre os demais integrantes do grupo. Em parte, tentei resolver o desafio deixando que o grupo escolhesse e homenageasse o que tivesse a maior produção — o "melhor" jogador.

UCLA — Prêmio de jogador mais valioso
(Atribuído pela primeira vez em 1967, em substituição ao Caddy Works Trophy)

1967 — Lewis Alcindor

1968 — "   "

1969 — "   "

1970 — Sidney Wicks

1971 — "   "

1972 — Bill Walton

1973 — Bill Walton

1974 — Bill Walton

1975 — David Meyers

A MINHA SUBSTITUIÇÃO ESTAVA PREPARADA

Durante a oitava semana da temporada de basquetebol da UCLA, em 1972, comecei a apresentar problemas cardíacos e tive que ser internado no hospital. Foi um acontecimento inesperado e pegou a todos de surpresa.

Sinto-me bastante orgulhoso com o fato de que a nossa equipe não perdeu o ritmo durante minha ausência de duas semanas. Esse nível continuado de alto desempenho foi possível porque os meus treinadores-assistentes, Gary Cunningham e Frank Arnold, vinham recebendo responsabilidades de liderança há tempos. Eles conheciam o meu método e como ele funcionava.

Designei Gary para ser meu substituto temporário como treinador-chefe. Incluía-se nisso uma programação preparada para um dos dias em que eu não estivesse presente. Como se pode notar nos apontamentos, a caligrafia é diferente, mas o conteúdo e a essência são muito semelhantes aos meus. Um líder verdadeiramente dedicado ao bem-estar da equipe não se faz de insubstituível. Gary foi designado treinador-chefe de basquetebol da UCLA, em 1977, e fez um trabalho reconhecido por todos.

9ª Semana — Seg., 11/12 - Sáb. 16/12/72

Segunda-feira, 11 dez. 1972

	3:00-3:30	Ativ. indiv.
	3:30-3:35	Comprimento da quadra
	3:35-3:40	Exercícios laterais
	3:40-3:50	1 contra 1; 2 contra 2; 3 contra 3
	3:50-3:55	Marcação + Reb. e passe
	3:55-4:00	2 contra 1 vs 2 hom. na def.
	4:00-4:15	Lado forte + lado fraco def.
	4:15-4:25	3 no garrafão vs 2 hom. def.
	4:25-4:35	Arremessos
	4:35-4:45	Ataque por zona
	4:45-4:50	Lançamentos
Com o	4:50-4:55	Ataque rápido em equipe
treinador no	4:55-5:30	5 contra 5 (fora do garr., arrem.
hospital,		com salto etc.).
Cunningham		
assume		

Obviamente, eu não imaginava que precisaria de repente ser substituído, mas o modo como incorporei plenamente os meus "líderes"-assistentes no processo de treinamento significava que a equipe poderia continuar com o seu desempenho em nível constante. As coisas não pararam porque eu não estava lá.

Quem são os seus líderes-assistentes? Você permite a eles a oportunidade de aprender e crescer como líderes? Existe alguém pronto para tomar as rédeas da liderança caso lhe aconteça algum imprevisto? Ou será que você se sente ameaçado por ter alguém na organização que possa ser o seu substituto?

PONHA UMA TAMPA EM CIMA

O exercício com a "bola imaginária" envolvia fazer jogadas ou arremessos à cesta sem a bola. Com esse exercício, os jogadores eram forçados a se concentrar exclusivamente em aperfeiçoar os fundamentos em vez de se preocupar com os *resultados* daqueles fundamentos, ou seja, converter as cestas.

Eu também usava um método um tanto incomum para ajudar os indivíduos a aprender a corrigir hábitos — os fundamentos — de rebote. De novo, isso ocorreu porque eu queria usar o tempo da maneira mais eficiente possível. Um exercício típico de rebote poderia envolver seis jogadores — três jogadores defensivos contra três jogadores ofensivos. Eles se posicionariam sob a cesta enquanto o treinador fazia um arremesso de fora do perímetro.

É difícil praticar o rebote se não houver rebote — se a bola passar direto pelo aro. Assim, às vezes, praticávamos o rebote com uma capa sobre a cesta, o que significava que todo arremesso produziria uma situação de rebote (A capa era vendida comercialmente e, como eu era preocupado com as despesas, alguns caçoavam de mim por gastar dinheiro com isso: "Treinador, se quiser rebotes, basta pedir para o Fulano arremessar". É claro que o "Fulano" era um companheiro de equipe menos produtivo quando se tratava de converter cestas.).

Nossos exercícios de rebote começavam com um arremesso à cesta. Com a capa sobre o aro, o rebote estava garantido e o exercício prosseguia sem interrupção. Não se desperdiçava tempo para reiniciar. Teoricamente, tínhamos uma situação que era de puro ensino e aprendizado, sem inícios falsos ou recomeços necessários por causa de um arremesso certeiro.

No Capítulo 10, "Faça de cada dia a sua obra-prima", eu salientei a importância da boa administração do tempo. Por experiência própria, esse objetivo normalmente é alcançado por uma série de pequenas eficiências em vez de pela coisa toda de uma vez. Portanto, eu sempre procurava pelas pequenas oportunidades que ajudariam os Bruins a se tornarem mais eficientes em usar o nosso tempo limitado com o maior proveito. A capa colocada sobre o aro é um exemplo de como tentávamos aproveitar cada vez mais cada minuto.

Na verdade, usamos o exercício com a capa sobre o aro por pouco tempo. Eu descobri que a qualidade do rebote que partisse da capa não era semelhante ao que acontecia de verdade, quando a bola rebate na tabela ou na cesta. No entanto, cito esse exemplo só como mais uma evidência do meu desejo de buscar maneiras de usar melhor o tempo, aumentar os resultados do ensino, aprimorar.

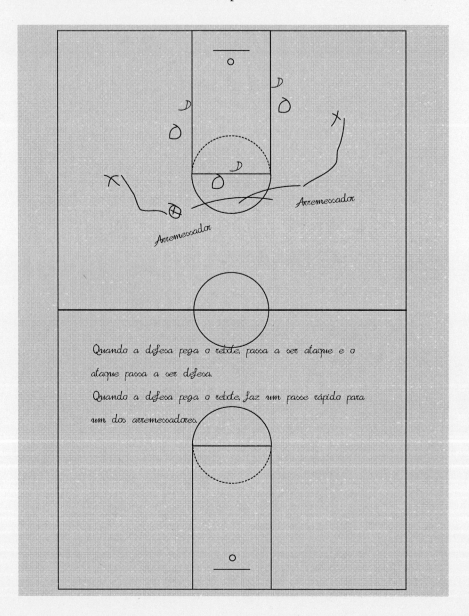

Em geral, esses tipos de oportunidades existem dentro de uma organização, mas deixamos de avaliá-los porque não observamos com a atenção devida, não temos uma postura criativa. Nunca pare de procurar uma oportunidade de valorizar mais cada minuto do tempo da sua organização. As pequenas oportunidades, uma atrás da outra, acabam fazendo uma grande diferença.

Tenha a coragem — e a Iniciativa — de fazer experiências quando procurar respostas para a pergunta mais importante que um líder pode se fazer: "Como podemos melhorar?". Algumas das respostas, tais como "bola imaginária", podem ser úteis. Outras, logo serão descartadas, assim como descartei a capa que colocava sobre o nosso aro.

O que nunca foi descartado foi o meu desejo de melhorar e o esforço que fazíamos para encontrar meios e maneiras de fazer isso acontecer.

REGISTROS DA MINHA ÚLTIMA TEMPORADA

Quando revejo os registros sobre os treinos na UCLA do início da minha carreira como treinador e os comparo com os registros de anos depois, surpreendo-me com o tanto que conseguimos no começo.

Ao longo dos anos, aumentei consideravelmente a minha capacidade de conseguir um maior aprimoramento em cada treino da UCLA, sabendo exatamente no que era preciso trabalhar, incluindo não só o lado físico, mas também o emocional e o mental. Eu me tornei cada vez mais capaz de saber como fazer as melhoras necessárias naqueles aspectos usando o mínimo de tempo.

Registro aqui uma página de anotações da minha última temporada como treinador-chefe da UCLA, em 1974-1975. Para estabelecer o contexto dos fatos, as três temporadas precedentes tinham se caracterizado por algumas pessoas que foram chamadas pela mídia como pertencentes à "Gangue do Walton", ou seja, Bill Walton e os seus companheiros de equipe. Durante os seus anos na equipe da universidade, a UCLA venceu dois campeonatos nacionais e ampliou a série de vitórias para 88 jogos antes de perder para Notre Dame.

Assim, quando Bill e os seus companheiros mais antigos se formaram, muitos observadores mais próximos sugeriram que a UCLA não seria uma candidata para o campeonato nacional em 1974-1975. O motivo principal era que teríamos apenas um titular retornando para a equipe, David Meyers.

Ao entrar na minha última temporada, senti que o potencial da equipe era maior do que se acreditava em geral. É claro que *potencial* significa

Considerar para a temporada de 1974–75

1. Fortalecer a confiança Drollinger e Trgovich.

2. Manter McCarter sob controle. Ele se apressa demais.

3. Desenvolver a nossa defesa sob pressão com paciência. Experimentar 1-2-1-1 2-2-1 1-2-2 e 2-1-2

4. Usar o condicionamento 3 contra 2 três vezes por semana.

5. Defender mais o jogo de passes.

6. Trabalhar mais nas zonas e pressão homem a homem.

7. Usar mais frequentemente o exercício de fora do garrafão sem arremessar. Pode ser usado no aquecimento antes do jogo.

8. Organizar melhor os nossos tempos.

9. Experimentar o "4 cantos" como a principal proteção. Usar McCarter e Apillane no ponto chave.

10. Tornar David Meyer capitão com as responsabilidades.

11. Tomar muito cuidado com Marques Johnson — hepatite.

12. Esquecer a última temporada e me concentrar em cada dia de treino. Não considerar nada como certo — analisar, planejar, trabalhar, avaliar, preparar.

13. Preparar Richard Washington para jogar dentro e fora do garrafão, assim como no ataque.

14. Ser paciente com os jogadores na quadra, mas firme na disciplina tanto dentro quanto fora da quadra.

pouco, a menos que seja realizado. Como os registros mostram, ao entrar na temporada de 1974-1975, eu percebia que alguns aspectos precisavam de atenção para que o nosso potencial se tornasse realidade.

Entre esses aspectos, incluíam-se apoiar e fortalecer a confiança de Pete Trgovich e Ralph Drollinger; ajudar Andre McCarter a incorporar a minha máxima: "Seja rápido, mas não se apresse"; indicar David Meyers como o capitão do ano (por razões já explicadas); reconhecer a condição física de Marques Johnson, que se recuperava de vários meses com uma doença; lembrar-me de ser paciente, mas firme, no que dizia respeito à disciplina (isso, em parte, porque desconfiava que durante a temporada anterior tivesse relaxado demais nesse aspecto); e o lembrete vital para esquecer o passado, concentrar-me no presente e sempre planejar, trabalhar, avaliar e preparar.

Essas anotações eram apenas para o meu uso e serviam como um ponto de partida, um guia, para os treinos diários. A programação para o nosso primeiro dia de treino, em 1974, é mostrada em seguida.

Os treinadores mais competentes que conheci ou estudei tinham um método de programação semelhante. A exemplo da maioria dos líderes, eu gostaria de ter sabido no início o que sabia no fim. Talvez alguma coisa aqui poupe a você algum tempo e experiências desagradáveis quando se tratar de formar uma organização vitoriosa. Um bom líder sempre busca o aprimoramento — sempre. Esta lista é um exemplo das respostas que encontrei quando me fiz a pergunta: "Como podemos melhorar neste ano?".

Num certo sentido, elas me proporcionaram um ponto de partida — um guia — para o meu último ano na UCLA. E resultariam na conquista do campeonato.

O PRIMEIRO DIA DO MEU ÚLTIMO ANO

Tradicionalmente, 15 de outubro era o primeiro dia de treino de todas as temporadas de basquetebol na UCLA. O dia *15 de outubro de 1974* foi o primeiro dia de treino da minha última temporada de basquetebol como treinador-chefe dos Bruins. Embora eu não soubesse na ocasião, me aposentaria no fim do ano.

Na sequência, estão os meus apontamentos para o primeiro dia do meu último ano. Revendo-os, fico satisfeito com a evidente concentração constante em identificar e aperfeiçoar detalhes relevantes. Ao ler os diversos aspectos considerados, você poderá ter uma dor de cabeça, mas eles produzem um sorriso de satisfação no meu rosto.

Primeira Semana de Treinos
Terça-feira, 15 de outubro de 1974

3:00-3:30 Atuação individual e lances livres. Wooden com armadores. Cunningham com os alas.

3:30-3:35 Alongamento, torções, flexões, agachamentos, corrida no lugar. Imaginário — arremesso com pulo (preparar, apontar, lançar), rebote ofensivo (pontas dos dedos direitos e esquerdos, bomba com as duas mãos); rebote defensivo (saltar e golpear, superar + virar ou inverter para ver e continuar); movimentos de defesa (5 linhas de 3)

3:35-3:40 Mudança de passo + direção; ataques rápidos + parada (com e sem bola); movimentos defensivos com volta rápida e recebimento da bola; um contra um (com + sem bola) (3 linhas)

3:40-3:50 Dribles (mão direita + esquerda) — velocidade, controle, movimentação, paradas + viradas (com os dois pés) com passe para trás (3 linhas)

3:50-3:55 Defesa-ataque; rebotes, passes (5 na cesta)

3:55-4:05 Faixa de 3 homens — linha paralela, para o meia frente + lado

4:05-4:15 Arremesso com salto (linha base, tabela, garrafão, sair da marcação, levantar) (3 grupos — 2 bolas com cada)

4:15-4:25 Trabalho 3 contra 2 por 15 saltos com os dois pés

4:25-4:40 Padrões ofensivos 1-3-1

4:40-4:45 Preparação para o jogo

4:45-5:30 Jogo de quadra inteira com árbitros. 3 jogos de 15 minutos cada (1 contra 2, 1 contra 3, 2 contra 3). Fazer estatísticas completas. Os que não jogarem fazem lances livres.

5:30 Para o chuveiro depois de um comentário positivo.

Aos lances livres, sempre precisando ser melhorados, era dedicado um tempo e uma atenção individualizados. Além disso, incluíamos arremessos com salto e rebotes imaginários; exercícios de mudança de passo e de direção; exercícios de ataques rápidos e paradas; trabalho de três contra dois; dribles (com a mão direita e a esquerda); padrões ofensivos 1-3-1 e muito mais.

Também incluí um jogo de quadra inteira com árbitros, porque acreditava que isso ajudaria a preparar os jogadores para o primeiro jogo da temporada. Como observei antes, depois de jogarmos a primeira partida, os jogos de quadra inteira eram usados com muito menos frequência.

Além disso, essas anotações mostram que eu incluía um lembrete para mim mesmo para terminar o treino às 5h30 com um "comentário positivo". Queria que os jogadores saíssem da quadra se sentindo bem e imaginava um exercício para conseguir isso. Por exemplo, poderia escolher um jogador para fazer cinco lances livres seguidos antes de liberar a equipe para o chuveiro.

É claro que todos os jogadores se reuniam ao redor e aplaudiam e caçoavam, dependendo de qual fosse o desempenho do arremessador. Era muito animado e uma maneira divertida de encerrar o treino do dia. Também era um meio eficaz de fazer com que um arremessador fraco de lances livres praticasse os arremessos sob uma certa pressão.

Isso se inspirava no que comentei no Capítulo 11, "A cenoura é mais eficaz do que a vara". Eu queria que os jogadores saíssem se sentindo bem em relação ao dia de trabalho e um final feliz era uma bela cenoura.

É claro que, de vez em quando — quando eu achava que eles não tinham sido realmente produtivos —, dispensava o final "feliz" do treino. Em seu lugar, daria um recado, talvez uma advertência dura, que serviria como a vara com que passariam a noite.

ENFRENTANDO DESAFIOS DIFERENTES

Com o passar do tempo, os desafios mudam. O líder competente reconhece a nova circunstância e age rápido para enfrentá-la com eficácia.

Estes apontamentos da 16ª semana de treinos na UCLA, durante a minha última temporada, especificamente, 28 de janeiro de 1975, mostram a minha tentativa de identificar os desafios e problemas que precisavam de atenção.

Como se pode notar, dividi o tempo do treino em intervalos incrementais de 5 e 10 minutos para me concentrar em um ataque rápido de quatro homens (4:30-4:35); ataque sob a pressão 1-2-1-1 depois de um lance livre

16ᵃ Semana de Treinos na U.SC no Sáb. 1 Fev.

Terça-feira, 28 de Janeiro de 1975

3:00–3:30 Como de costume. Cunningham trabalha com Washington + Drollinger. Wooden — com pressão

3:30–3:35 Relaxar como de costume. O mesmo de segunda-feira.

3:35–3:40 Frente + ala com arremesso de armador. 3 homens ??

3:40–3:45 Pivô sobe (3). Rebote + passe (4)

3:45–3:50 Rebote 3 contra 3 dentro. E ataque de 2 contra 1

3:50–4:05 Defesa — o jogo de passes da U.SC

4:05–4:20 Iniciar ataque — dentro e fora do garrafão. Pressão "com corta-luz"

4:20–4:30 Arremessos. Cunningham com alas. Wooden com armadores e pivôs

4:30–4:35 Ataque rápido de 4 homens — sem proteção

4:35–4:40 Ataque sob a pressão 1-2-1-2 depois converter lances livres

4:40–4:50 O trique 3-1-1 vs atraso e "4 cantos"

4:50–5:00 Jogo de meia quadra. Ataque em 1-2-2 e zona de 2-3

5:00–5:15 Jogo de meia quadra. Ataque vs marcação cerrada homem a homem. Pressão depois de cesta.

5:15–5:30 Jogo de meia quadra. Defesa dos jogos de passes de ataque da U.SC.

5:30 Fazer 2 lances livres consecutivos e ir para o chuveiro bem-sucedido (4:35-4:40); o truque 3-1-1 versus o atraso e "4 cantos" (4:40-4:50); e um jogo de meia quadra atacando em 1-2-2 e zona de 2-3 (4:50-5:00).

Para quem não é um admirador do basquetebol, essas designações significam pouca coisa. O que quero dizer neste caso é que o processo de, constantemente, analisar o desempenho com a preocupação de melhorar significa tratar os novos problemas e questões diariamente. É isso que mostra esta página do meu caderno de anotações, ou seja, a identificação de questões em que eu queria me concentrar e melhorar.

Você também verá que às 5h30 — no encerramento do treino —,eu instruía os jogadores a fazer dois lances livres consecutivos. Só depois eles poderiam ir para o chuveiro. Naquela altura do treino, cada jogador tinha passado por duas horas ou mais muito rigorosas de exercícios e queriam ir para o vestiário. É claro que eu sabia disso e me aproveitava da situação insistindo que fizessem dois lances livres consecutivos antes de saírem da quadra. Era uma maneira de forçá-los a fazer dois lances livres sob pressão quando estavam muito cansados — o tipo exato de situação que poderiam encontrar nos últimos segundos de um jogo do campeonato.

OBSERVAÇÕES PARA MIM MESMO SOBRE COISAS IMPORTANTES

Eu dava muita atenção às qualidades e características que eram mais necessárias para uma forte liderança. É claro que na minha Pirâmide do Sucesso continuam aquelas que eu considerava mais necessárias, mas, ao longo do tempo, continuei avaliando outras qualidades que eram importantes. Também prestava atenção a expressões e pensamentos inspiradores e que estivessem relacionados com as qualidades que me interessavam. Encontrei muita força e orientação nos textos de Abraham Lincoln e Madre Teresa e incluí alguns dos seus ensinamentos neste livro.

Os lembretes desta última página são do meu caderno de anotações e dão uma visão de algumas ideias que registrei muitos anos atrás.

(Fazendo-Recebendo)

(Mostrando-se/Recebendo)   Superando o medo e os erros

Recomendações para a Vida

Amor

Cortesia

Educação São um pequeno preço a pagar pela boa vontade e a afeição

Simpatia Verdadeira preocupação com os outros.

Amizade Estima mútua, respeito + devoção

Cooperação Cumprir mais do que a média

Lealdade

Agradecimento

Perdão "O Mercador de Veneza" - é duas vezes abençoada abençoa ao
que dá e ao que recebe

Participação

Não é o que dou, mas o que compartilha,

Pois a doação sem o doador não existe

Quem dá de si com o que é seu alimenta três

A si mesma, ao vizinho faminto e a mim.

Widow Nte

Respeito

Modele a sua vida mantendo as seguintes coisas em ordem:

1. As suas verdades

2. A sua família

3. A sua educação

4. O seu basquetebol

5. A sua vida social

EPÍLOGO

ALGUMAS COISAS NÃO MUDAM

A MAIORIA DOS LÍDERES DEFINE O SUCESSO como vencer — derrotar um adversário, conquistar a supremacia sobre a concorrência no mercado, atingir as cotas de produção estipuladas nas metas de vendas. No entanto, para que qualquer um desses objetivos seja alcançado, o talento deve estar presente dentro da sua organização. O líder não pode criar uma equipe competitiva a partir do nada. Nenhum treinador pode vencer sistematicamente e nenhum líder pode ser bem-sucedido no mercado sem um bom material.

Você precisa de talentos na sua equipe para sobreviver num ambiente competitivo. Entretanto, muitos líderes não sabem como vencer até mesmo quando têm grandes talentos na organização. Além disso, muitas vezes os líderes são forçados a competir quando a composição de talentos não está a seu favor. O que fazer então?

Embora um livro não possa substituir o talento, pode oferecer ideias produtivas sobre como obter o máximo dos talentos à sua disposição no momento. E isso, na minha opinião, é a principal meta da liderança — ou seja, obter o máximo das pessoas da organização, tenham elas talento para desperdiçar ou desperdicem talento.

A sua capacidade de extrair — maximizar — o potencial e as habilidades dos que estão sob a sua liderança é a sua marca como um excelente concorrente e líder. Em alguns anos, as equipes que ensinei eram abençoadas com um talento significativo. Em outros anos, esse não era o caso. No entanto, em todos os anos — com todos os níveis de talentos —, a minha meta era a mesma, ou seja, obter o máximo do que eu tinha. Este livro é uma tentativa de compartilhar a minha filosofia sobre como fazer isso.

Também quero dizer de novo o quanto a sabedoria prática do meu pai influenciou a mim e à minha liderança. O seu exemplo e as suas mensagens foram — e ainda são — fecundos. Inicialmente, apresentei o seu Dístico Tríplice e citei o seu conselho sobre o sucesso e sobre vencer a corrida. Ele também me deu um cartãozinho quando me formei na escola primária no qual tinha escrito o seu Credo de Sete Pontos.

Sem mencioná-lo especificamente, eu o incorporei ao longo de todo o livro. No entanto, permita-me compartilhá-lo agora na sua totalidade:

1. Seja verdadeiro consigo mesmo.
2. Faça de cada dia a sua obra-prima.
3. Ajude os outros.
4. Absorva o máximo que puder dos bons livros, incluindo a Bíblia.
5. Faça da amizade uma arte.
6. Construa um abrigo para um dia chuvoso.
7. Reze pedindo orientação e agradeça pelas bênçãos que lhe couberem a cada dia.

Quando me deu o cartãozinho 3 x 5, papai me disse: "Johnny, tente seguir este conselhos e ficará bem". Tenho tentado aplicar esses conselhos na minha vida pessoal e nas minhas responsabilidades como professor, treinador e líder. Meu pai está presente em todas as passagens deste livro.

Sei que "um tamanho único para todos" não se aplica quando se trata de liderança. Os líderes apresentam-se em todas as formas, tamanhos e estilos, com uma vasta gama de talentos e temperamentos. No entanto, espero que você tenha encontrado algo de interessante nas minhas experiências e conclusões que possa beneficiá-lo e à sua organização.

Abraham Lincoln costumava dizer: "Nunca conheci uma pessoa com quem não aprendi alguma coisa, embora na maior parte do tempo fosse algo para não fazer". Bem, isso ainda assim é aprendizado. Sem dúvida, este livro é a mesma coisa: ideias e experiências da minha vida como professor, treinador e líder, com o que você pode aprender — mesmo que, às vezes, seja sobre o que não fazer. Tive a minha cota de erros, mas ao longo do tempo continuei tentando melhorar. Talvez alguma coisa aqui possa fazer a diferença nos seus esforços para tentar melhorar como líder.

Foi com essa meta que Steve Jamison e eu começamos a trabalhar nesta apresentação abrangente da minha filosofia de liderança. Ela me manteve numa boa posição durante praticamente meio século na arena competitiva e, apesar de todas as mudanças que vemos ao nosso redor, acredito que possa ser igualmente eficaz no século XXI. Algumas coisas não mudam. Algumas regras permanecem iguais.

Este livro foi impresso em papel Pólen Bold 90 g pela Prol Gráfica.